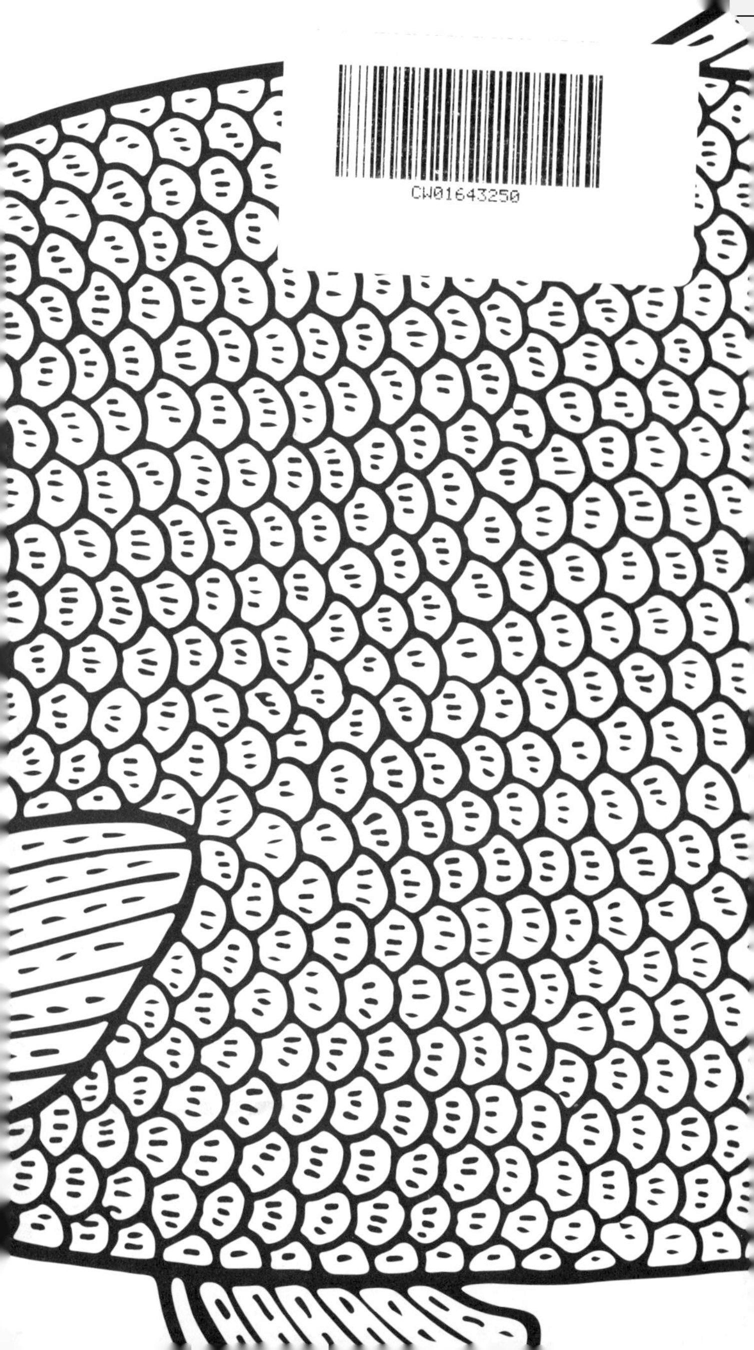

EL PEQUEÑO LIBRO DE LA INFLUENCIA Y LA PERSUASIÓN

EL PEQUEÑO LIBRO DE LA INFLUENCIA Y LA PERSUASIÓN

Javier Luxor

alienta
EDITORIAL

Alienta es un sello editorial de Centro Libros PAPF, S. L. U.
Grupo Planeta
Av. Diagonal, 662-664
08034 Barcelona

www.planetadelibros.com

ISBN: 978-84-16928-33-0
Depósito legal: B. 22.241-2017
Primera edición: noviembre de 2017
Preimpresión: pleka scp
Impreso por Egedsa

Impreso en España - *Printed in Spain*

Sumario

Para Irene, que siempre cree en mí incluso antes que yo mismo

Sobre mí

Aunque suele resultar difícil hablar de uno mismo, la verdad es que me apetecía, y hasta creo que resulta casi obligado antes de entrar en materia compartir contigo quién soy y cuál ha sido mi trayectoria personal y profesional hasta la fecha. De esta manera, si no me conoces, quizá puedas hacerte una idea de quién está detrás de estas líneas. Ahora bien, si quiero que sepas quién soy, para hacerlo de una forma completa, tendría que empezar por contarte cuáles han sido mis dos vidas profesionales hasta el momento, la pasada y la actual.

Sobre la primera vida, «la normal», te diría que terminé mis estudios de ingeniería en el año 1996 y, después de realizar un MBA, comencé a trabajar para algunas multinacionales dentro de la rama de la ingeniería topográfica y más tarde en diferentes departamentos de ventas y marketing del sector industrial. Para hablarte de la segunda, «la diferente», te diría que descubrí el mentalismo hace ya más de doce años. Durante un tiempo me dediqué a estudiar y aprender, para posteriormente participar en un gran número de competiciones nacionales e internacionales. Esto me sirvió para posicionarme como uno de los mentalistas más reconocidos, pero, sobre todo, para retarme a mí mismo y crecer en el proceso.

Para mí, el mentalismo, como parte del ilusionismo, es una maravillosa combinación de arte y ciencia. A medida que mi experiencia iba en aumento, descubrí que, además de ser un arte escénico único, podía emplearlo como una nueva herramienta para comunicar y como una forma distinta de enseñar mediante el juego.

Sabía que si era capaz de adaptar mis efectos y demostraciones, podrían servirme, además de para entretener, para ayudar a mis espectadores a conocer mejor su propia mente. A partir de ese momento tan revelador, empecé a buscar la manera de compaginar mi conocimiento del mundo empresarial, la gestión de mi propio pensamiento y mis habilidades en el arte del mentalismo. De ahí surgieron la mayoría de mis conferencias y espectáculos, donde la base fundamental es mostrar a la gente cómo nos engaña la mente y cómo podemos utilizar ese conocimiento para tomar las riendas de nuestra propia vida, tanto en el ámbito profesional como en el personal. Con el paso del tiempo tomé la decisión de dar un doble salto mortal desde una vida profesional a la otra (de la «normal» a la «diferente» que te comentaba) y, como me gusta decir ahora, cambiar un trabajo por una forma de vida. No me considero un emprendedor por vocación, pero creo que, cuando uno intuye que su camino es otro, debe, por él y por las personas que forman parte de su familia, intentar seguirlo. Ese camino, tan ambiguo en ocasiones, es el que se revela de forma clara y cristalina cuando encontramos la confluencia entre nuestra pasión, nuestro talento y nuestras habilidades.

Me consta que muchas personas al oír la palabra mentalismo se preguntan a qué me estoy refiriendo realmente. Existen numerosas definiciones y acepciones sobre este término, pero la más acertada para definir nuestro arte es, en mi opinión, la que curiosamente aparece en la Wikipedia, donde se puede leer que el mentalismo es un antiguo arte en el cual se utiliza la agilidad mental, principios de la magia escénica y sugestión para crear una ilusión de lectura mental, precognición o control mental entre otros. La imagen clásica del mentalista que solemos tener corresponde a la de un personaje oscuro, probablemente vestido de negro, que habla sobre el más allá y los poderes extrasensoriales que algunos humanos afirman poseer. Es un personaje que me encanta, y espero que no desaparezca nunca, pero no es el mío. No por nada especial, pero no es un estilo de representación con el que yo me encuentre cómodo, ni con el que pueda desarrollar todo mi potencial.

Mi forma de presentar efectos y demostraciones sigue una línea moderna, que encaja más con las inquietudes e intereses del mundo hiperconectado en el que vivimos actualmente, y sobre todo con el público corporativo. Con la aparición de nuevas técnicas de comunicación no verbal, sugestión, persuasión, manipulación, mensajes subliminales, etc., y la creciente importancia que las habilidades blandas (aptitudes, personalidad y conocimientos) tienen hoy día en las empresas, a mi modo de ver, el mentalismo ha cobrado una nueva dimensión. El personaje del mentalista ya no solo está limitado a esas representaciones teatrales de lo paranormal, sino que puede contribuir con sus demostraciones y conocimientos al desarrollo y comprensión de todas estas inquietudes que han nacido alrededor de estas nuevas necesidades.

Es posible que también te preguntes por qué un mentalista escribe un libro como este. Además de los motivos anteriores, el principal radica en mi curiosidad por aprender toda la teoría detrás de las técnicas de persuasión que yo mismo estaba usando, de forma empírica y automática, en mis presentaciones. Buscando algunas respuestas encontré un mundo fantástico, que es el que, con la ayuda de este libro, quiero compartir contigo.

Introducción

A lo largo de mi desarrollo profesional, mi interés por el mundo de la influencia social ha ido creciendo considerablemente. Ya durante mis inicios como mero aficionado a la magia, empleaba muchos de estos principios psicológicos en las demostraciones que realizaba, pero en la mayoría de las ocasiones no era consciente de ello. Cuando empiezas a realizar algún efecto de mentalismo, realmente asimilas cómo ejecutarlo con maestría, pero casi nunca estudias la teoría psicológica que hay detrás de la estructura de las palabras. Es decir, nadie te explica por qué es diferente decir una cosa de una manera o de otra, solo sabes que si te expresas de una forma determinada, incrementas tus posibilidades de conseguir que el efecto sea más eficaz. Y aprendes, con la práctica, que, cuando por error cambias el discurso, tus presentaciones no son tan impactantes, no funcionan correctamente o incluso tienen un resultado contrario al deseado.

La persuasión no está presente solo cuando realizamos un efecto mágico, sino que forma parte de toda nuestra puesta en escena, de principio a fin. Desde cómo proyectamos nuestra imagen y cómo presentamos nuestro espectáculo, hasta cómo hablamos y tratamos a los espectadores, incluso a la hora de despedirnos de ellos.

Convertirse en un gran maestro mentalista requiere adquirir un manejo exquisito del lenguaje persuasivo. Todo esto me llevó a interesarme científicamente por la influencia social y preguntarme cómo y por qué realmente funciona. Por qué las palabras y su estructura, en ocasiones, son más importantes incluso que el mensaje del que forman parte.

En el año 2014 tuve la oportunidad de formarme con uno de los mejores psicólogos y expertos en influencia social de todos los tiempos, el profesor Robert Beno Cialdini (Influence at Work, Arizona), al que me verás citar de forma continua en muchos de los capítulos que componen este libro. Sus enseñanzas y, sobre todo, su forma de enfocar la persuasión teórica hacia la vida real me abrieron los ojos por completo al descubrirme el verdadero secreto de la comunicación: utilizar las palabras con inteligencia persuasiva. Desde entonces, mucho ha cambiado mi forma de comunicar, no solo sobre el escenario, sino por supuesto en cualquier situación donde tenga que utilizar el lenguaje, ya sea de forma escrita o hablada.

Para mí es importante dejar claro que no se trata de un libro sobre técnicas de mentalismo. Este texto es una selección de mis teorías y estudios favoritos de influencia social, los cuales estoy seguro de que te pueden ayudar a mejorar tu comunicación, negociaciones y presentaciones, de la misma forma que a mí me han ayudado a hacerlo durante todos estos últimos años. Mi intención es contribuir a que comprendas la teoría que hay detrás de algunos de los mejores estudios de influencia social y a que seas capaz de aplicar estos principios psicológicos a tus propios procesos personales de persuasión. Como irás comprobando, estas técnicas han sido investigadas concienzudamente por gran cantidad de científicos y psicólogos, que son los que avalan con sus estudios la fiabilidad y viabilidad de todo lo que verás escrito aquí.

Ten por seguro que esta información que ahora comparto contigo ha sido en gran parte la responsable de mi mejora profesional. No hay correo electrónico, reunión, presentación, vídeo, etc., que tenga que preparar que no pase por el filtro de lo que te cuento aquí. Siempre que debo redactar algún tipo de comunicación, busco de qué forma puedo aplicar estos principios para poder ser más persuasivo en mi discurso. Eso sí, comprobarás que la persuasión es cosa de números y porcentajes. Esto quiere decir que, a pesar de que no siempre se consigue el objetivo previsto, incluir estos principios en tu discurso incrementará las opciones de que la balanza se incline hacia tu lado. Siempre tendremos más opciones de conseguir lo deseado si empleamos un lenguaje persuasivo. No hacerlo limita, y mucho, nuestra opciones y oportunidades de tener éxito.

El objetivo que me he marcado con este libro es que el lector no experto en persuasión pueda terminar comprendiendo cuáles son las principales técnicas existentes y cómo se usan en el mundo real, tanto en el entorno profesional como en el personal. Posteriormente, deberá de ser cada uno el que busque la forma de implementar estos principios en su propia realidad. Como ya sabes, parte de mi experiencia laboral pasada la he desarrollado en departamentos de ventas y marketing. Nunca nadie durante ese periodo (ni yo mismo) se preocupó por enseñarme de verdad en qué consistía esto de la persuasión. Aplicábamos algunos trucos, eso sí, conocíamos algunas técnicas de venta, pero, en el fondo, no sabíamos por qué lo hacíamos. No conocíamos de dónde venían esas ideas. Solo sabíamos que teníamos más éxito si actuábamos de una manera que si lo hacíamos de otra. Pretendo que, al igual que en mi caso, eso cambie también para ti y que, si este es tu primer contacto con la persuasión, seas capaz de persuadirte lo necesario para que sigas formándote y empleando de forma consistente todas las técnicas que vas a aprender.

He intentado por todos los medios que la lectura sea fácil y amena. Por eso no he incluido mucha teoría, solo la mínima necesaria, aunque sí muchos casos y ejemplos prácticos que te permitan entender cómo es la reacción real de las personas ante estas situaciones persuasivas y de influencia. El libro incluye multitud de referencias a estudios científicos y a libros especializados que te permitirán ampliar la lectura y el aprendizaje, en caso de que tengas algún interés más específico. Por ello, sirva este libro también como una pequeña recopilación de lo que hasta el momento existe publicado sobre persuasión y que, personalmente y a mi modo de ver, es relevante e interesante para su lectura y aplicación práctica.

1

Lo básico para empezar

Es fundamental, antes de entrar en materia más específica, repasar previamente algunas ideas clásicas, así como las definiciones más actuales para los conceptos de *persuasión* e *influencia* y sus diferencias principales con la *manipulación*. También veremos qué semejanzas y diferencias hay entre estas tres palabras y otras con las que, en ocasiones, pueden llegar a confundirse.

Finalmente, hablaremos del papel imprescindible que la ética desempeña en todo este asunto de la influencia social. Entender bien sus implicaciones es primordial para definir de forma clara y concisa hasta dónde podemos, queremos o debemos llegar con el uso de nuestros propios procesos de persuasión.

El antiguo y noble arte de la persuasión que influencia a las personas

Hace ya veinticinco siglos que se describieron con detalle los elementos que dan lugar a un discurso persuasivo. Fue Aristóteles, en su tratado *Retórica* (siglo IV a. C.), el que estableció cuáles deben ser las bases necesarias para desarrollar una comunicación exitosa. Unos principios básicos que, como vas a ver, siguen muy vigentes todavía hoy día y de los que podríamos decir, sin miedo a equivocarnos, que conforman uno de los más precisos escritos hasta la fecha sobre comunicación persuasiva.

Aristóteles fue uno de los primeros en considerar y describir la persuasión como un auténtico arte. Según sus propias palabras: «La persuasión es el arte de conseguir que la gente haga algo que normalmente no haría si no se lo pidieras». Cuando tratamos de influir o persuadir, lo que realmente queremos hacer es llevar a las personas desde un punto A (situación actual, donde la persona se muestra indiferente) a otro B (nuestro objetivo, donde la persona se muestra interesada y toma acción). Este movimiento, al que se llega mediante un cambio de actitud, es lo que Aristóteles definió como persuasión.

Para conseguir ser persuasivo, Aristóteles destaca tres características o argumentos que deben estar presentes en los discursos de cualquier orador: *ethos*, *pathos* y *logos*. Tres modos de apelación, cuyo secreto radica principalmente en la habilidad de combinarlos de forma magistral para conseguir crear una comunicación persuasiva brillante.

Comunicación a través de ethos

Ethos hace referencia al carácter del orador que el público percibe. Es decir, lo ético, el carácter y la reputación. Aristóteles consideraba que:

> A los hombres buenos les creemos de modo más pleno y con menos vacilación; esto es por lo general cierto sea cual fuere la cuestión, y absolutamente cierto allí donde la absoluta certeza es imposible y las opiniones divididas. No es verdad, como suponen algunos escritores en sus tratados de retórica, que la bondad personal de quien habla no contribuye nada a su poder de persuasión; por el contrario, su carácter casi puede considerarse el medio más efectivo de persuasión que posee.

Si hago un repaso mental de mis experiencias pasadas, considerando las sabias palabras de Aristóteles, personalmente queda confirmada la teoría (que suscribo en su totalidad) de que la clave para el éxito —no solo al comunicar sino en todos los aspectos de nuestra vida— es ser buenas personas. Las personas bondadosas son las que más confianza transmiten y son capaces de conseguir, sin grandes esfuerzos y sin el empleo de la autoridad de poder, que los demás las escuchen con atención y respeto.

Comunicación a través de pathos

Pathos es todo lo relacionado con las emociones que acompañan a nuestro discurso, y que, cuando somos capaces de transmitir adecuadamente, el público también llega a sentir. Son las que se comunican principalmente por el tono de voz y nuestro lenguaje corporal, pero también por el sentido emocional que demos a nuestras palabras. Siempre estaremos transmitiendo algo, lo importante es poner atención a qué emociones estamos comunicando y si coinciden con las que queremos realmente contagiar.

Comunicación a través de logos

Logos son las palabras que usa el orador para dar forma a su discurso. Es el discurso que emplea solamente argumentos lógicos y la razón para transmitir el mensaje.

No deja de maravillarme que estas bases, establecidas hace más de dos mil trescientos años, sigan vigentes más que nunca. Podríamos decir que en la actualidad, *ethos* (ética) es lo fundamental, seguido de *pathos* (emociones) y finalmente *logos* (las palabras). Este orden no fue siempre considerado así, ya que en el pasado se creía que el mayor peso para una correcta comunicación recaía en logos. Aunque uno tenga más peso que los otros, los tres deben mantener un equilibrio entre sí, porque la ausencia de alguno de ellos podría perjudicar nuestra comunicación. Para ser una persona persuasiva es básico que nuestra reputación sea excelente. Si esto no es así, nada de lo que digamos después servirá de mucho. Cuando el público conoce y acepta nuestro *ethos*, entonces cómo les hagamos sentir y cómo seamos capaces de aflorar emociones en ellos tendrán incluso más valor que el lenguaje que utilicemos. Las palabras, aunque necesarias para transmitir el mensaje, ocupan un lugar secundario frente a las emociones que seamos capaces de comunicar con ellas y, cómo no, frente a nuestra propia reputación, prestigio y carácter.

Por favor, a partir de ahora, no cometas el error de apoyarte solamente en la argumentación para realizar tus presentaciones. Las palabras son muy importantes y persuasivas, no cabe duda, pero, como nos enseñó Aristóteles, no son el único ni el recurso más importante disponible a la hora de persuadir.

Diferencias entre persuasión, influencia y manipulación

Hemos visto como Aristóteles lo dejó muy claro, pero todavía existe confusión a la hora de emplear estas tres palabras y, de hecho, en ocasiones, en la literatura se utilizan indistintamente para referirse a un mismo concepto: provocar un cambio en la otra persona para que haga lo que nosotros queremos. Pero hay sutiles diferencias entre ellas, y aunque las tres persiguen un cambio en el otro, lo hacen desde posiciones de partida muy distintas.

Cuando hablamos de persuasión e influencia, se suele pensar de ellas que hacen referencia a conceptos muy parecidos, e incluso se emplean habitualmente como palabras sinónimas, aunque no lo sean. Es necesario conocer los matices que las distinguen para entender a qué nos estamos refiriendo en cada caso. Veamos estas diferencias a partir de las definiciones que nos da la RAE (Real Academia Española):

- Persuadir es la «acción de inducir, mover, obligar a alguien con razones a creer o hacer algo».

Ya que las razones son la base de la persuasión, podríamos decir entonces que persuadir sería una acción de comunicación pensada y ejecutada con el objetivo de que una persona piense, crea o haga algo en particular. «Es un proceso interactivo mediante el cual un mensaje dado altera la perspectiva de un individuo cambiando los conocimientos, creencias o intereses que subyacen en esa perspectiva.» (Miller, 1980.)

La persuasión, aunque se quiere mostrar al otro como un mero proceso de convicción, emplea más técnicas que el solo razonamiento lógico para convencer. Lleva implícita el uso de técnicas psicológicas para que la toma de decisiones sea emocional. Sería una combinación del *pathos* y el *logos* de los que nos hablaba Aristóteles en su tratado. Como definió el psicólogo y profesor Eric Knowles (Universidad de Arkansas): «La persuasión es una forma básica de interacción social. Es la manera en que construimos consenso y un propósito común».

Imagina la llamada de un amigo que te anima a que vayas con él a un concierto de música rock y consigue que lo hagas aunque esta no sea tu música favorita. Ten en cuenta que, si durante la conversación te sentiste «obligado» a decir que sí, es posible que haya sido, no porque te haya convencido, sino porque te ha persuadido. Intenta recordar qué pasó durante la semana anterior, puede que tu amigo te pusiera algunas canciones del grupo y, al preguntarte qué te parecían, tú le dijeras, quizá por ser cortés con él, que no estaban mal, que sonaba bastante moderno. Es muy posible entonces que te hayas visto «obligado» a ir al concierto porque la coherencia aquí ha provocado el efecto deseado (trataremos en detalle el uso de esta técnica en posteriores capítulos).

- Influir: según la RAE, es «ejercer predominio, o fuerza moral».

La fuerza moral radica en la concepción o visión que tiene una persona sobre la otra según sus valores, creencias o acciones. Cuando nos influencian, es porque ha habido un cambio en nuestro pensamiento, sentimiento o conducta debido a la personalidad o fuerza moral de otra persona.

Palabras como *carisma*, *presencia*, *don*, *confianza*, *credibilidad*, *gracia*, *personalidad*, etc., llevan el concepto de influencia implícito en ellas y nos ayudan a entender en qué consiste la influencia. Sería a lo que Aristóteles se refería como *ethos*.

Si hablamos de manipulación, el concepto es más claro y es sencillo diferenciarlo de los dos anteriores:

- Manipular: según la RAE, es «intervenir con medios hábiles y, a veces, arteros, en la política, en el mercado, en la información, etc., con distorsión de la verdad o la justicia, y al servicio de intereses particulares».

Aunque también existe mucha confusión en su uso, la clave aquí es la distorsión de la verdad y la justicia. Es conducir a una persona a hacer algo que realmente no quiere hacer. Es la falta de ética en el proceso de cambio o transformación. Todo ello orquestado para beneficiar los intereses personales del manipulador. No hay mucho más que decir al respecto.

Persuadir e influir también se confunden con...

Existen algunas palabras que en ocasiones pueden llegar a confundirse con persuadir, influenciar e incluso con manipular. Muchas de ellas no tienen nada que ver con estos conceptos y otras, como verás, son variaciones con ciertos matices muy interesantes.

Convencer

Ya hemos visto que persuadir y convencer quieren provocar el cambio a través de la palabra. La diferencia existente la encontramos en la técnica que emplea cada una. Cuando el planteamiento que hacemos al otro solo está soportado por argumentos lógicos, estaremos tratando de convencer a través del razonamiento, de su inteligencia. Persuadir, por el contrario, se basa en aspectos emocionales, requiere jugar con la sensibilidad y los sentimientos de nuestro interlocutor.

Negociar

Según la firma especializada en negociación Scotwork, la persuasión es el *telling* y la negociación es el *trading*. Es decir, persuadir sería «contar» y negociar sería «intercambiar». Personalmente, considero la persuasión como una herramienta para mejorar y hacer más efectiva la negociación. Es cierto que podría llegar a existir negociación sin persuasión, pero sería un error no utilizar sus técnicas para mejorar de forma considerable nuestras posibilidades de *trading* (intercambio).

Comunicar

Al igual que en el caso anterior, por supuesto que puede existir comunicación sin persuasión. Pero no al revés. Cuando al comunicar se emplea la persuasión, transformamos nuestro mensaje en otro más interesante y eficaz. Cuando la comunicación es informativa, no requiere de la persuasión, pero, cuando persigue un cambio en el otro, esa comunicación debe de ser persuasiva.

Poder

El poder, en este contexto, es el que provoca el cambio a partir de la jerarquía que dicta la estructura de la empresa, de la familia, la comunidad, etc. Aunque el cambio es el punto en común con la persuasión, se abordan desde posiciones muy diferentes: el poder desde la autoridad jerárquica y la influencia desde una argumentación persuasiva. Dicho esto, la persuasión es mucho más efectiva cuando también hay poder. Por ello, resulta interesante para las personas con gente a su cargo que aprovechen su posición, no para directamente provocar el cambio, sino para potenciar su capacidad persuasiva y conseguir con mayor eficacia que el empleado quiera hacerlo por sí mismo.

Disuadir

Si la persuasión busca la acción en el otro, la disuasión persigue la inacción. La disuasión se apoya en los argumentos, negativos pero también positivos, que hay para que una persona no realice una acción, piense o sienta de una forma determinada.

Seducir

La seducción persigue la persuasión a través de halagos. En general, asociamos la acción de seducir con técnicas de cortejo que nacen de la atracción sexual. En este contexto, tiene una connotación que puede ser en ocasiones negativa, por lo que aquí entra en juego de nuevo la ética.

Como indica Martin Ross en su libro *El mapa de la autoestima*, la seducción es el «arte de enloquecer a una persona», porque los enamorados idealizamos a nuestra pareja y la vemos incluso mejor de lo que realmente es.

Cautivar

Algo o alguien nos cautiva porque consigue conquistarnos mediante sus cualidades extraordinarias, como pueden ser sus cualidades físicas o morales. Es un verbo muy similar a la acción de seducir pero en su acepción no sexual.

¿Dónde encaja la ética en todo esto?

La ética, en líneas generales, estudia lo correcto o equivocado del comportamiento humano. Por ello, suele brillar por su ausencia en situaciones donde se distorsiona la verdad o la justicia, y donde la persona busca solo su beneficio propio sin tener en cuenta la posición en que quedan los demás. Si esta falta de moral se emplea junto con cualquier técnica de influencia social, de forma instantánea la persuasión pasa a denominarse manipulación. Es la ética la que marca claramente los límites entre el uso persuasivo o manipulador de las técnicas descritas en este libro.

Fue de la mano del profesor Cialdini de quien aprendí a sentirme cómodo empleando ciertas técnicas de persuasión que podrían considerarse manipulación en algunos contextos de acuerdo con mis propios valores y principios morales. Para el profesor, la clave está en si podemos o no responder positivamente a las siguientes preguntas:

- ¿El uso que voy a darle a la técnica es honesto?

- ¿Su aplicación es natural en el contexto en el que me encuentro?

- ¿Se genera una situación en la que yo gano y la otra persona también? *(win-win)*.

Si la respuesta a las tres preguntas es positiva, entonces podemos emplear cualquier técnica de este libro sin miedo a convertirnos en personas manipuladoras a los ojos de los demás. Veamos una a una qué es lo que significan en relación con la influencia social:

- Honesto: la ética debe marcar nuestra relación de honestidad con los demás. Si no existe la sinceridad en nuestras relaciones, no podremos persuadir o influenciar desde ese *ethos* que definía Aristóteles. Ser honesto no es solo decir la verdad, implica también ser decente, recto, razonable y justo. Cuando faltamos a la verdad, somos indecentes o injustos, nuestra credibilidad y confianza se verán afectadas hasta el punto de que nunca podremos recuperar los valores anteriores al desafortunado suceso. Sí, es cierto que, para que eso suceda, la otra persona tiene que darse cuenta de que está siendo engañada, pero, amigo mío, te garantizo que tarde o temprano eso se detecta, y tu reputación queda marcada para siempre. Como mínimo perderás toda capacidad de persuasión o influencia sobre esas personas a las que quisiste manipular. Ser honrado en nuestras intenciones y proposiciones es algo indispensable para que, sea lo que sea lo que estemos haciendo, vaya alineado con nuestra ética y se puedan cumplir las expectativas que el otro tiene de una buena persona.

- Natural: ser natural significa realizar actividades que sean orgánicas y espontáneas. Para que algo sea natural, también debe ser sencillo y debe tener sentido lógico dentro de la situación en la que nos encontremos. Es cuando sabemos que algo «toca» en una situación. No va forzado porque, de algún modo, es la solución que encaja de forma coherente.

- *Win-win*: esta filosofía de vida y de trabajo es muy clara: todos ganan. Lógicamente, durante los procesos de persuasión buscamos un beneficio, pero este nunca se debe conseguir a costa del otro. Buscar solo nuestro propio provecho es un comportamiento en el corto plazo que seguro nos va a llevar a situaciones desfavorables a largo plazo. Las personas que actúan de esta manera suelen ser catalogadas como egoístas y codiciosas. Al crear situaciones *win-win*, donde ambos ganan, se generan sinergias que de otra forma no serían posibles y que facilitan enormemente las situaciones de influencia posteriores.

Así que, ya sabes, si en algún momento te encuentras incómodo con el uso de las técnicas que se describen en este libro, tan solo tienes que preguntarte: ¿es honesto?, ¿es natural?, ¿ganamos todos? Si tu respuesta es sí a las tres preguntas, no deberías de tener mayor problema en continuar con su uso.

¿Por qué no nos gustan los vendedores?

A nadie le gustan los vendedores de humo y tampoco aquellos que quieren manipularnos en lugar de intentar demostrarnos, persuadirnos, influirnos o convencernos de algo. El abuso por parte de muchos profesionales de la venta de técnicas ilícitas y su falta de ética han propiciado que su imagen se haya deteriorado y se aleje de lo que los verdaderos profesionales de la venta persiguen en su día a día. Pero, nos gusten más o menos, en el fondo todos somos vendedores. Todos en algún momento de nuestra vida tenemos que «vender» una idea, un producto, un servicio o, incluso, a nosotros mismos. No solo en el ámbito profesional (pedir un aumento de sueldo, acudir a una entrevista de trabajo, presentar un proyecto, proyectar una imagen personal, etc.), también, y mucho, en el ámbito personal (dónde ir de vacaciones, qué televisión comprar, cómo conseguir que nuestros hijos coman más verduras, etc.).

Si no nos gustan los vendedores, es sencillamente porque no nos gustan las técnicas de manipulación que asociamos con ellos. En general, pensamos que son personas interesadas y egoístas que nos quieren manipular para su beneficio personal. Y no voy a ser yo el que te diga que eso es absolutamente falso, porque es cierto que hay quienes se dedican a trabajar de esa manera. Pero hay muchos otros, la mayoría creo yo, que realizan su trabajo desde una sólida responsabilidad y ética profesional. Estos auténticos vendedores son los que emplean la persuasión como herramienta para ayudar a sus clientes a través de una mentalidad *win-win* que contribuye a afianzar sus relaciones profesionales y personales.

Tenemos que dejar de asociar vendedor a manipulador para empezar a estar orgullosos de nuestra faceta de vendedores. Todos lo somos y, cuanto antes asumamos esa posición, antes podremos empezar a disfrutar de lo que significa realmente la venta, la persuasión y la influencia. Es responsabilidad del vendedor dignificar su posición y ayudar a entender que es un profesional decente, que está ahí para ayudar y colaborar con sus clientes con el objetivo de encontrar las mejores soluciones para ambos. Como expresó de forma brillante Aristóteles, «un tonto me intentará persuadir con sus ideas, mientras que un sabio me persuade conmigo mismo».

Conmigo eso no funciona

¿Eres de los que crees que a ti no se te puede persuadir usando las técnicas de este libro? ¿Eres reticente a aplicarlas en otros porque no confías en su eficacia? No pasa nada. Para ser sincero contigo, y con todos los respetos, debo decirte que no importa si piensas que estas estrategias funcionan o no contigo. Si algo positivo tiene la persuasión, es que, si la empleas adecuadamente, existe una alta probabilidad de que vaya a funcionar, independientemente de que creas en ella o no. ¿No te parece suficiente motivo para darle una oportunidad, incluso si desconfías de su éxito?

Te diré un secreto. Puedo afirmar categóricamente que las técnicas de influencia y persuasión que he seleccionado para ti funcionan. ¿Quieres saber por qué? La totalidad de los métodos tratados en este libro tienen un componente que se escapa al uso de nuestra razón y, por lo tanto, a nuestro control. Eso significa que, al aplicarlas, la persona a la se pretende persuadir, además de recibir un mensaje de modo consciente, recibirá otra parte de él de modo inconsciente. Esto sucede para todos, incluso en el caso de tratar con alguien que cree que es imposible que le persuadan. Recibirá una parte del mensaje de modo subliminal, y su mente lo procesará. Como resultado, a la hora de tomar una decisión, su cerebro tendrá en cuenta no solo lo que ha percibido de forma consciente, sino también lo captado de modo inconsciente. Pero como es lógico no tienes por qué creerme. Tan solo mantén tu mente abierta durante la lectura de los próximos capítulos y confío en que al terminar no seas de los que todavía piensan que con ellos esto no funciona.

2

Diseñar la realidad

¿Te imaginas cómo el cerebro procesa la información sensorial? Antes de que yo te dé algunas ideas al respecto, te animo a que intentes responder la siguiente cuestión: de estas dos mesas que ves en el dibujo de abajo, ¿cuál de ellas piensas que sería más fácil hacer pasar por una puerta estrecha?

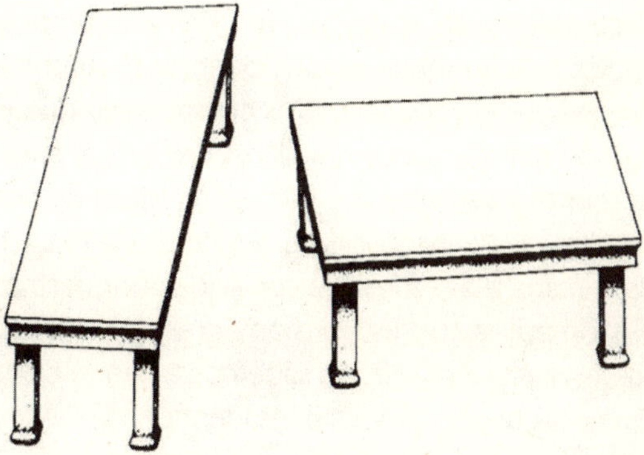

La ilusión de las mesas (Roger N. Shepard, 1990).

Durante siglos, una de las principales preocupaciones de filósofos y psicólogos ha sido averiguar el modo en que nuestra mente usa los datos que obtiene del exterior y, sobre todo, cómo procesa el cerebro la información sensorial que recibe. A este respecto, el matemático y psicólogo Roger N. Shepard diseñó varios experimentos visuales (recogidos en su libro *Mind Sights* de 1990, entre los que se encuentra el dibujo anterior) para intentar demostrar con experiencias reales su teoría: el cerebro interpreta la información sensorial mediante el conocimiento del mundo exterior y la visualización mental del suceso. En sus propias palabras: «La percepción es una alucinación guiada desde el exterior». En la ilusión a la imagen, ambas mesas son iguales. Te lo prometo, puedes medir sus dos lados si no te lo puedes creer. Aunque la interpretación que realiza el cerebro nos dice todo lo contrario, ¿verdad? En ocasiones, escuchamos frases del tipo «sé que es cierto, lo vi con mis propios ojos» o «ver para creer». Frases un tanto peligrosas, ya que, como hemos comprobado con ayuda de la ilusión anterior, podemos estar cometiendo un error de apreciación. Nos cuesta creer que lo que vemos no coincide con la realidad, pero lo que sucede es que la mente interpreta la información visual de una manera automática e inconsciente, y ofrece una imagen final lo más cercana a la realidad ya conocida por nuestro cerebro. Razón por la cual esta ilusión sigue «engañándonos» *a posteriori*, incluso cuando ya sabemos a ciencia cierta que ambas mesas tienen dimensiones idénticas.

Las ilusiones visuales son fantásticas metáforas para intentar explicar el funcionamiento de todo tipo de ilusiones cognitivas. De igual manera que la percepción de lo que vemos puede no corresponderse con la realidad, lo que percibimos a través de los demás sentidos, así como las emociones y sensaciones que percibimos al escuchar algunas palabras, también puede crear una realidad diferente en nuestra mente. El cerebro, a través de la percepción del mundo, puede ser «influenciado». «No vemos las cosas como son, sino como somos», dijo el escritor y filósofo espiritual Jiddu Krishnamurti. Y es que, en el transcurso del día, a medida que nos vamos enfrentando a diferentes experiencias y situaciones, las personas vamos diseñando nuestra propia realidad. Esto sucede sin que seamos conscientes de ello, al igual que en el ejemplo de las mesas no lo éramos de que ambas pudieran ser iguales.

Lo que llamamos *realidad* es verdaderamente la interpretación que realizamos de la información que recibimos del exterior. Es «nuestra realidad», alterada según nuestra forma de almacenar, considerar y asociar los datos. Aunque la realidad sea objetiva, nuestra percepción de ella será siempre subjetiva. ¿Quieres otra prueba? ¿Qué ves en el dibujo? ¿Una joven o una anciana?

Inversión perceptual (W. E. Hill, 1915).

Continuamente y de forma inconsciente realizamos interpretaciones de la realidad. Es como si los datos pasaran por un prisma o lente que modifica, altera e influencia la información que recibimos del exterior, para ofrecernos finalmente una versión de ella. Esas lentes trabajan de forma automática y escapan a cualquier control por nuestra parte. En general, todos, sin ser conscientes de ello, reaccionamos de forma muy parecida ante ciertos estímulos, como le sucederá a todo aquel que le muestres la ilusión de Shepard.

Pero... ¿cómo puede todo esto ayudar a que tus propuestas sean aceptadas más fácilmente? Conocer cómo funcionan esas lentes permite emplear tácticas psicológicas que faciliten diseñar una realidad para los demás. Esta es la base de la persuasión para guiar la mente de las personas hacia ciertos pensamientos y actitudes que nos interesen, sin que sean conscientes de que lo estamos haciendo. Algo que vamos a poder ir comprobando en cada uno de los próximos capítulos. Para empezar, veremos a continuación algunos conceptos básicos relativos a nuestra forma de organizar la información y a cómo algunos pensamientos son consecuencia de otros. Conceptos fundamentales para comprender mejor el funcionamiento de las técnicas que veremos a lo largo del libro.

Los esquemas mentales: organizar la memoria

Conocer cómo organizamos la información en la memoria es de vital importancia para comprender cómo esta fluye en nuestra mente y por qué ciertos datos desencadenan otros de manera casi automática. A modo de ejemplo, y antes de entrar más en detalle, te propongo el siguiente reto.

Realiza estas dos pruebas seguidas. La primera consta de una serie de sumas aritméticas relativamente sencillas y, posteriormente, tendrás que responder a un par de preguntas. Vamos con ello:

Prueba núm. 1: Realiza lo más rápido que puedas las siguientes operaciones aritméticas:

8 + 16 =

24 + 10 =

23 + 6 =

453 + 23 =

125 + 109 =

Prueba núm. 2: Piensa rápidamente en una herramienta y en un color, ¿lo tienes?

No podrás creerlo, pero es posible que yo sepa lo que estás pensando ahora mismo. ¿Qué opinas? ¿No lo crees? Pues ahí va: es muy probable que la herramienta sea un martillo y el color sea el rojo.

Como puedes imaginar, este ejercicio no tiene un ciento por ciento de aciertos y puede que alguno de vosotros no haya pensado en esa herramienta, ni quizá en ese color. Pero a nivel porcentual, tengo una probabilidad cercana al 90 por ciento de éxito. Este es un ejemplo muy didáctico de cómo nuestro cerebro organiza la información, lo que se conoce como memoria semántica, y, sobre todo, de cómo podemos utilizar ese principio en nuestro favor para, en este caso, simular una aparente habilidad de lectura mental.

Antes de explicarte por qué funciona la prueba anterior, veamos otro ejercicio diferente, donde vas a experimentar esta asociación de manera más práctica y donde además, podrás comprobar su aplicación a la vida real (Fitzsimmons y Bargh, 2003):

Me gustaría que pensaras por un momento en tu madre. Trae a tu mente algunos buenos recuerdos de ella y estarás listo para comenzar con la prueba. Te voy a pedir que leas un texto sobre un chico llamado Marcos y que evalúes posteriormente al chico según el nivel de motivación que consideras que tiene sobre una escala del 1 al 9 (1 es poco y 9 es altamente motivado). El texto dice así: «Marcos está empezando ahora su segundo año en la universidad. En el primero, lo hizo bastante bien en algunas de las asignaturas pero no tan bien en las demás. Aunque faltó a algunas clases, en general se puede decir que su nivel de asistencia fue alto. Tanto su madre como su padre son médicos, y él pertenece a un grupo de voluntariado de estudiantes de medicina, aunque todavía no ha decidido si es eso lo que quiere hacer en su vida».

Recuerda que tienes que puntuar el texto según el nivel de motivación que crees que tiene Marcos. Entre uno y nueve... ¿Qué puntuación le darías?

Este ejercicio fue realizado por dos investigadores estadounidenses a un grupo de personas adultas para estudiar cómo la mentalidad previa puede condicionar nuestra percepción sobre las cosas. En el estudio original, antes de leer el texto, pidieron a varias personas que rellenaran un cuestionario sobre su mejor amigo y a otras personas que lo hicieran, pero contestando las preguntas sobre su propia madre.

En realidad, la descripción es bastante neutra y no se establece ninguna relación directa entre lo que está escrito y la motivación del tal Marcos. Pero los investigadores querían comprobar si estar expuesto a una situación previa podría condicionar la percepción posterior de otra información. Y así fue. Las personas que habían realizado el cuestionario pensando en su amigo puntuaron la motivación de Marcos con una nota media de 5,56 puntos. ¿Cuál fue la puntuación que le diste tú? ¿Fue superior? Confío en que sí, porque, según el estudio realizado por estos investigadores, las personas que previamente habían estado pensando en su madre, puntuaron a Marcos con una nota media superior (6,11 puntos).

No deja de sorprenderme que para un mismo texto neutro las personas reaccionemos de forma diferente. Está claro que relacionamos más el concepto «motivación» con nuestras madres que con nuestros mejores amigos, y que, por ello, la predisposición a la hora de leer el texto es diferente en ambos casos. Asociamos con las madres la idea de orgullo, ganas de mejorar, esfuerzo, etc., todas muy relacionadas con la motivación. Por eso, las personas que fueron expuestas a esa idea puntuaron con mejor nota la sensación de Marcos.

Así que exponernos a ciertas situaciones o palabras nos hace más propensos a pensar o actuar de cierta manera. ¿Por qué? ¿Y cuál es el principio psicológico que explica la demostración del martillo rojo anterior? Vamos a dar respuesta a esas preguntas para que tú también puedas preparar el terreno de tus peticiones y presentaciones.

Asociaciones mentales y primado

Diariamente, el cerebro recibe multitud de datos que provienen de los estímulos que captamos a través de nuestros sentidos. El ser humano, para ser eficiente, tiene la necesidad de sintetizar y organizar esa información, de seleccionar, simplificar y enfatizar lo importante. Así que nuestra mente es la responsable de ir almacenando y asociando la información que recibimos del exterior, mediante métodos de organización tales como los esquemas, las categorías y el primado.

Esquemas y categorías

El esquema es la forma en que está organizado el conocimiento en nuestra memoria para un concepto dado, ya sea una persona, una situación, un objeto, etc. Dentro de cada uno, hay una determinada información que está ordenada de una manera concreta, según las experiencias que hayamos tenido sobre ese concepto. Podemos decir que los esquemas actúan como algo parecido a filtradores de la realidad, semejante a la lente que antes te comentaba. Si recordamos el ejercicio del texto sobre Marcos, el concepto «madre» puede llevar asociada la idea de motivación y además muchas otras que relacionas con tu propia madre.

Tener esquemas siempre implica tener expectativas sobre cómo actúan las personas y cómo van a suceder distintos acontecimientos. Si un esquema se activa, puede alterar nuestra percepción y conducta, ya que puede hacer que algunas ideas estén más activas que otras en nuestra mente. Es decir, activar el esquema «madre» hace que la idea de «motivación» esté más activa, lo que puede influenciar la percepción sobre lo motivado que está Marcos.

Es posible ir incorporando nueva información a nuestros esquemas. Por ejemplo, nuestro esquema de una obra de teatro implica una serie de expectativas sobre cómo va a transcurrir la representación. Si se produjera algo diferente e inesperado durante el transcurso de la obra, esta nueva información activaría nuestra atención y se añadiría como un nuevo elemento, no sin antes «rompernos los esquemas» previos.

Sabiendo qué es un esquema y cómo funciona, ya habrás descifrado por qué la mayoría de la gente llega a pensar en un martillo y en el color rojo. El esquema «herramientas» está organizado de modo que el martillo ocupa normalmente uno de los primeros lugares. Lo mismo sucede en el esquema «color»: el rojo suele estar ordenado en las primeras posiciones. Es decir, que una vez hemos obligado a nuestra mente a que piense con rapidez (ese es el motivo de pedirte que realizaras unos cálculos sencillos), cuando el cerebro recurra a sus esquemas correspondientes, nos ofrecerá palabras dominantes en ellos. En este caso concreto, martillo y rojo.

Además de trabajar con esquemas, nuestra mente también trabaja con categorías, agrupando los elementos en función de su semejanza. Es un proceso de simplificación necesario, pero que nos puede llevar a categorizar de forma intuitiva a las personas, y no siempre de forma correcta. No todos los que tienen gafas son unos intelectuales, ni todos los que llevan barba son más varoniles. Y a pesar de lo que yo creía cuando era pequeño, tampoco todos los asiáticos son buenos en artes marciales.

Así que debes tener en cuenta que, aunque esquematizar y categorizar son procesos de adaptación social necesarios para organizar nuestra mente, uno de los riesgos asociados es que puede dar lugar a estereotipos, prejuicios y discriminación, al asimilar a quienes comparten raza, edad, sexo, religión o grupos sociales.

Primado

¿Qué opinas? ¿Crees que está bien dicha y escrita la siguiente frase?: «Aré lo que pude».

Piensa detenidamente en tu respuesta e intenta encontrar la explicación de por qué lo crees. La mayoría suele responder que está mal dicho y escrito, y alegan que la forma correcta es «Hice lo que pude». Podría ser, pero... ¿y si cambiamos un poco la frase? Mira a ver qué opinas ahora:

¿Está bien dicha y escrita la siguiente frase?: «Aré la tierra lo que pude».

Al leerla así, seguro que has caído en la cuenta de que me refería al verbo *arar* y no al verbo *hacer* y que, por lo tanto, la frase que te presentaba inicialmente era totalmente correcta.

Lo que ha sucedido en este ejercicio es que te faltaba información sobre el contexto para poder reconocer el verbo adecuado. Tu cerebro se ha ido automáticamente a la frase más habitual: «Hice lo que pude», ya que pensamos mucho antes en el verbo *hacer* porque es de uso más común, y está en las primeras posiciones de nuestro esquema «verbos», sobre todo si forma parte de una expresión tan cotidiana.

El primado o *priming* se define como el efecto que provoca una situación anterior en la interpretación y recuperación de la información. Hace referencia a la tendencia que tiene nuestro cerebro a utilizar los esquemas mentales más recientemente empleados o adquiridos. Gracias a este efecto podemos:

1. Reconocer o identificar de una manera más rápida. Por ejemplo, si estoy hablando de dinero, es posible que cuando te diga la frase: «Me he pasado en el banco toda la mañana», me imagines en una entidad bancaria. Pero si sabes que tengo un niño pequeño, lo más probable es que pienses que he estado sentado en el parque.

2. Influir en nuestra percepción o juicio. Si tenemos que interpretar una situación, y previamente a evaluarla, hemos sido primados, por ejemplo, con la idea de valentía, es probable que incorporemos esa actitud al interpretar esa situación.

3. Influir en nuestras acciones o conductas. Similar al caso anterior pero condicionando la conducta posterior al primado. Si se prima con la idea de valentía y, posteriormente, se nos requiere que seamos valientes, estaremos condicionados para comportarnos así.

4. Influir en nuestros objetivos y motivaciones. Como cuando las personas que son expuestas a palabras inspiradoras se muestran más predispuestas a comportarse de acuerdo con ellas en las actividades posteriores. En el ejemplo anterior, cuando los participantes rellenaron el cuestionario sobre su madre, activaron varios esquemas mentales, entre ellos, el de la motivación.

Por lo tanto, es posible primar un esquema determinado simplemente exponiendo a la gente a ciertas palabras o ideas relacionadas con él. Así que si te pasas el día viendo vídeos sobre motivación, es muy probable que tu energía suba considerablemente. Existe un estudio al respecto, conocido como el «efecto Florida» (Florida es el lugar considerado como un paraíso para los jubilados estadounidenses). Consistió en invitar a un grupo de personas a un juego donde se exponía a los jugadores a una serie de palabras relacionadas con la vejez (*jubilación*, *Florida*, *canas*, *olvidadizo*, *calvo*, *arrugas*, etc.). Hasta aquí todo normal, lo increíble sucedió después, cuando se observó que las personas que habían sido expuestas a las palabras relacionadas con la vejez caminaban mucho más despacio que sus compañeros del grupo de control (que habían participado en el juego, pero con palabras neutras). Lo que hicieron esas palabras fue primar el esquema de la vejez, lo que activó la conducta de caminar despacio, un comportamiento que se asocia directamente con la tercera edad (Bargh, Chen y Burrows, 1996).

Un dato importante que destacar es que la exposición a esas palabras iniciales no tiene por qué requerir de la atención consciente de las personas. Es más, según el premio Nobel Daniel Kahneman, para que un primado sea efectivo es necesario que sea lo suficientemente fuerte para impactar en nuestra conducta, pero no tan fuerte como para que entre a través de nuestra mente consciente. El efecto debe permanecer en el nivel subconsciente. Y es que la aplicación subliminal del primado es algo que está todavía por desarrollar, aunque ya hay estudios que demuestran una relación directa entre presentar palabras relacionadas con la categoría «sed» y el aumento del consumo de una bebida y el impacto persuasivo de un anuncio relacionado a la categoría (Strahan, Spencer y Zanna, 2002).

En cuanto a las marcas comerciales, parece ser que las que presentan fuertes asociaciones con rasgos de personalidad «humanos» son capaces de generar respuestas conductuales automáticas. Por ejemplo, la exposición subliminal al logo de Apple generó que los participantes en el estudio se comportaran de forma más creativa, al igual que el logo de Disney indujo a un comportamiento más honesto, frente a aquellos participantes que fueron expuestos al logo de IBM (Fitzsimons, Chartrand y Fitzsimmons, 2008).

El primado es algo que nos influencia todos los días y en todo momento. Incluso en conductas tan habituales como conducir podemos observar variaciones en función del vehículo que llevemos. ¿Crees que conducirías de igual manera un vehículo deportivo que uno familiar? Un estudio reciente encontró que aquellas personas que conducían virtualmente un coche con el logo de Red Bull mostraban mayor agresividad y conducta temeraria en su estilo de conducir, logrando excelentes o terribles resultados en las carreras donde competían (Brasel y Gips, 2011).

Influir mediante el uso de los esquemas y el primado cognitivo

Si alguna vez has presenciado un accidente de tráfico, seguro que has tenido la necesidad de compartir la experiencia contándoselo a otras personas. Si lo has hecho porque antes te han preguntado por ello, es muy posible que tu descripción haya variado dependiendo de cómo te hayan planteado la pregunta. Esta es a una de las conclusiones principales a las que llegó la psicóloga Elizabet Loftus cuando empezó a investigar la exactitud en los testimonios de los testigos oculares. Para demostrarlo enseñó a una serie de participantes algunos vídeos de accidentes de tráfico y posteriormente les preguntaba qué es lo que habían visto en ellos. Analizando sus respuestas, se llegó a la conclusión de que la formulación de las preguntas influía en cómo las personas describían lo que había sucedido. De hecho, cuando se les pedía que estimaran la velocidad de los automóviles implicados en el accidente, las respuestas variaban en función de si el interrogador se refería al suceso con las palabras *golpe*, *colisión* o *choque* (Loftus y Palmer, 1974).

No solo en esta experiencia, también en las anteriores hemos podido ser testigos de cómo la exposición consciente o inconsciente a determinadas ideas y/o palabras puede provocar una «reacción primada» en función del esquema inicial presentado. Esto nos debería llevar a pensar que nosotros mismos, en nuestras propias situaciones de posible influencia y persuasión, podemos hacer uso de estos principios para primar en los demás una determinada actitud, conducta y/o pensamiento.

La percepción puede variar en función de la información que nos rodea y que se nos ofrece previamente a la toma de decisiones. Así, cuando a las personas nos muestran imágenes negativamente impactantes (incluso por un breve espacio de tiempo), consiguen que, acto seguido, seamos moralmente más permisivos (Olivera La Rosa y

Roselló, 2012). Imagina que esto sucede en un informativo, donde, antes de ofrecerte algún escándalo político, retransmiten algunas imágenes sobre masacres o atentados terroristas. Eso puede provocar que seamos más benévolos con la moralidad de la noticia política posterior.

El efecto de primado tiene aplicación en cualquier situación que se nos pueda plantear: escribir un correo electrónico, reuniones, presentaciones, relaciones de pareja, etc. Lo principal es estudiar cuál es la conducta que quieres primar en la otra persona. Si, por ejemplo, nuestro interés está en primar una actitud más optimista, deberíamos exponer al otro a palabras que tengan relación directa con esta actitud (*ilusión*, *eufórico*, *feliz*, *flexible*, *cambio*, *positivo*, *agradable*, *éxito*, etc.). Un estudio realizado recientemente por el doctor Hassin (2008) así lo demuestra. Pero, como hemos visto, no es necesario exponer directamente a la persona a las palabras citadas. Sería suficiente con presentarle un ejemplo de optimismo para activar esos esquemas. Por lo que, previamente a la conversación con esa persona, sería interesante mantener otra más informal, donde podamos explicar una situación en la que el optimismo esté presente. De la misma manera, si tenemos que hablar a un grupo, presentar previamente una historia donde esté latente el concepto que deseamos primar permitirá aceptar la idea posterior con mayor facilidad. Cuanto más detallada sea la historia y más impliques a los demás en ella, mucho mejor.

Las aplicaciones del efecto de primado están tan solo limitadas por tu imaginación. Siempre será posible encontrar algún esquema cognitivo que puedas activar y que te ayude a preparar el terreno para presentar una petición posterior, con lo que conseguirás elevar tus posibilidades de éxito.

TÁCTICA: Para motivar o inspirar a un grupo de personas con tu presentación, no debes dejar pasar la oportunidad de compartir previamente una historia, un vídeo inspirador, anécdotas, dinámicas, etc. Lo importante es que, hagas lo que hagas, esos valores estén presentes en ellos.

El efecto anclaje

Imagina que entras en una tienda y ves los que quizá puedan ser los zapatos de tu vida. Son con seguridad los mejores que has visto nunca. Te los pruebas y te das cuenta de que están hechos para ti. Te miras al espejo, caminas un poco y terminas convencido de que tienen que ser tuyos. Buscas el precio en la etiqueta y lees una cifra que te desanima: 799 euros. Inmediatamente piensas: «Bueno, hasta aquí hemos llegado». Caminas de vuelta al sillón y te sientas para quitártelos. En ese mismo momento se acerca el vendedor y te pregunta:

Vendedor: ¿Te gustan?

Tú: No, no me gustan... ¡me encantan! Pero son demasiado caros para mí.

Vendedor: Bueno, esos zapatos están rebajados y tienen un precio de oferta de 199 euros.

Quizá sigan siendo algo caros. Y realmente no los necesitas, pero un descuento de 600 euros sobre el precio inicial son una muy buena oferta para dejarla pasar sin más. Ve preparando la tarjeta porque creo que vas a comprarlos. Has picado en uno de los trucos más viejos de la venta...

Veamos otro ejemplo. Imagina ahora un día de verano. Es por la tarde y vas conduciendo camino de la playa para pasar unos días de vacaciones. La verdad es que es un día caluroso, aunque con el aire acondicionado del coche no eres capaz de averiguar qué temperatura hace fuera. Esa misma mañana escuchaste en la radio que los termómetros llegarían a los 45 °C durante los momentos más calurosos del día. Una pregunta se te pasa por la cabeza... ¿Qué temperatura hará ahora mismo fuera del coche? Estimas unos 42 °C, pero, cuando compruebas el termómetro, te das cuenta de que indica 35 °C. Llegas a pensar que puede estar estropeado, e incluso le das un par de golpecitos para comprobar que no se ha atascado la aguja indicadora. Todo parece estar bien... pero ¿cómo te has podido equivocar por tanto? La explicación a ambas situaciones y a muchas otras a las que nos enfrentamos a diario está en el «efecto anclaje».

Hace ya cuarenta y tres años que dos investigadores (Tversky y Kahneman, 1974) popularizaron este principio psicológico. Descubrieron que las personas tenemos tendencia a hacer juicios de valor usando para ello distancias relativas a partir de puntos de anclaje. En su curiosa experiencia utilizaron una ruleta de la fortuna marcada con números del 1 al 100. La hacían girar y, justo cuando la flecha señalaba un número, preguntaban lo siguiente: «¿Qué porcentaje de países africanos pertenecen a la ONU?».

Ninguna de las personas invitadas a la experiencia conocía la respuesta verdadera, así que tuvieron que dar una solución estimada según su criterio personal. Lo curioso del experimento es que se encontró una relación entre las respuestas y el número que había salido al azar en la ruleta. Si, por ejemplo, la flecha señalaba el número 12, la respuesta media era de un 25 por ciento. Si salía el 66, la respuesta media cambiaba a un 45 por ciento. Y esto sucedía con un número que servía de anclaje pero que no tenía ningún tipo de relación con la pregunta. Ahora, intenta responder de la manera más precisa posible a estas otras preguntas:

- ¿La temperatura media en Madrid es mayor o menor de 45 °C? ¿Qué valor medio le darías?

- ¿La ciudad más grande de España tiene una superficie mayor o menor de 5.000.000 de hectáreas? ¿Cuál crees que es su superficie?

- ¿El sueldo medio de un español es mayor o menor de 50.000 euros brutos al año? ¿Qué valor medio crees que puede ser?

- ¿El precio medio de un café en Barcelona es mayor o menor de 3,4 euros? ¿Qué valor crees tú que tiene?

En la situación que te he planteado al inicio de este capítulo puedes ver que el anclaje era la temperatura media que nos habían dicho por la mañana en la radio. Ese valor de 45 °C es el que provoca que nuestra estimación se vea condicionada a partir de ese valor. Al igual que en las preguntas que te he planteado posteriormente, donde he incluido un anclaje para influenciar tu respuesta. De hecho, en los cuatro casos es un anclaje claramente exagerado. Pero esto no va a evitar que, si desconoces la repuesta, tu contestación final se vea condicionada por este número. Si los valores que hubiese presentado fueran más bajos, tus estimaciones también lo serían, porque siempre tomamos una decisión teniendo como partida el anclaje fijado.

Por cierto, la temperatura media en Madrid, ciudad que ocupa una superficie de 60.500 hectáreas, es aproximadamente de 15 °C. El sueldo medio bruto anual de un español es de 26.710 euros y un café en Barcelona cuesta 1,2 euros de media. ¿Qué impacto crees que tuvo el efecto anclaje en tus respuestas?

Ahora que ya pones nombre a este efecto, si prestas atención, te darás cuenta de que es algo que nos afecta todos los días. Dependemos del efecto anclaje para predecir el resultado de eventos, para estimar cuánto tiempo nos llevará algo o cuánto dinero costará un objeto. La mayoría de los juicios humanos importantes se toman en condiciones de incertidumbre, por lo que, cuando se trata de realizar un juicio sobre la frecuencia, la probabilidad o el valor de un artículo, a menudo este se determina comparando el artículo con un punto de anclaje.

Prueba con este otro ejercicio que plantea el psicólogo e investigador del lenguaje y la mente Gary Marcus en su libro *Kluge*: suma 400 a los últimos tres dígitos de tu número de móvil. Ahora contesta a esta pregunta: ¿en qué año terminaron por fin los saqueos de Atila, rey de los Hunos, en Europa?

Si el resultado de tu suma es inferior a 600, la respuesta media es el año 629 d. C. Si el resultado obtenido en la suma está entre 1.200 y 1.400, el cálculo medio que realiza la gente está en 979 d. C. Como puedes comprobar, hay una diferencia de trescientos cincuenta años entre ambas posibilidades. Lo que queda claro es que, durante el proceso de anclaje y ajuste, la gente parte del punto inicial arbitrario y sigue adelante hasta que encuentra una respuesta de su agrado.

Un caso personal

Durante una de mis demostraciones de mentalismo, pido a un espectador que piense en un número de dos cifras. A ser posible mayor de 22. Es curioso comprobar como en un elevado porcentaje, la gente suele decir números cercanos a esta cifra, siempre menores de 40 (en el 90 por ciento de los casos).

Para evitar esta situación, decidí romper el efecto anclaje pidiendo a la persona que, antes de decidirse por uno, cambiara de número varias veces. Aun así, la cifra nunca es mayor de 50 en el 90 por ciento de los casos. Este es otro ejemplo de cómo, cuando hay un anclaje disponible, lo usamos como punto de partida y ajuste para tomar la decisión posterior.

¿Y qué sucede cuando ya conocemos la regla?

Pues sorprendentemente nada cambia. Se ha demostrado en diversas experiencias que el conocimiento del efecto anclaje no disminuye su efectividad. Incluso cuando conocemos de su existencia y poder, las personas seguimos sucumbiendo a su influencia.

Esto es fácil de entender cuando la cifra de partida tiene alguna relación con el objeto en cuestión. Piensa en esos concesionarios de coches de segunda mano, llenos de vehículos seminuevos, relucientes y con carteles llamativos que indican su precio de oferta. Todos sabemos que ese valor se puede negociar y que el coste real del vehículo está por debajo del que se indica en la pegatina de la ventanilla. Independientemente de que seamos conscientes de ello, el precio inicial marcado nos está afectando en nuestra toma de decisiones. Al igual que la temperatura de 45 °C nos estaba condicionando nuestra opinión sobre la temperatura real.

También el anclaje provoca que la toma de decisiones de una persona se vea afectada incluso cuando el número es elegido conscientemente al azar por ella. Así lo demostró un experimento realizado por Dan Ariely en el MIT, Massachusetts Institute of Technology (Ariely, Loewenstein y Prelec, 2006). Se trataba de una subasta donde el precio del objeto era fijado por las dos últimas cifras del número de la seguridad social de cada persona. Por ejemplo, si mi número termina en 11, la botella de vino que se subastaba tendría un precio para mí de 11 euros. Si mi numero termina en 66, la botella tendría para mí un precio de 66 euros. A partir de este punto, todo el mundo tendría su precio de partida de lo que puede costar la botella. El resultado fue sorprendente, porque incluso esas cifras de partida, sin ninguna lógica ni relación con los precios de los objetos, hicieron que las personas con números altos pujaran más dinero por los productos subastados. Hasta un 346 por ciento más, comparado con aquellos con números más bajos.

Influir mediante el uso de los anclajes

Como se deduce de estos ejemplos y experiencias relacionados con el efecto anclaje, es muy difícil escapar de él, incluso cuando conocemos su existencia. Por ello, es un arma de influencia muy interesante y que no deberíamos dejar pasar por alto.

Según este efecto, siempre es más adecuado que, cuando ofrezcamos un presupuesto a un cliente, inicialmente le hagamos saber el precio de tarifa del producto y posteriormente negociemos el descuento. No debemos cometer el error de mostrarle, ya de primeras, el precio neto incluyendo un descuento de partida. El primer importe ofrecido será el valor de partida para la posterior negociación.

Aun cuando no estemos inmersos en un proceso de ventas, es posible usar este concepto para «ayudar» a los demás a tomar alguna decisión. Es algo que hacemos a menudo para acordar un precio lo más cercano a nuestras necesidades. Si queremos salir a cenar con unos amigos, lo normal, si andamos cortos de presupuesto, sería decir la cifra que estamos dispuestos a gastar en la cena. Eso va a hacer que el precio final acordado esté alrededor de ese valor que hayamos fijado inicialmente como punto de partida.

TÁCTICA: Ahora ya sabes el efecto que provoca conocer una cifra de antemano en tu mente. Así que, para marcar un punto de inicio en cualquier negociación, deberías proponer un valor para activar el anclaje.

En posteriores capítulos hablaremos en detalle sobre el «efecto de primacía». Este efecto sugiere que nos «anclamos» a la primera impresión que tenemos sobre una persona, para generar en la mente una idea permanente sobre ella. Con el paso del tiempo, podremos ir generando nuevas opiniones sobre esa persona, pero siempre partiendo de la imagen anclada que fijamos inicialmente. Como puedes ver, el anclaje lo utilizamos no solo para cantidades numéricas sino para muchos otros aspectos sensoriales diferentes.

3

La realidad se hace evidente cuando dejamos de comparar

El maestro en artes marciales Bruce Lee afirmaba que «la realidad solo se hace aparente cuando dejamos de comparar». Según su propia filosofía de vida, dejar de hacerlo es vivir en paz con lo que tenemos y atrevernos a aceptar la realidad tal como se nos muestra.

Como no podría ser de otra manera, estoy totalmente de acuerdo con esta forma de pensar. Aunque creo que no se trata solo de la acción de comparar, sino también del hecho final del contraste que se pudiera producir, que es lo que puede alterar en mayor medida la realidad que percibimos. Porque comparar y contrastar, aun cuando pudiéramos pensar que son palabras sinónimas, no lo son. Una se genera como consecuencia de la otra.

La RAE define *comparar* como «fijar la atención en dos o más objetos para descubrir sus relaciones o estimar sus diferencias o semejanzas». Y una de las acepciones de contrastar es «oposición, contraposición o diferencia notable que existe entre personas o cosas».

Es decir, para poder encontrar un contraste, necesitamos primero realizar la acción de comparar. Y si los resultados de esa acción muestran diferencias notables, entonces entra en juego el contraste. Cuando hay que elegir entre dos cosas, si hay contraste, las diferencias existentes serán más obvias y, por lo tanto, tendremos razones más evidentes para poder decidir entre uno u otro. En líneas generales, cuanto mayor sea el contraste producido, más motivos, a favor o en contra, tendremos a la hora de tomar una decisión.

Contrastar las fuentes

Todos sabemos que un buen periodista debe asegurar la veracidad de sus artículos, contrastando sus fuentes antes de publicarlos. Además, para ofrecer una versión completamente verídica de lo sucedido, no debe informar solo desde una única perspectiva, sino que debería obtener como mínimo una versión de cada punto de vista del tema en cuestión. En caso contrario, la información con la cual va a redactar su noticia no será realmente objetiva. El periodista que actúa de forma diferente a estos principios es considerado un reportero sesgado o partidista que no cumple con su compromiso ético.

Algo parecido nos sucede a todos a la hora de tomar una decisión. Necesitamos contrastar nuestras propias fuentes. Nos cuesta decidirnos sobre algo si no tenemos con qué compararlo o, mejor aún, con qué contrastarlo. Necesitamos conocer bien cuáles son las diferencias entre los objetos que estamos cotejando y, si esas desigualdades se nos muestran de forma más aparente, mucho mejor para nuestro proceso de toma de decisiones.

Comparar cosas muy diferentes entre sí permite que uno de los dos estímulos sea distinguido como mejor o más intenso. Cuando eso sucede, el contraste aparece, y es más factible percibir las cosas que se están comparando como incluso más diferentes entre sí de lo que realmente son en la realidad.

TÁCTICA: Si quieres poner en valor una cosa, puedes mostrarla junto a otra del mismo género. Así, al comparar ambas, se percibirán las diferencias y resultará más fácil decidirse por una de ellas.

El contraste visual nos ofrece la posibilidad de entender cómo actúa el proceso del contraste perceptual en nuestra mente. Fíjate, por ejemplo, en la siguiente ilusión visual:

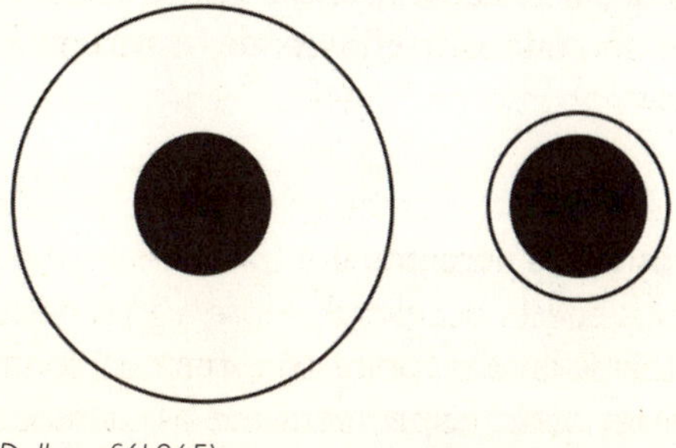

Ilusión de Delboeuf (1865).

Mira el dibujo anterior con esta pregunta en mente: ¿cuál de los círculos negros parece más grande? (ten presente que la pregunta es cuál «parece» y no cuál «es»).

Claramente, el de la derecha parece mayor, aunque ambos círculos negros son iguales (mide su diámetro si todavía tienes dudas). ¿Por qué crees que nosotros al verlos percibimos más grande el de la derecha? La explicación la podemos encontrar en el efecto que el contraste provoca en la percepción, debido a la tendencia a percibir un estímulo de forma diferente dependiendo de los que los rodean.

Una de las técnicas más efectivas para comer menos consiste en aplicar el principio psicológico de la ilusión anterior a la hora de servir las raciones de comida. La misma cantidad puede parecer escasa en un plato grande o más adecuada en un plato más pequeño. La idea es «engañar a nuestro cerebro» al crear la ilusión de estar comiendo mayor cantidad de comida al utilizar platos más pequeños. En realidad, lo que estamos haciendo es eliminar la sensación de comer poco al aplicar el contraste con el tamaño del plato pequeño donde hemos servido la ración de comida.

Ley del contraste perceptual

Para explicar la ley del contraste perceptual se utiliza con frecuencia un clásico experimento de psicofísica donde se emplean tres cubos de agua a diferentes temperaturas.

Puedes hacer tú mismo la prueba. Pon frente a ti los tres cubos: el situado a tu derecha con agua caliente, el de tu izquierda con fría y el del centro con agua tibia. Introduce inicialmente tu mano derecha en el cubo de agua caliente y tu mano izquierda en el cubo de agua fría. Pasados unos instantes, tienes que sacar tus manos de los cubos y meter ambas simultáneamente dentro del cubo de agua tibia. ¿Puedes imaginar qué es lo que vas a sentir?

La sensación en ambas manos es tan diferente que las personas que realizan esta prueba quedan realmente muy sorprendidas. La misma agua (a temperatura ambiente) es percibida por la mano derecha como agua fría mientras que la izquierda te dirá que está caliente.

Lo que viene a establecer esta ley del contraste perceptual es que la diferencia percibida entre dos cosas es mayor (que la realmente existente) si nos presentan esas dos cosas de forma consecutiva. Si, además, una de ellas es muy diferente a la otra, tenderemos a notarla aún más distinta de lo que es en realidad.

Esta ley altera nuestra percepción diariamente sin que nosotros seamos conscientes de ello. Es fácil encontrar múltiples ejemplos en cualquier situación donde necesitemos tomar decisiones. Por ejemplo, cuando hacemos la compra solemos realizar un chequeo de lo que pesan las bolsas que hemos llenado. Si tienes dos bolsas, una más ligera y otra más pesada, la sensación que percibas dependerá de cuál levantes antes. Si primero levantas la ligera, la otra posteriormente te parecerá más pesada. Si es al revés y primero levantas la pesada, la ligera te parecerá más ligera aún de lo que en realidad es (Sherif, Taub y Holland, 1958).

Es importante darnos cuenta de que necesitamos el contraste perceptual en la toma de decisiones para que nuestro cerebro pueda decidir «racionalmente» sobre el valor de una cosa.

Como puedes imaginar, la ley del contraste no solo tiene aplicación a la hora de percibir visualmente unos círculos, la temperatura del agua o el peso de la compra. Influye hasta en cómo percibimos la belleza de otras personas. Un estudio realizado en los años noventa (Kenrich y Gutierres, 1989) demostró que varios hombres consideraban menos atractiva la mujer en una fotografía si previamente a su valoración les habían mostrado un capítulo de la serie *Los ángeles de Charlie*, donde las protagonistas eran tres mujeres reconocidas mundialmente, entre otras cosas, por su belleza y atractivo físico. El contraste perceptual consigue aquí que la diferencia percibida sea mayor entre las actrices de la serie y la mujer de la fotografía.

Al escribir esto me viene a la mente cuando era solo un chaval. Había una creencia muy extendida entre los adolescentes que intentábamos conseguir una cita desesperadamente. La experiencia previa de algunos compañeros nos sugería que, si salías con uno o varios amigos menos agraciados que tú, tendrías más opciones de que una chica se sintiera atraída por ti (Kenrich y Gutierres, 1980). Y aunque es una estrategia que nunca recomendaría a nadie, pone de manifiesto cómo el contraste perceptivo está presente en infinidad de situaciones diferentes y cómo puede ayudarnos a generar nuevas oportunidades que inclinen la balanza hacia nuestro lado.

Cómo usar el contraste para inclinar la balanza hacia nuestro lado

Y es que el efecto de contraste puede incluso reducir la condena de un presunto ladrón, si este tiene la «suerte» de que su caso sea el siguiente al de uno por homicidio. Un estudio al respecto concluye que en esta situación las sentencias suelen ser menores a la media de casos similares, motivado principalmente por la influencia de este efecto (Pepitone y DiNubile, 1976). Si se presentan los casos en orden inverso, el presunto asesino podría ver su condena ampliada por la misma causa.

Numerosos estudios e informes científicos han demostrado con el paso de los años que el contraste está disponible en muchos aspectos de nuestras vidas y de maneras muy diversas. Alguien puede parecer más o menos bueno dependiendo de con quién se realice el contraste (Harvey y Sherif, 1957; DiVesta, 1961). Algo que no es totalmente blanco se ve de este color sobre fondo negro (Helson, 1964). Una persona nos puede parecer más profesional si antes hemos estado con otra que lo era menos (Kopelman, 1975). O, como ya hemos visto, un objeto se siente más pesado cuando antes hemos levantado algo más ligero (Sherif, Taub y Holland, 1958).

En el día a día podemos comprobar que son muchos los profesionales de la venta que emplean este principio para inclinar la balanza a su favor, ya que, además de ser un principio muy eficiente, tiene otra ventaja que lo convierte en un aliado infalible, y es que su uso es muy complicado de detectar. Si lo que queremos es que la persona realice la acción de contrastar con los precios, deberemos mostrar antes el artículo más caro. Si lo que queremos es que el contraste se realice basándose en la calidad, tendremos que ofrecer el mejor primero.

Para mostrarte cómo funciona el contraste aplicado a la calidad de dos productos, te contaré lo que me sucedió a mí cuando fui a comprar mi primera vivienda. La verdad es que tenía claro cuál era la zona donde quería vivir. Como se hacía antes de que existiera internet, me di una vuelta por el barrio para buscar algunos carteles de casas en venta y, enseguida, me enamoré de un piso en la zona. Aunque todavía no había visto el interior, el exterior me convenció por completo. Llamé al número de teléfono que indicaba el anuncio. No fue el propietario quien respondió, sino la inmobiliaria que se encargaba de la venta del inmueble. Concerté una cita con la vendedora y quedamos para ver el piso. Esa misma tarde se presentó con la intención de no solo ver la casa que me interesaba, «amablemente» había preparado una visita posterior a otro piso en el mismo barrio. «Ya que estamos por aquí, vamos a ver más opciones», dijo.

No puedo afirmar con certeza que todo esto estuviera preparado de antemano. Como te he comentado antes, el uso de la técnica del contraste es prácticamente indetectable. Pero la verdad es que, de cualquier forma, esa primera visita ayudó a que yo deseara aún más las vivienda que inicialmente me había interesado.

Pero ¿por qué funcionó tan bien el contraste en este caso? Recuerda que yo quería una casa en ese barrio. Esto era algo que tanto yo como la vendedora teníamos claro. Para que yo apreciara las «verdaderas ventajas» de la vivienda que me había interesado, era necesario que mi mente pudiera contrastar su calidad con otra de precio similar. Y eso es lo que me proporcionó la vendedora. Me mostró otra vivienda a escasos 200 metros de la primera, en el exterior muy similar a la que yo había seleccionado y con un precio casi idéntico. La gran diferencia estaba en el interior, ya que no solo las dimensiones del piso eran menores, la distribución de las habitaciones, cocina, baño y salón eran bastante peores. Gracias a esta segunda visita, mi mente obtuvo lo que necesitaba: ua prueba clara y definitiva de que lo que había elegido era realmente lo mejor y de que obtenía una mayor relación calidad/precio si compraba la vivienda por la que me había interesado inicialmente. La verdad es que no necesité mucho más para decidirme. Pero lo más interesante de todo esto es que, aunque no sé si la vendedora realizó esta opción consciente o inconscientemente, le agradezco mucho que me «ayudara» a tomar la decisión correcta. Correcta al menos para mi mente.

Ahora que hemos visto cómo el contraste puede afectar en nuestra percepción de las cosas que deseamos y compramos, puedes pensar en multitud de situaciones diarias donde este efecto desempeña un papel decisivo. De hecho, si en alguna ocasión tengo que comprarme un traje, sé que siempre termino comprando más accesorios (corbata, ropa interior, cinturones...) e incluso pagando más por ellos que si no hubiese comprado el traje previamente.

Con la compra de un coche pasa algo similar. Aunque no soy un gran aficionado a los coches, tengo que reconocer que el mío tiene llantas de aleación. Las añadí al pedido cuando me compraba el automóvil. La verdad es que, comparadas con el precio del vehículo, no me parecieron que tuvieran un coste muy elevado. Pero te puedo asegurar que, de no haberlo hecho en ese momento, hoy no las compraría.

Solo un euro más

Hay compañías multinacionales de comida rápida que saben muy bien que la persuasión es, fundamentalmente, un juego de números. Cuantos más impactos realicen en los que incluyan estas técnicas, más y mejores resultados obtendrán. Estoy seguro de que, si has comido en ellos, te habrán hecho alguna de las siguientes preguntas:

- ¿Quieres hacer tu menú grande por 1 euro más?
- ¿Te gustaría añadir una ración de patatas fritas a tu pedido o un helado por 50 céntimos más?
- ¿Te apetece el café de Colombia por 30 céntimos más?

Son preguntas que buscan que decidas, por medio del contraste, que sería un error no aceptar la propuesta porque aparentemente lo que ofrecen es, sin lugar a dudas, un buen trato. No vamos a evaluar ahora si es o no un buen negocio, pero sí que te puedo asegurar que el ofrecimiento está diseñado para que, frente a un menú de 7 euros, una ración de patatas fritas por 1 euro más sea una ganga que no puedes dejar pasar.

Es lo mismo que nos sucede cuando al finalizar la compra nos acercamos a la caja del supermercado para pagar. Puede que en alguna ocasión te hayan ofrecido algo así: «El total son 59 euros... Tenemos las sardinas en promoción, la lata por 1 euro. ¿Quieres añadirla a tu compra?».Hablando de supermercados... ¿te has fijado en los productos que suelen estar en el entorno de la caja? Seguro que en más de una ocasión has picado, y te has llevado alguno.

En ambos casos es muy probable que se tratara de algo que pudieras necesitar, pero ¿por qué y cómo hacemos esa compra tan compulsiva? Si realmente necesitábamos ese producto, lo hubiéramos buscado dentro del supermercado en su sección correspondiente y el proceso de selección hubiese sido totalmente diferente. Para tomar la decisión de cuál de las diferentes marcas comprar, hubieras comparado entre los diferentes precios disponibles o incluso hubieras buscado tu marca favorita.

La compra en la zona de la caja del supermercado es siempre compulsiva y muy favorecida por el contraste entre el precio total de lo que estamos comprando y el importe de ese producto en particular. Se convierte en una decisión más irracional, con menos tiempo para decidir y en ese momento el precio no parece muy elevado. Así es como el contraste te lleva a comprar.

Si te has fijado incluso pueden ser productos de consumo diferentes a los habituales. Lo importante es que su precio no sea elevado, o, por lo menos, no lo sea en comparación con la compra que estamos haciendo. Esto es uno de los motivos principales que hace que «piquemos» y lo echemos a la cesta sin más. Dos ideas básicas pasan por tu cabeza en ese momento: «lo voy a consumir/me gusta» y «comparado con lo que estoy comprando no es mucho dinero».

No puedes imaginar cuántos millones de euros supone esta técnica para las grandes superficies, supermercados y cadenas *fast food* (entre otros).

TÁCTICA: Ofrece a tu cliente una pequeña adquisición adicional en el momento de la compra final.

Un esfuerzo extra

Detrás de la idea de «siempre dar algo más de lo que has prometido a tus clientes» está no solo la búsqueda de excelencia profesional, sino también la oportunidad de implantar un pensamiento en su mente que nos ayude en el futuro a generar más negocios.

Más rápido, más calidad, más cantidad, etc. De esta manera persuades sutilmente a la otra persona para que quiera volver a trabajar contigo, y no solo por la calidad indudable del servicio que has ofrecido, sino también porque cuando tu cliente tenga que buscar de nuevo a un proveedor, al comparar con otras posibles opciones, surgirá el contraste entre lo que ofrecen tus competidores y el buen recuerdo que dejaste en la anterior ocasión. Como te podrás imaginar, ese contraste inclinará la balanza a tu favor.

TÁCTICA: Busca la excelencia en tus relaciones profesionales para implantar ese concepto en la mente de tus clientes. Cuando te tengan que comparar con tus competidores, el contraste generado te hará, de nuevo, ganador.

Parálisis por análisis

¿Has tenido alguna vez esa incómoda sensación que provoca el no saber decidirte por algo? A las personas nos gusta ser capaces de tomar decisiones porque nos confiere seguridad. La duda a la hora de tener que hacerlo nos genera incertidumbre y nubla la mente, nos hace sentir inseguros, lo que provoca que, cuando no sabemos qué hacer, la mayoría de las veces prefiramos no actuar a precipitarnos. Aunque debemos reconocer que no tomar una decisión, de por sí, es ya tomar una.

Se ha demostrado que la gente tiene más tendencia a comprar cuando hay menos opciones (Iyendgar y Lepper, 2000). En un estudio realizado en un supermercado californiano, instalaron durante varios fines de semana algunos pequeños puestos donde ofrecían mermelada a los curiosos compradores que por allí se acercaban. La mitad de los días se ofrecían solo 6 muestras de mermelada. Los demás días el mostrador estaba formado por 24 sabores diferentes.

Cuando solo había seis muestras, el 40 por ciento de los clientes mostraron interés por los productos. Cuando había 24, se detuvo un 60 por ciento. Es decir, que una gama de producto amplia puede ayudar a que los clientes manifiesten interés hacia nuestros productos y servicios.

Pero si observamos los resultados de las ventas, las conclusiones son totalmente reveladoras. De los clientes que mostraron interés por la mesa con 24 muestras diferentes, solo el 3 por ciento compró mermelada; y de los que se interesaron por la mesa con 6 sabores, un 30 por ciento de ellos la compró. Quizá la posible sensación de incertidumbre provocada por la cantidad de posibilidades, antes y después de la compra, puede llevar a que los clientes prefieran no tomar una decisión. Primero porque no lo tenemos fácil para comparar y después porque la posibilidad de no haber elegido correctamente es mayor que si tenemos solo la opción de elegir entre dos o tres posibilidades.

Esa sensación de incertidumbre aparece también cuando visitas un nuevo restaurante que ofrece una carta con multitud de platos distintos y cada uno con un nombre y una descripción larga de ingredientes. Surge la idea en tu mente de que no sabes bien qué elegir, y la duda te puede llevar incluso a preguntar a los demás qué van a tomar ellos, buscando consenso y su experiencia previa. Esto no solo sucede en los restaurantes. Cualquier catálogo de productos u ofertas con múltiples opciones suele ser contraproducente en la mayoría de las ocasiones. Y me refiero, por supuesto, a los casos en que nos enfrentamos a una oferta de la cual no somos expertos. Porque existe una excepción a esta regla: cuando se trata de consumidores expertos o que saben realmente lo que quieren, siempre van a preferir disponer de un gran abanico de posibilidades para poder seleccionar su opción preferida.

Por eso funcionan muy bien las islas de libros en las librerías. Estas mesas con algunas selecciones «especiales» tienen varios objetivos comerciales y de marketing, pero la verdad es que también nos evitan la dificultad de tener que elegir entre tanta opción disponible en las demás estanterías, presentándonos solo algunos libros. Esto nos ayuda con nuestro proceso de selección y contraste ante la incertidumbre que generan las múltiples opciones.

Para que el contraste funcione, es importante que el número de alternativas disponible sea reducido. Como hemos visto, el exceso de opciones puede ser frustrante porque el proceso de tener que comparar y diferenciar entre todas ellas es incómodo y laborioso, lo que provoca un efecto disuasorio en el comprador por la falta de motivación e interés.

TÁCTICA: El exceso de opciones parece disuadir a los posibles compradores. Ofrece menos opciones con más contraste entre ellas, sobre todo cuando tus clientes puedan no estar seguros de lo que desean.

La opción de ofrecer un contraste siempre está disponible y, si no somos capaces de encontrar algo con lo que contrastar, es porque no hemos buscado lo suficiente. Aunque sea algo que está siempre disponible, hay que pensar bien cuál es el efecto que queremos destacar en la mente de los demás. El contraste mal empleado puede conseguir el efecto contrario si no se ofrece correctamente.

Un número mágico de opciones posibles

Una duda muy común, y que siempre es una cuestión de debate entre todos los que nos dedicamos a la venta, es saber cuál es el número más adecuado de propuestas económicas que debemos presentar inicialmente a nuestros clientes. Hay que tener en cuenta que no siempre es posible ofrecer varias opciones, y aunque lo fuera, el número de alternativas puede depender de muchos factores y condicionantes, y no solo del siguiente planteamiento que te voy a presentar. Pero teniendo esto en consideración, siempre que puedas, debes emplear la siguiente estructura «mágica», que puede ayudarte a centrar más la atención del comprador.

El profesor y divulgador científico Dan Ariely ha estudiado esta idea a partir de, según cuenta en su libro *Predictably Irrational* (2008), un anuncio que vio publicado en la versión web de la revista *The Economist*. Se trataba de un anuncio para animar a los lectores a la suscripción anual de su revista, en versión web o papel. El anuncio, tal y como él lo describe, no es muy diferente de muchos otros que nos podemos encontrar hoy en día en otros servicios de suscripción:

A) Versión web 59 $.

B) Versión impresa 125 $.

C) Versión impresa y web 125 $.

Como él mismo describe: «La primera opción parece razonable; la segunda, un poca cara, aunque sigue siendo razonable». Es muy probable que solo con estas dos opciones, la gente se decida principalmente por la A (versión web). Pero todo cambia al leer la última alternativa, ya que en ese momento, eres consciente de la oportunidad que tienes frente a ti. Incluso hace parecer la opción B un error tipográfico.

Tal fue la fascinación del profesor Ariely con este anuncio que decidió ponerlo a prueba con un grupo de 100 estudiantes del MIT (Michigan Institute of Technology). Cuando estaban disponibles las tres opciones, los resultados fueron:

A) Versión web 59 $ - 16 estudiantes.

B) Versión impresa 125 $ - 0 estudiantes.

C) Versión impresa y web 125 $ - 84 estudiantes.

Pero ¿qué sucedió cuando solo existían las dos primeras opciones? Los resultados fueron fascinantes:

A) Versión web 59 $ - 68 estudiantes.

B) Versión impresa 125 $ - 32 estudiantes.

Cuando la gente está indecisa entre dos opciones diferentes, puedes influenciarles a elegir una en particular añadiendo una nueva alternativa que sea similar a una de las dos, pero mejor o peor en algún aspecto. Sería como provocar un contraste dirigido que se basara en que las personas, como hemos podido ver a lo largo de este capítulo, siempre analizamos las cosas en relación con otras. Como humanos que somos, nos gusta tomar decisiones comparando. Cuando solo hay disponibles dos opciones, A y B, el contraste se fija en el precio y la opción A gana por ello. Cuando tenemos las tres opciones disponibles, A, B y C, el contraste aparece, pero en la diferencia de calidad entre las dos opciones más similares en precio.

La idea entonces sería poder ofrecer siempre tres opciones: una con un precio bajo, otra con un precio moderado y una tercera con un precio extremadamente alto. El coste alto va a hacer que mucha gente pase de elegir la opción económica a elegir la moderada, con el beneficio económico que eso conlleva para nuestra empresa (Hube, Payne y Puto, 1982).

Esta forma de presentar las alternativas de tal manera que generen el contraste deseado puede aplicarse a todos los campos de la vida, no solo a los negocios. Imagina que estás preparando con tu grupo de amigos una semana de vacaciones. Todos tenéis claro que queréis ir a la montaña y las opciones que se plantean para el alojamiento son:

- Cámping (500 $/semana).
- Casa rural (1.000 $/semana).

Este verano, a ti personalmente te apetece poder alojarte en una casa rural o en un hotel, con algo más de comodidades, y poder dormir en una cama de verdad todas las noches, pero sabes que para ello necesitarás que más de la mitad de tús amigos prefieran también esa opción. Seguro que algunos prefieren alojarse en una casa rural, pero otros, a los que tendrás que convencer, querrán alojarse en un cámping de montaña.

Sabes que a algunos les apasionan las vacaciones en el cámping: estar en contacto directo con la naturaleza, dormir en tiendas de campaña y contar historias hasta altas horas de la madrugada. También que otros piensan en el factor dinero a la hora de tomar la decisión. Así que introducir dentro de las opciones que se manejan otro alojamiento más caro ayudará a que tu opción destaque favorablemente:

- Cámping (500 $/semana).
- Casa rural (1.000 $/semana).
- Hotel (1.500 $/semana).

Muchas veces, descartamos la idea de ofrecer una opción más cara porque directamente pensamos que va a ser eliminada por los demás, así que nunca llegamos a plantearla. Pero podemos estar cometiendo un error. Presentando esa alternativa al grupo, ayudamos a que nuestra opción, la casa rural, tenga más opciones de salir ganadora.

Quizá, al leer el ejemplo anterior, se te haya pasado por la cabeza la idea de que puede que no sea muy ético utilizar esta técnica con tus amigos. Pero antes de descartarla, dale otra vuelta y ten en cuenta que las empresas la usan a diario con nosotros, más de lo que te puedes imaginar.

Poli bueno, poli malo

¿Nunca te has parado a pensar cuál es el motivo principal de que la técnica conocida como «poli bueno, poli malo» sea tan persuasiva? Si recuerdas, es una escena recurrente en las películas policiacas, donde, cuando es necesario obtener algún tipo de información de un sospechoso, se prepara un interrogatorio en el que dos policías representan dos papeles muy diferentes. Uno es el «poli malo», que pone en aprietos al interrogado, creando una situación complicada para que se espere lo peor. En ese momento entra el «poli bueno», que empleará técnicas más humanas, buscando la empatía y creando un ambiente más cercano y de comprensión. La clave del éxito está en el alivio que va a sentir la persona interrogada en ese preciso momento. Pero ¿qué es lo que provoca esa sensación? Efectivamente, lo has adivinado: el contraste.

Esta técnica es conocida como «miedo y alivio». En ella entran en juego otros principios de persuasión también importantes para su éxito: reciprocidad, autoridad, semejanza, etc. Pero no cabe duda de que el alivio generado es debido a la situación de contraste extremo entre las dos situaciones planteadas: la inicial muy «mala» y la final muy «buena». Esa sensación provoca que se cree un entorno más favorable a la colaboración, e incluso un sentimiento de deuda por «sacar» al interrogado de la anterior situación. Se trata de una técnica que hemos visto utilizar en el cine, pero que también funciona en el mundo real de los negocios e incluso en un entorno más personal y familiar.

Existen una serie de estudios realizados por dos psicólogos polacos (Dolinsky y Nawrat, 1989) donde se pone en práctica este principio en entornos muy diferentes a los que nos tienen acostumbrados las películas. Entre ellos, hay uno que quiero destacar especialmente porque está basado en una situación típica con la que nos podemos encontrar habitualmente dando un paseo por la calle. En la experiencia, un investigador pitaba con un silbato a los viandantes que no cruzaban por el paso de cebra. Cuando las personas se daban la vuelta, atemorizados pensando que era un policía el que les estaba advirtiendo, comprobaban que todo había sido obra de un bromista y nada más, momento en el cual se sentían aliviados por no tener que enfrentarse a una multa o advertencia por la mala acción que habían realizado. Instantes después, se les acercaba una persona pidiéndoles colaboración para una organización benéfica. Algo más del doble de las personas, un 62 por ciento aproximadamente, accedieron en este caso a colaborar, frente al 28 por ciento de ellas que lo hicieron en el grupo de control (las personas que no habían recibido ninguna advertencia con el silbato).

Hemos podido comprobar cómo el contraste es necesario para crear nuestra percepción de las cosas y también cómo interviene en la mayoría de los procesos de toma de decisiones. A lo largo de los diferentes capítulos de este libro vas a ver que además el contraste está presente, en mayor o menor medida, en muchas de las técnicas de persuasión que en él se tratan.

Cuestiones para reflexionar

Siempre puedo plantearme esta pregunta al ofrecer algo a alguien: «¿Comparado con qué?», porque siempre hay algo con lo que generar contraste.

Cuando ofrezco varias posibilidades a alguien, ¿pienso en cómo han de ser presentadas?, ¿de mayor a menor precio?, ¿de mayor a menor calidad?

En mi situación particular, ¿cuál es el número mágico de opciones que debo ofrecer a mis clientes para evitar una parálisis por análisis?

4

¡No olvides la botella de vino!

Para mi familia y para mí, los miércoles por la tarde son un buen momento en el que realizar la compra semanal. Aunque nos gusta comprar en las tiendas del barrio, es a mitad de semana cuando solemos aprovechar para ir al hipermercado, donde adquirimos la mayoría de los productos no perecederos. Te cuento esto porque, además de para comprar el papel de cocina, es uno de mis lugares favoritos para observar las técnicas de venta que hacen que, de una forma u otra, terminemos metiendo en nuestro carro productos que no íbamos a buscar o que realmente no necesitamos. Siempre que paseo por sus largos pasillos, me fijo en los detalles que utilizan las marcas para promocionar sus productos e intentar destacar entre tanta oferta disponible. Y es que las grandes superficies son un ejemplo claro de muchas de las tácticas y técnicas que vas a encontrar en este libro.

Hay muchas maneras de ofrecer algo «gratis» a los posibles compradores. El famoso 2x1, descuentos al adquirir más de dos productos similares, pequeñas muestras o productos de menor valor de regalo al comprar otro de mayor importe, etc. Pero hay una que, a mi modo de ver y si está bien empleada, destaca sobre las demás: las muestras gratuitas. Hablando, como vamos a hablar en este capítulo, de reciprocidad, los mostradores con personas que ofrecen gratuitamente degustaciones de productos se llevan la palma. Esas pequeñas cantidades de comida o bebida que nos ofrecen para que, en teoría, podamos saber si se trata de un producto que merece la pena adquirir o no, son un gran reclamo. La cuestión aquí es que, además de probar algo que realmente nos puede gustar (si te digo la verdad, rara vez he visto que ofrezcan algo que no guste a la mayoría), también entra en juego el viejo principio de la reciprocidad. Aunque lo definiremos más adelante con detalle, te adelanto que lo que sucede cuando este principio se activa es que nos resulta difícil negarnos a dar algo a cambio. Así de sencillo y así de efectivo.

Si lo piensas, en el fondo, no hay nada gratis. Todo tiene su precio, aunque este no tiene por qué ser económico y eso es algo que saben muy bien los expertos en persuasión, que utilizan este principio universal para iniciar procesos donde las personas nos vemos atrapadas por nuestra obligación moral y social de devolver lo que se nos ha dado.

Si vives en una ciudad, es imposible que en algún momento no hayas sido «víctima» de este principio básico de la persuasión. De hecho, incluso aunque vivas en un pueblo alejado del consumismo, en tu vida personal habrás sentido en más de una ocasión el poder de la reciprocidad. Piensa, por ejemplo, cuando unos amigos te han invitado a cenar a su casa. Seguro que no te has olvidado de llevar un detalle para ellos o para la cena. La típica botella de vino funciona muy bien. Si a tus amigos nos les gusta el vino, quizá fuiste con algún aperitivo o incluso con unas flores, lo que sea con tal de no aparecer con las manos vacías. Tenemos la sensación de que ir sin nada a casa de quien te ha invitado a cenar es de ingratos o desagradecidos. Porque a las personas no nos gustan aquellos que no devuelven, de alguna forma, a los que les han dado primero. Y no nos gustan esas personas (Wedekind, 2000) porque socialmente las consideramos ingratas, desagradecidas, egoístas... y nadie quiere parecer eso delante de los demás, ¿verdad?

El poder de la reciprocidad

Si partimos de la base de que la reciprocidad existe en todas las sociedades y culturas (Alvin Gouldner, 1960), es fácil entender lo arraigada que puede llegar a estar en nuestra forma de relacionarnos con los demás, independientemente del lugar del mundo donde nos encontremos. Como hemos comentado antes, y según la definición que nos da la psicología social, la reciprocidad es un principio por el cual las personas sentimos la fuerte necesidad de devolver (casi por obligación) a los que nos dieron primero. Cuando esa sensación se transforma en acción, podemos decir que se ha activado el proceso de reciprocidad. Al ser un procedimiento que se basa en dar y recibir, empieza, y por lo tanto se activa, cuando alguien nos da o bien cuando nosotros damos. Es tal su poder que incluso surte efecto con regalos o favores que no hemos solicitado.

TÁCTICA: Según la psicología social, las personas se ven obligadas a devolver, de alguna forma, lo que antes se les ha dado a ellas. Haz algo por uno de tus contactos. Inicia así el proceso para empezar a consolidar tus relaciones laborales.

El siguiente estudio, realizado en los años setenta por el psicólogo Dennis Regan, puso de manifiesto cómo reaccionamos las personas cuando recibimos un regalo inesperado y cómo puede llegar a ser correspondido con obsequios, favores o concesiones (en ocasiones de mayor valor que el regalo inicial), aun cuando nosotros no hayamos solicitado el primero, el que activó la reciprocidad (Regan, 1971). El experimento seguro que te va a recordar a esas ocasiones en donde tú mismo has sido «víctima» de la sensación de tener que dar, porque antes alguien te dio a ti primero.

Imagina que has sido seleccionado para un estudio donde tendrás que evaluar una serie de obras artísticas. Estás en una sala junto a otra persona y los dos vais a tener que puntuar una serie de cuadros que se os van a ir mostrando a lo largo del día. En uno de los descansos, la persona que está contigo haciendo esas evaluaciones se levanta, sale de la sala y al rato vuelve con un par de refrescos. Se acerca y te dice: «Toma, te he traído una bebida, pensé que te podría apetecer». «Gracias», le contestas, mientras coges la bebida y la abres. Más tarde, en otro de los descansos se te acerca de nuevo y te dice: «Mira, estoy intentando vender estas participaciones para el sorteo de un coche. Si soy el que más vende, me llevaré un premio de 50 dólares. ¿Te importaría comprarme algunas? Solo son 25 céntimos cada una». Si eres capaz de ponerte en situación, seguro que estarás conmigo en que se te hace muy difícil negarte a comprarle algunas, sobre todo después de que se haya portado tan bien contigo, trayéndote algo de beber. Ese detalle tiene que ser correspondido, ¿no crees?

Con los resultados del estudio en la mano, se puede comprobar como las personas compraban más participaciones si previamente se les había hecho el favor (recuerda: no solicitado) de traerles algo de bebida. Si te estás preguntando en qué medida afectó, el estudio indica que compraron más del doble que los que pertenecían al grupo de control (los que no habían recibido ningún favor previamente). Y en la mayoría de los casos, las personas que compraron participaciones lo hicieron por un precio total superior al coste del refresco recibido.

Pero más allá de crear una «obligación», como hemos visto que ha sucedido en el experimento anterior, este principio también es capaz de crear algo mucho más valioso para las personas y los negocios: la oportunidad de fomentar y construir relaciones personales y profesionales. La posibilidad de continuidad que ofrece la reciprocidad la convierte en una herramienta perfecta para las relaciones, sobre todo porque se trata de una acción que puede no tener fin (la retroalimentación puede hacer que se alargue en el tiempo de forma indefinida).

TÁCTICA: Piensa en qué regalos puedes hacer y en cómo ofrecérselos a tus contactos. Ten siempre la precaución de que, cuando des, ofrezcas algo que tenga significado, sea personal e inesperado.

Si queremos poner en práctica la reciprocidad, lo primero que nos viene a la mente es utilizar regalos. Y no me refiero solamente a cosas tangibles, también pueden ser regalos intangibles. Por ejemplo, podemos dar caramelos, obsequios, libros... pero también podemos ofrecer, y aquí es donde radica la importancia de este principio, favores, halagos, consejos, tiempo...

Es importante diferenciar entre un regalo y una recompensa o un premio. Una recompensa o un premio es algo que te has ganado previamente con tu trabajo o esfuerzo. El regalo, por el contrario, se recibe sin tener que hacer nada antes y sin esperar nada a cambio. Además, los regalos que hagamos, ya sean cosas tangibles o intangibles, deberían tener, en la medida de lo posible, tres características importantes para garantizar su efectividad. Es importante para que su influencia sea lo más poderosa posible que los regalos tengan significado y también que estén personalizados para la persona que los recibe. Y si realmente queremos amplificar su efecto, deberíamos intentar que sean inesperados, si es posible, que causen sorpresa. Por lo tanto, a la hora de relacionarnos con los demás deberemos pensar si queremos establecer una relación de regalos o de recompensas, porque de ello dependerá nuestra posterior capacidad de persuasión e influencia.

TÁCTICA: ¿Qué regalos intangibles puedes hacer? Piensa cómo ofrecer alguno de los siguientes a personas cercanas a ti, ya sea del ámbito laboral o personal: atención, información, confianza, reconocimiento, cooperación, tiempo, ahorro de tiempo, experiencia, referencias, consejo, favores, soluciones, halagos auténticos, escucha activa, afecto, risas, alegría, interés auténtico, empatía, simpatía, feedback *constructivo, oportunidades...*

Las concesiones recíprocas, aunque en el fondo no dejan de ser una especie de regalo, son en realidad una forma sutil e interesante de activar la reciprocidad. En este sentido, cuando se realiza una concesión a una persona, esta se siente más obligada a realizar otra como contraprestación. Hablaremos detenidamente de cómo funcionan las concesiones en el siguiente capítulo, donde veremos su funcionamiento y forma de uso, ya que las concesiones recíprocas, hoy día, forman parte de la mayoría de las negociaciones que realizamos, por lo que merecen un capítulo aparte.

¿Por qué funciona?

Más allá de que la lógica nos pueda decir que la reciprocidad es un sistema de intercambio que nos beneficia a todos, existen diversos estudios que confirman que se trata de un principio de supervivencia adquirido por los humanos. El arqueólogo Richard Leakey afirma, en su libro *Origins*, que, gracias a la acción de compartir, se formó un sistema de obligaciones que debía ser respetado. Para el profesor Leakey, el desarrollo de lo que conocemos como humanidad tiene que ver mucho con la regla de la reciprocidad (Leakey y Lewin, 1978). Es la que ha llevado a nuestra sociedad a convertirse en lo que es hoy día y nació como un mecanismo para mejorar la supervivencia de la raza.

Podemos imaginar cómo alguien que era bueno cazando realizaba esas actividades, mientras que otros se preocupaban de mantener el fuego o recoger vegetales, a la vez que otro grupo vigilaba y protegía el refugio. Este es el origen de la regla que ha perdurado, perfeccionándose hasta dar lugar a un complejo sistema de deudas u obligaciones.

Receptores y donantes

Además de ser una técnica de persuasión realmente efectiva, la reciprocidad puede servir de ayuda para convertirte en una persona de éxito y, por el camino, crear excelentes relaciones personales y profesionales. Como el psicólogo organizacional Adam Grant explica magistralmente en su libro *Dar y recibir*: «El éxito depende en gran parte de cómo abordamos nuestras interacciones con los demás». Según Grant, cuando interactuamos con nuestros compañeros en el trabajo, «nos vemos obligados a elegir entre intentar conseguir el máximo valor posible, o contribuir con nuestro valor sin preocuparnos por lo que recibamos a cambio». Lo que él ha llamado *receptores* o *donantes*.

Los donantes ejercen la reciprocidad por voluntad propia y prefieren dar antes que recibir. Se centran totalmente en los demás y están atentos a lo que los otros pueden necesitar y ellos pueden facilitar. Los donantes no son solo personas que actúan así en su entorno personal, también lo hacen en sus relaciones profesionales, ya sean recientes o no.

Es verdad que a primera vista puede parecer que esta actitud, sobre todo en el mundo de los negocios, podría ser contraproducente. De hecho, algunas investigaciones demuestran que los donantes benefician a los demás a costa de su propio éxito. Pero los estudios además revelan que, aunque es cierto que ocupan la parte más baja de la escalera del éxito, ellos mismos son también los que aparecen en la parte más alta. En palabras del mismo Grant: «Los que dan primero suelen ser los mejor posicionados para alcanzar el éxito después».

Practicar la reciprocidad tiene un doble componente: es una forma de actuar que puede ayudarte a conseguir el éxito y también es una herramienta perfecta para persuadir a los demás, fomentando a la vez las relaciones personales. Por lo tanto, en cualquier situación personal o profesional no deberías preguntarte ¿quién de estas personas puede ayudarme aquí? La pregunta correcta que tendrías que hacerte es ¿a quién de estas personas puedo ayudar yo?, es decir, eres tú el que activa el principio de reciprocidad, sin esperar a que sean otros quienes lo inicien.

TÁCTICA: Es muy probable que aquello que esperamos recibir de los demás sea un buen indicador de lo que no les estamos dando nosotros previamente. Analiza lo que te gustaría recibir de tu compañero, de tu jefe... y piensa si puedes tú proporcionárselo a ellos.

Pero ¡eso no es todo!

Hay dos técnicas de uso muy extendido que basan su efectividad en el principio de reciprocidad. Una de ellas es la conocida como «y esto no es todo» (*that's-not-all*) y la otra es la «puerta en la cara» (*door in the face*). De esta segunda técnica hablaremos en el siguiente capítulo.

La técnica del «y esto no es todo» es una de las más empleadas actualmente en el mundo del marketing y las ventas. En ella, una petición inicial es seguida, antes de que la persona acceda o no a nuestro ofrecimiento, de algún pequeño incentivo extra. Consiste en proporcionar un regalo añadido al producto, en hacer un obsequio, o en ofrecer algún tipo de beneficio, para conseguir que la otra persona acceda a lo que ofrecemos con la ayuda de nuestro regalo. Podemos ver su uso en la venta por televisión y actualmente se está poniendo muy de moda en la venta online de productos y servicios.

Existen dos formas en las que podemos usar la técnica del «y esto no es todo». Una de ellas es bajar el precio para que el cliente sienta que se le está haciendo un «regalo». Por ejemplo: «El libro vale diez euros, pero creo que para ti lo voy a dejar en seis». Cuando las personas escuchamos esto, tendemos a sentir esa bajada de precio como un favor, algo que, como hemos visto, nos veremos «obligados» a devolver o por lo menos nos costará más rechazar.

Otra forma de hacerlo es añadiendo valor. La idea es ir agregando pequeños complementos a la oferta que estamos presentando, para que al final la persona también tenga esa sensación de «obligación» frente al regalo que le estamos haciendo. Podría ser algo así: «Mira, si me compras esto ahora, voy a incluir un extra por este motivo, y además te voy a dar más de esto otro, etc.».Vamos a ver varias formas de utilizar la técnica en algunos ejemplos más concretos. Imagina estas dos situaciones y ponte en el lugar de la persona que realiza la compra, para que puedas comprobar cómo funciona cuando tenemos que decidir como clientes. El objetivo de la experiencia es vender *cupcakes*, esos pastelillos parecidos a las magdalenas con diferentes decoraciones. Se decide abordar la venta ofreciendo los *cupcakes* de dos maneras distintas: a un primer grupo se le intentará vender un *cupcake*, a un precio de 75 céntimos, donde en esta ocasión las dos galletas de chocolate se incluyen como un regalo; a un segundo grupo se le ofrecerá la posibilidad de comprar un *cupcake*, que en esta ocasión tendrá un precio de 75 céntimos, pero añadiendo de regalo dos galletas de chocolate. ¿Qué compra es más sugerente? ¿En qué grupo crees que se realizaron más ventas?

Según Burger (Burger, 1986), el primer grupo (grupo de control) consiguió un 40 por ciento de ventas, mientras que el grupo que utilizó la técnica del «y esto no es todo» logró alcanzar un nada despreciable 73 por ciento de ventas.

En una segunda fase del estudio, Burger planteó las siguientes opciones: al primer grupo se le dijo que un *cupcake* tenía un precio de 75 céntimos (grupo de control) y al otro grupo se le ofreció un *cupcake* por 1 euro, pero, justo después de indicar el precio, se le decía que hacían un descuento, con lo que el precio final quedaba en 75 céntimos. Los datos aquí también son reveladores porque en el primer grupo se consiguió un 44 por ciento de ventas, mientras que en el segundo se logró alcanzar de nuevo el 73 por ciento.

En las conclusiones de sus estudios, Burger presenta interesantes ideas sobre cómo reaccionamos las personas frente a diferentes propuestas comerciales basadas en la técnica del «y esto no es todo». La principal razón del éxito es que la mayoría de las personas sentimos ese «extra» como una concesión añadida por parte del vendedor, y nos sentimos de alguna forma obligados a devolver el favor (reciprocidad). Otro de los motivos que influye en su éxito es que el impulso de compra está muy marcado por nuestra respuesta automática e irreflexiva (basada en un cálculo mental de oportunidad) y que, por lo tanto, funcionará mejor cuando menos tiempo tengamos para pensar.

Ups, el precio es menor

De entre los estudios que realizó Burger sobre la técnica del «y esto no es todo» existe uno que puso en práctica este método persuasivo de una forma muy sutil e interesante: consistió en bajar el precio del producto directamente, sin que el cliente lo hubiera solicitado. El experimento se realizó con la ayuda de dos estudiantes que visitaban casas puerta a puerta, diciendo que estaban recaudando dinero para los gastos del colegio y que, para ello, estaban vendiendo velas. Después de contar un poco las características de las velas que ofrecían, un estudiante decía que tenían un precio de 3 euros. En ese mismo instante, el otro le tocaba en el hombro y decía en alto: «No, habíamos decidido venderlas por 2 euros». En ese momento, el primer estudiante se dirigía al dueño de la casa: «Perdone. Decidimos intentar vender más velas a un precio más bajo. Por eso ahora las vendemos por solo 2 euros». En el grupo de control, donde se ofrecieron las velas directamente a 2 euros, la venta alcanzó el 14,3 por ciento, pero, en el caso que hemos planteado, la venta se elevó al 57,1 por ciento. Una variación interesante en el número de ventas por añadir un par de frases más.

La siguiente técnica que vamos a tratar («portazo en la cara») se basa principalmente en el del principio de reciprocidad y merece un capítulo aparte por su contenido y extensión, pero, como podremos comprobar, el portazo en la cara es la suma de un conjunto de principios entre los que se encuentra la reciprocidad aunque, como constataremos, su éxito depende de la suma de otros muchos factores.

Cuestiones para reflexionar

Para activar la reciprocidad, ¿qué puedo ofrecer a los demás que sea intangible y pueda ser considerado como un regalo?

Ese regalo, ¿podría tener significado y ser personal e inesperado?

Cuando presento a los demás mi oferta de productos y servicios, ¿puedo añadir algo más en la línea de «y esto no es todo»?

Las relaciones que tengo con los demás, ¿se centran más en los regalos o en las recompensas?

5

Cerrojazo en todas las narices

Cuando mi agenda me lo permite, me gusta preparar nuevos efectos y demostraciones de magia mental. De hecho, actualmente estoy finalizando lo que va a ser mi nuevo *show* de mentalismo. Si has visto alguna de mis conferencias o espectáculos, seguro que crees saber qué es lo que puedes esperar. Pero no te confundas, porque va a ser totalmente revolucionario en muchos aspectos. La verdad, no deberías perdértelo. Te cuento todo esto porque, como lector que eres de mi libro, seguro que te gustaría poder ver cómo utilizo dentro de mis presentaciones muchas de las técnicas que aquí vas a aprender. No me cabe duda de que lo disfrutarías muchísimo. Por ello, me gustaría saber si quieres comprar entradas para que tú, tus amigos y familiares podáis asistir como público al estreno que tendrá lugar el próximo mes. ¿Cuántas quieres? ¿Cómo dices? ¿Que no estás seguro de que sea una buena idea? ¿Que lo tienes que pensar? Bueno, no te preocupes, lo entiendo... pero ¿qué te parece si me compras un par de ellas? Solo para ti y tu pareja.

Lo que acabas de leer es uno de los métodos más empleados, tanto a nivel personal como profesional, a la hora de tener que negociar con alguien. Y aunque su uso está bien extendido, es probable que pocas personas conozcan sus fundamentos y base científica. Pero lo que sí saben, y en el fondo es lo que realmente importa, es que funciona y, además, funciona muy bien. En el mundillo de la persuasión, esta técnica es conocida por varios nombres: portazo en la cara, portazo en las narices o la técnica del rechazo y retirada (*door in the face*, *reject-then-retreat*). A mí me gusta llamarla *cerrojazo en las narices*, ya que, en España, *cerrojazo* hace referencia, entre otras, a la interrupción brusca de una charla o actividad. Es una técnica que toma como punto de partida el «no» del otro (como refleja el símil del portazo en la cara). Es decir, se suele plantear una petición (habitualmente de difícil aceptación por la otra parte) para que, cuando sea rechazada, se pueda realizar entonces una petición más sencilla (la que realmente nos interesa conseguir).

> *TÁCTICA: Formula una solicitud que es probable que no sea aceptada para posteriormente ofrecer una petición menor, de la cual, ahora sí, esperamos la conformidad.*

Todos sabemos que una concesión al otro es algo que permite continuar en la negociación, e ir llevando la situación a un punto medio donde ambas personas lleguen a un escenario donde ganamos todos (*win-win*). Ya desde muy pequeños solemos usar esta técnica en nuestros procesos de negociación con nuestros padres, familiares y amigos. Es un método que funciona en todas las sociedades, edades y culturas porque tiene su base en la reciprocidad. Una concesión no es más que un regalo que concedemos a la otra persona, y, como hemos visto en el capítulo anterior, nos vemos obligados a corresponder a quien nos ha dado algo primero.

El hermano mayor

No fue hasta el año 1975 cuando se demostró experimentalmente, en un estudio llevado a cabo en la Universidad de Arizona, este fenómeno de la psicología social. El profesor Cialdini y su equipo (Cialdini, Vincent, Catalán, Lewis, Wheeler y Darby, 1975) idearon una prueba de campo donde intentaban conseguir que algunos estudiantes universitarios se prestaran voluntarios para acompañar durante dos horas a jóvenes delincuentes en una visita al zoo.

En la primera fase del estudio, la condición de control, un investigador (que simulaba el papel de un voluntario universitario) se acercaba a los estudiantes para realizar una petición similar a esta: «¡Hola! Estamos reclutando estudiantes que estén dispuestos a trabajar voluntariamente para acompañar durante dos horas a jóvenes delincuentes en una visita al zoo. ¿Te interesaría participar?». Apenas un 16,7 por ciento aceptó la propuesta (aunque personalmente no me parece una cifra baja teniendo en cuenta la naturaleza del ofrecimiento).

Veamos ahora la condición experimental, en la que los investigadores pusieron a prueba la validez de la citada técnica del «portazo en la cara». Ponte por un momento en el lugar de uno de esos estudiantes que es abordado por un compañero-voluntario de la universidad. Se acerca a ti y dice algo parecido a esto: «¡Hola! Estamos reclutando estudiantes que estén dispuestos a trabajar voluntariamente como orientadores en el centro de detención para jóvenes delincuentes de la zona. Si quieres ser voluntario, tendrías que dedicarle dos horas semanales durante al menos dos años y tu cometido consistiría en desempeñar el papel de hermano mayor de uno de los chicos del centro de detención. ¿Te interesaría participar?».

Cuando los investigadores recibían el *no* (el famoso portazo en la cara), que fue en un 83,3 por ciento de las veces, estaban listos para inmediatamente después lanzar la segunda petición preparada de antemano: «Bueno, no te preocupes. También estamos reclutando voluntarios que quieran acompañar a un grupo de jóvenes del centro en una visita al zoo de la ciudad. En este caso, tan solo habría que dedicarle un par de horas una tarde. ¿Te interesaría participar?». Al realizar este segundo planteamiento, menor que el anterior, el 50 por ciento de los estudiantes aceptaron la propuesta. Es decir, si lo comparamos con la petición directa de la condición de control, se triplica el número de personas que aceptan la misma propuesta, en el caso de que la petición sea planteada después de recibir una negativa a una solicitud inicial de mayor peso.

Una técnica que nos permite hasta triplicar nuestras opciones de éxito debería formar parte de nuestro repertorio persuasivo, aunque como has visto requiere de una preparación previa. También exige un cambio de enfoque, porque estamos habituados a plantear las peticiones esperando una contestación afirmativa, y aquí primero hemos de recibir un «no» por respuesta.

> *TÁCTICA: Estate preparado para tomar ventaja del momento de poder que aparece después de que te digan «no» a una petición que hayas formulado.*

Regatear

Es cierto que a primera vista esta técnica nos puede recordar a los regateos típicos de los mercadillos, donde el comerciante ya empieza a ofrecernos el producto a un precio alto, o en ocasiones muy alto, para establecer así un punto de partida y comenzar bien posicionado en la negociación. Pero este método de los avispados vendedores ambulantes es en realidad una combinación de varias técnicas. La primera de ellas es el principio de anclaje, para establecer como importe de partida un precio alto que lleve la negociación a un coste final más elevado que el valor medio de ese producto. Y en segundo lugar, también está presente esa idea de la concesión que activa el principio de reciprocidad en el comprador. Ambas técnicas combinadas (anclaje y concesión) sitúan al vendedor en una buena posición de partida para el cierre final. Después de lanzar un precio elevado, el comerciante está esperando «el portazo en las narices» para responder con su concesión y comenzar la negociación en óptimas condiciones.

Es bastante posible que cuando te hayas visto envuelto en este tipo de negociaciones, pasado un tiempo después de la transacción comercial y tras un proceso de meditación posterior, hayas pensado: «Quizá he pagado más de lo que debía» o «Podría haber conseguido un mejor precio». Es muy probable, por lo tanto, que, en estos casos de duda posterior, ambas técnicas de persuasión hayan surtido efecto durante el momento de la compra.

Cómo usar correctamente esta técnica

Como habrás podido deducir de los ejemplos anteriores, existen algunos pasos importantes a la hora de intentar usar esta técnica de persuasión de la forma más precisa posible:

1. La petición inicial deberá tener un coste elevado para la otra persona (puede ser económico, temporal, material, etc.), ya que existe la posibilidad de que, cuando lo solicitado no tenga un valor elevado, el principio del «portazo» no se active. Esta técnica requiere que haya un rechazo, pero también de que ese rechazo sea por algo valioso.

2. Aunque es mejor que la demanda inicial sea por algo de coste elevado, tampoco hay que pasarse. Una solicitud demasiado exagerada no ayudará a activar la técnica.

3. Es importante que tanto la petición inicial como la posterior tengan relación entre ellas y que la final haga referencia al mismo concepto de la inicial.

4. Para que el principio de reciprocidad se active y lograr el sí en la segunda petición, es necesario que ambas demandas las realice la misma persona y, siempre que sea posible, la conversación tiene que ser presencial. Esto también facilita la reciprocidad.

5. No debemos dejar pasar mucho tiempo entre la petición inicial y la final. Lo ideal es que sea en el mismo momento durante la misma conversación. Dejar la segunda petición para más adelante puede provocar que la técnica no surta efecto.

6. Cuanto más relacionada esté nuestra petición con causas nobles, más efectividad tendrá la técnica. Recuerda el ejemplo principal que he utilizado para explicarla: se trataba de ayudar a un grupo de voluntarios con la reinserción de jóvenes delincuentes. Esto no quiere decir que no tenga efectividad en asuntos más materialistas pero, como es fácil imaginar, su efectividad se reduce.

Pero... ¿por qué funciona?

La pregunta no es fácil de responder. Durante este capítulo he ido revelando algunas de las posibles razones por las que se podría llegar a explicar parcialmente su funcionamiento, estructura y modo de uso. Lo que en la actualidad se piensa sobre este fenómeno (Tusing y Dillard, 2000) es que su éxito no es debido tan solo a un único principio, sino a la suma de varios fundamentos que están presentes simultáneamente y que se convierten así en algo mucho más potente que la mera suma de varios principios:

1. Las concesiones recíprocas: como hemos visto, el primer estudio que experimentó con este hecho (ya conocido y puesto en práctica por los vendedores más persuasivos) fue el que llevó a cabo Robert B. Cialdini junto con sus colaboradores en el año 1975. Al intentar explicar el porqué de este fenómeno, concluyeron que la posibilidad de reaccionar de esta manera se debe a una situación de concesión que es provocada por el principio de reciprocidad. Según este principio, las personas nos sentimos «obligadas» a devolver los favores que nos han sido dados. En el caso concreto del «portazo en la cara», el favor que nosotros hacemos sería una concesión al acceder a realizar una petición de menor valor que la inicial. Según Cialdini: «Para cumplir con la obligación que supone la reciprocidad, la persona pasa de una posición inicial de rechazo a una posición de aceptación».

Aunque este razonamiento es muy acertado, no explica el proceso en su totalidad. A partir de los estudios de Cialdini y sus colegas, muchos otros expertos han elaborado otras teorías. Ninguna de ellas explica íntegramente el fenómeno, pero junto con la explicación de Cialdini sirven para entender mejor lo que sucede en la mente de los persuadidos, como verás a continuación.

2. El contraste perceptivo (Miller, Seligman, Clark y Bush, 1976): en la explicación anterior, basada en el principio de reciprocidad, la clave es la sensación de favor que

se percibe al hacer el demandante una concesión sobre la petición inicial. Si alguien me da algo, socialmente se entiende que debo devolverlo de alguna manera, ¿no? Pero también hay otro tipo de sensación que se puede producir con la técnica del «portazo en la cara»: se trata de la percepción de que esta segunda solicitud propone una opción más beneficiosa gracias al contraste generado.

Si recuerdas, cuando hablamos del contraste, vimos que, si queríamos poner en valor una cosa, podíamos mostrarla junto a otra para que, al comparar ambas, se percibieran como muy diferentes y, al notarlo, resultara más fácil decidirse por una de ellas. De esta manera se puede percibir que la petición final es más razonable que la primera, algo que no sucedería si no se llega a plantear inicialmente la demanda mayor.

3. Nuestra Personalidad (Foehl y Goldman, 1983): si bien algunos autores afirman que el suceso del «portazo en la cara» solo funciona correctamente (y a su máximo potencial) cuando la petición que realizamos tiene su origen en algún tipo de causa noble o humanitaria, en menor medida, la técnica también funciona en entornos no humanitarios.

Lo que sucede al realizar la primera petición por una causa noble es que se presenta una imagen de la persona que hace la solicitud como justa, voluntaria, digna, con grandes valores, altruista, respetable, generosa, etc. Según los autores, eso hace que sea más difícil negarse a la petición final. ¿Quién podría negarle algo a ese tipo de persona?

4. Cómo nos perciben los demás (Millar, 2002): la percepción que los demás tienen de nosotros también desempeña un papel fundamental a la hora de aceptar la segunda propuesta. Si nos importa lo que los demás van a decir o pensar de nosotros, es muy posible que nos veamos más «obligados» a responder «sí» a la segunda petición, un factor fundamental cuando se utiliza la técnica con personas de nuestro entorno familiar, amigos y conocidos. Una de las claves, aunque no la única, de por qué aumentar nuestra relación personal con nuestros clientes puede ayudarnos a incrementar nuestra relación comercial.

5. Reducir el sentimiento de culpabilidad (Millar, 2002): existen algunos científicos e investigadores que afirman que la única explicación sobre la efectividad de la técnica del portazo en la cara es la culpabilidad. Puede que no sea la única, pero sí que se ha demostrado que forma una parte muy importante de su estructura.

El portazo en tu pantalla

La técnica del «portazo en la cara» funciona también en el entorno tecnológico del *e-commerce* y su uso empieza a verse cada vez más a menudo para ayudar a incrementar las ventas, suscripciones, etc. Como verás en el siguiente ejemplo, realmente su aplicación no tiene ninguna diferencia de uso respecto a una situación de comunicación tradicional. Se trata de un estudio (Guéguen, 2003) donde se busca conseguir el mayor número de donaciones posibles para ayudar a niños víctimas de minas antipersona.

La condición de control para este caso será una página web que pide a los visitantes ayuda para los niños de las fotografías, víctimas de las minas. Si hacen clic en el anuncio, este les llevará directamente a una página web con varios enlaces a organizaciones caritativas externas.

En la condición del «portazo en la cara», también se requiere directamente a los visitantes que ayuden a los niños de las fotografías, pero en este caso el enlace lleva a una web donde se pide pasar varias horas a la semana ayudando a buscar gente que realice nuevas donaciones. Los visitantes podían responder si estaban o no dispuestos a hacerlo. Cuando respondían de forma negativa, eran redirigidos a la web de la página de control, donde se les mostraban los enlaces a páginas web de organizaciones benéficas externas.

Los resultados muestran aquí, en el entorno digital, conclusiones muy similares a los casos tradicionales anteriores. Los participantes que estaban más dispuestos a hacer clic en los enlaces externos fueron aquellos que visitaron la página web que incluía la condición del «portazo en la cara».

Piensa ahora en algún proceso de compra, suscripción o cuestionario que hayas realizado recientemente por internet. Estoy seguro de que en alguno de ellos, si repasas mentalmente lo que sucedió, serás capaz de identificar una forma de actuar similar a esta, ¿verdad?

La venta empieza con el «no»

Como hemos visto, tras escuchar la negativa ante nuestra primera demanda, haremos una concesión y formularemos nuestra segunda propuesta. Conocer cómo funciona esta técnica y cuál es la reacción en la mente de la persona que escucha la concesión nos ofrece algunas posibilidades muy interesantes. Y es que, a partir de este momento, nunca más deberíamos tener miedo a escuchar un «no» por respuesta cuando ofrecemos algo, porque ahora sabemos que es precisamente a partir de entonces cuando podemos empezar a negociar de forma persuasiva. Es por ello que entre los buenos vendedores está muy extendida esta afirmación: «La venta comienza con el "no"». Deberíamos, por lo tanto, estar preparados siempre para escucharlo y tener dispuesta una concesión que poder usar justo después de un rechazo.

Es más, creo que, como parte de nuestra filosofía de ventas, siempre tendríamos que ofrecer a los demás nuestra mejor opción, sin dudas y de primeras (a veces no lo hacemos por miedo a que sea rechazada por cara si es un producto, o por ambiciosa si es una idea). Si, por cualquier motivo, el cliente la rechaza, tendremos preparada otra oferta, nuestra concesión, que nos permitirá seguir en la negociación.

Cuando hemos hablado del contraste, vimos algunas de las ventajas de ofrecer siempre de primeras nuestros mejores productos y servicios, los que mejor se adaptan a las necesidades de los clientes. La posibilidad de ofrecer una concesión posterior es otra de las ventajas de esta forma de trabajar. Pero también lo es la mejora en la actitud personal que se obtiene, y que la otra persona percibe, cuando uno es consciente de que lo que ofrece en cada momento es siempre lo mejor que tiene.

Es cierto que el portazo en la cara también se puede usar de manera menos ética, utilizando la técnica de forma manipuladora para conseguir lo que queremos, forzando una concesión a través de la oferta de algo que de antemano ya sabemos que es poco probable o imposible que sea aceptado. Como te he comentado en los primeros capítulos de este libro, a la hora de plantearnos su uso, deberíamos siempre pensar en que sea honesto, natural y que persiga la ganancia de ambas partes *(win-win)*.

Veamos otro ejemplo que nos puede ayudar a ver la facilidad de uso de esta técnica. Imagina que este próximo fin de semana tienes que realizar una mudanza y necesitas ayuda, porque, aunque has contratado un servicio que realiza el trabajo, hay ciertas cajas que quieres trasladar tú mismo. Si le pides a un amigo que te haga el favor de ayudarte con el traslado durante la tarde del viernes, es posible que acceda, aunque en realidad refiera no hacerlo.

Pero ya sabes que una mudanza conlleva muchas actividades diferentes. De hecho, tienes que pintar la nueva casa durante el fin de semana, colgar algunas lámparas y realizar la limpieza general tanto de la vivienda como del jardín. Y también necesitas ayuda para eso. Como puedes adivinar, estas actividades requieren más tiempo y son mucho más pesadas que la anterior.

La pregunta aquí es, conociendo lo que sabes ahora sobre la técnica del portazo en la cara... ¿cómo plantearías las peticiones a tu amigo? ¿Irías sin dudarlo a pedirle la tarea más pesada? O, por el contrario, pensando que es demasiado y que es probable que te diga que no, ¿le pedirías directamente si puede ayudarte con el traslado de cajas?

Mucha gente prefiere evitar el posible «no» y opta por preguntar directamente por la alternativa que más fácilmente puede ser aceptada y luego, si llega el caso, plantean la otra opción. O en ocasiones sugieren las dos y dejan elegir libremente a la otra persona. Pero si queremos realizar la petición de tal manera que podamos conseguir lo máximo de los demás, el planteamiento debería ser el estudiado en este capítulo, y ofrecer una opción inicial buscando la posible negativa y la oferta posterior como concesión. Es decir, solicitar primero la tarea más ardua y pesada del fin de semana (la que deseamos que sea elegida en primer lugar) y, si la persona se niega a ella, ofrecer como concesión la segunda de nuestras opciones (que nos ayude el viernes con el traslado de cajas). De esta manera, cuando nuestro amigo escuche la concesión, se planteará este nuevo ofrecimiento, teniendo en cuenta que ya nos ha dicho una vez que no. Así tendremos más posibilidades de que nos ayude, ya que primero hemos cedido por nuestra parte y después proponemos algo más adecuado a sus posibilidades.

Cuestiones para reflexionar

¿Planteas tus propuestas de tal manera que estés preparado para escuchar el «no»?

¿Las diferentes posibilidades de tu proposición están ordenadas de forma que nos permitan ofrecer una concesión en caso de necesitarlo?

Cuando tienes que proponer algo a alguien, ¿te enfrentas a la situación con miedo al posible «no», o, por el contrario, defiendes tu mejor opción pero, habiendo hecho los deberes por si es rechazada, ofreces una alternativa?

6

Repite, divide y vencerás

La costumbre es una de las principales claves para introducir un nuevo hábito en nuestra vida. Cualquier nuevo comportamiento puede ser adquirido si somos constantes y planificamos un método para incluirlo progresivamente en la rutina de nuestro día a día. Piensa en cualquier actividad deportiva y verás como esta máxima se cumple. Necesitas motivación, es cierto, pero también se requiere un método para que el deseo y la pasión se conviertan en realidad. En el caso de las personas que se inician en un deporte, es fundamental ir poco a poco, incluyendo nuevos avances y objetivos cada vez más ambiciosos. Además, la repetición, la constancia y la persistencia harán que en menos de un mes podamos haber acostumbrado a nuestro cuerpo, pero sobre todo a nuestra mente, a ese nuevo comportamiento. Lógicamente, esto es algo que no solo se aplica al mundo del deporte, sino en casi todas las facetas de la vida, la introducción poco a poco de pequeños cambios, así como la repetición, son factores clave que definirán el éxito de una nueva dieta, cómo afrontamos un nuevo trabajo, nuestro rendimiento en los estudios, etc.

De igual forma, podemos preparar nuestra estrategia de comunicación utilizando estos principios para intentar conseguir el comportamiento deseado en los demás, introduciendo la información en pequeñas dosis o repitiendo su contenido para conseguir que se acostumbren a él. En este capítulo vas a ver cómo estas dos estrategias van a tener una aplicación muy interesante dentro de los procesos de persuasión que vayas a diseñar.

La mera exposición

Desde siempre me ha llamado la atención que, cuando escucho música, algunas canciones me gustan desde el primer instante y, por el contrario, hay otras que necesito oírlas varias veces para empezar a disfrutarlas. De igual manera preciso tiempo para apreciar algunos tipos de cocina, aromas e incluso a alguna persona. Es algo que en alguna que otra ocasión nos ha pasado a todos y se conoce como el «principio de familiaridad». Como resultado de la mera exposición conseguimos sentir mayor familiaridad o agrado por aquello a lo que hemos sido expuestos. Esto es, la percepción de forma repetida de un estímulo lleva a una mayor atracción hacia él (Zajonc, 1968). Es importante reseñar que este estímulo ha de ser neutro o positivo, ya que, si se trata de uno negativo, por mucho que se exponga repetidamente, no surtirá efecto alguno. Si Justin Bieber no te gusta (estímulo negativo), que lo tengas que escuchar todos los días porque le gusta a tu hija no te hará cambiar de idea. Es más, probablemente reforzarás que no te gusta (algo es algo).

En las experiencias llevadas a cabo por Robert Zajonc sobre el efecto de la mera exposición, se comprobó que las personas objeto de los estudios reaccionaban con miedo o ansiedad ante algunos estímulos nuevos, pero, a medida que se les iban presentando con más frecuencia, esos miedos y ansiedades iban remitiendo de la misma manera. Con el paso del tiempo, los estímulos que inicialmente eran rechazados empezaban a resultar gradualmente más agradables. La idea que nos interesa para utilizar como técnica de persuasión es que las personas tendemos a desarrollar una preferencia por aquello que nos resulta habitual y que esa familiaridad la podemos conseguir mediante una estrategia de exposición temporal.

Imagina que formas parte de un estudio donde, junto con un grupo de personas, te han citado para evaluar una serie de zumos de frutas tropicales. Cada uno de vosotros tenéis que probar cada bebida 20, 10, 5 o 0 veces. Posteriormente a esta cata, los investigadores os piden que rellenéis un cuestionario sobre algunos aspectos de los zumos que habéis tomado. ¿Cuál de ellos crees que tiene más posibilidades de gustarte? Puede que pienses que no lo sabes porque todavía no los has probado, pero, cuando realizaron este ejercicio, los resultados revelaron que, sin lugar a duda, los zumos que se probaron más veces resultaron los favoritos (Pliner, 1982).

Resultados similares se obtuvieron en dos experiencias llevadas a cabo con niños de dos años, a los que se exponía repetidamente a queso (caso 1) o fruta (caso 2). En ambos estudios, los niños desarrollaron un mayor interés por los alimentos a los que habían sido expuestos (Birch y Marlin, 1982). Por cierto, aquí tenemos una pista muy valiosa que nos puede ayudar a cambiar los hábitos alimenticios de nuestra familia y los nuestros propios.

Una de las características del efecto de la exposición repetida, que lo hace prácticamente indetectable, es que no es indispensable una experiencia consciente para que tenga lugar (Zajonc, 2001). De hecho, se ha demostrado que tiene más efectividad en estímulos que no se perciben conscientemente, algo que se pudo comprobar claramente en una experiencia en la que los participantes trabajaron de forma repetida con imágenes de figuras geométricas. Para conseguir que la información se percibiera de forma subliminal, se limitó el tiempo de cada exposición a 4 milisegundos. Finalizado el proceso de exposición inconsciente, los investigadores presentaban a los participantes dos imágenes: una de ellas era igual a la que habían percibido subliminalmente, y la otra era una imagen geométrica totalmente distinta. Al pedir que eligieran una de las dos, la tendencia más repetida era la de escoger la figura geométrica idéntica a la que se les había mostrado de forma no consciente. El estudio se repitió también con fotografías de personas, y la tendencia también fue elegir aquella a cuya cara habían sido expuestos subliminalmente (Bornstein, Leone y Galley, 1987).

La familiaridad nos ayuda a percibir un estímulo como menos amenazante para nosotros y nuestro entorno. Pero esto no es suficiente para explicar por qué el efecto de la mera exposición es tan poderoso. Hay dos razones más por las que funciona tan bien. Una de ellas es que la repetición nos ayuda a procesar mejor mentalmente los estímulos cada vez que se presentan de nuevo, lo que hace que nos acostumbremos a ellos si no son muy molestos, ni contradicen ninguno de nuestros principios o valores. Otra de las razones se debe al condicionamiento clásico (un tipo de aprendizaje asociativo demostrado por primera vez por Iván Pávlov basado en el modelo estímulo-respuesta), que explicaré con detalle en el capítulo de los incentivos titulado «Qué me das a cambio».

Repite para persuadir

El concepto parece sencillo de aplicar: cuanto más expuesta esté la persona a un estímulo, más probabilidades existen de que finalmente sea aceptado. Una técnica muy efectiva en manos expertas, las de nuestros hijos sin ir más lejos, cuando finalmente consiguen lo que quieren después de pedirlo mil veces. También, un arma muy poderosa para aquellos cuya ética es inexistente y tienen el poder de controlar la información. Porque, como afirmaría Göbbels, el responsable de la propaganda nazi: «Una mentira repetida mil veces se convierte en una verdad». Por nuestra parte, tan solo debemos saber que comentar, presentar y exponer más nuestras propuestas, aprovechando todas las oportunidades disponibles, puede ayudarnos a que los demás se familiaricen con ellas y, por lo tanto, sean más favorables a aceptarlas. Un buen vendedor sabe que cuanto más tiempo pase en casa de su cliente, más oportunidades tendrá para la venta. No solo por la mera exposición al producto que quiere vender, sino por otros dos motivos:

1. La cercanía personal. Algunos estudios han demostrado que la proximidad a alguien puede crear una percepción favorable hacia esa persona (Moreland y Beach, 1992). En esta experiencia en particular, los estudiantes de una universidad, al ver varias fotografías de chicas, señalaban como más simpáticas y atractivas a algunas de ellas que no conocían de nada pero a las que habían sido expuestos subliminalmente durante varios meses. Fíjate hasta qué punto esto es así que, cuando nos enseñan dos fotografías, una que corresponde a la imagen que vemos de nosotros en el espejo y otra a la imagen real, nosotros preferimos la imagen que vemos en el espejo (a la que estamos más acostumbrados) y nuestros amigos y familiares prefieren la imagen real, que es la que habitualmente ven de nosotros (Mita, Dermer y Knight, 1977). ¿No te parece extraño?

2. La percepción positiva que favorece la aceptación de otros estímulos. Un estudio realizado por Zajonc y su equipo (Monahan, Murphy y Zajonc, 2000) expuso repetida y subliminalmente a los participantes a diferentes símbolos. La experiencia puso de manifiesto algo curioso: las personas que habían experimentado más exposiciones subliminales mostraban un mejor estado emocional que las que no habían sido expuestas a ningún estímulo (solo por el hecho de que la exposición tuviera lugar). Pero por si esto fuera poco, además, estos participantes evaluaron más positivamente otros estímulos que se les mostraron posteriormente. Es decir, se puede establecer una relación directa entre la mejora de nuestras emociones y la exposición repetida, lo que puede también pro-

vocar una mejor predisposición para aceptar propuestas posteriores.

TÁCTICA: Planifica tus reuniones siguiendo siempre los mismos patrones, formatos, estructuras... Además de facilitar un entorno seguro y controlado para los asistentes, podrás predisponer una actitud positiva que ayude a la aceptación de tus propuestas posteriores.

Divide para una mejor aceptación

En el apartado anterior hemos visto cómo la repetición puede ayudar a la aceptación, siempre y cuando se encuentre en el rango que va de lo positivo a lo neutro. En el supuesto de que pudiera ser percibido como algo negativo, por mucho que expongamos a la persona a ese estímulo, esta no lo aceptará. Es decir, que si a tu hija no le gustan las judías verdes, aunque una vez a la semana le pongas un plato para cenar, si realmente se trata de algo negativo para ella, no conseguirás que terminen gustándole.

Sin embargo, con una estrategia basada en una especie de exposición gradual, la persona puede llegar a aceptar el nuevo estímulo, aun cuando este sea negativo. Si a nuestra hija le vamos introduciendo en la dieta las judías de forma progresiva, con incrementos pequeños, es muy posible que ese estímulo inicialmente negativo sea aceptado por ella más fácilmente.

Algo parecido les pasa a las personas que se quieren iniciar en el *running*. Empezar poco a poco tiene muchas ventajas físicas y mentales, pero una de las más importantes es que ayuda a habituarse a la nueva actividad. No solo por ir adaptando físicamente nuestro cuerpo, sino por la ayuda que supone ir introduciendo pequeños incrementos de exigencia física y mental casi imperceptibles para nuestro cerebro.

> *TÁCTICA: Cuando tengas que enfrentarte a la situación de realizar una petición, sobre la que sospechas que puedes recibir una negativa, puedes desarrollar una estrategia basada en la exposición al estímulo gradual. Ve planteando la solicitud poco a poco, incrementando tu demanda en pequeñas dosis, para que, pasado un tiempo determinado, la otra persona pueda llegar a aceptarla.*

El mejor cambio, el que no se percibe

La explicación al comportamiento anterior la podemos encontrar en lo que los científicos denominan «ceguera al cambio». Se conoce así el fenómeno perceptivo que tiene lugar cuando se produce un cambio en un estímulo y este no es detectado por el observador. Podemos comprobar cómo actúa este efecto con un estudio realizado por varios investigadores (Johansson, Hall, Sikström y Olsson, 2005) que pidieron a los participantes que eligieran cuál de las dos caras que les mostraban en fotografía era la más atractiva. Esto se hacía con la ayuda de un ilusionista, que les enseñaba dos fotografías con un rostro en cada una de ellas. Una vez el participante había hecho su elección, el ilusionista hábilmente era capaz de cambiar la fotografía con la cara elegida como más atractiva por otra diferente. Finalizado el estudio, se comprobó que el 74 por ciento de los participantes no fue consciente de ese «cambiazo», e incluso justificaron a los investigadores el porqué de la elección de esas fotografías como más atractivas (aun cuando se habían cambiado sin ellos saberlo). Un fenómeno que puede pasar de curioso a peligroso cuando tiene lugar en la vida real, por ejemplo, en las situaciones donde un testigo debe identificar a un posible culpable. Aquí, las consecuencias derivadas de la «ceguera al cambio» pueden ser fatales para todos, especialmente para el elegido (Davies y Hine, 2007).

Aunque es muy común que este efecto se presente como un cambio en lo visual, lo cierto es que esta «ceguera» se puede presentar también a través del sentido del olfato, del gusto, del oído y del tacto. Existen al respecto diversos estudios que demuestran que ligeros cambios en este tipo de estímulos también pueden pasar desapercibidos (Vitevich, 2003).

La ceguera al cambio es muy eficiente porque es el resultado de la suma de tres principios que, ya de por sí, son muy engañosos individualmente: la percepción gradual, la falta de contraste y la no conciencia del cambio. Es decir, que los cambios deberán de ser pequeños y graduales para que sea más difícil detectarlos (percepción gradual); tendremos que ofrecer cada cambio de tal manera que no exista la posibilidad de contrastarlo con la situación anterior de una forma directa (falta de contraste); y, finalmente, la persona no debe de saber que hay un cambio por llegar (no conciencia del cambio).

Algo que en ocasiones también contribuye al éxito de este fenómeno perceptivo es otro tipo de ceguera: la provocada por la falta de atención (Marck y Rock, 1998). Se podría definir como la incapacidad que tenemos las personas para percibir un estímulo inesperado cuando estamos realizando a la vez otras tareas que también demandan nuestra atención. Seguro que es un fenómeno que no te resulta desconocido, ya que es algo que nos sucede constantemente y sobre todo en la época actual en la que vivimos, donde estamos sobrecargados de información e impactos visuales. Hoy día, por ejemplo, uno de los elementos que más captura nuestra atención, lo habrás adivinado, es el teléfono móvil. En un estudio realizado al respecto (Hyman, Ira, Boss, Wise, McKenzie y Caggiano, 2009) se demostró que el móvil era el elemento que más ceguera por atención provocaba frente a otros como caminar escuchando música o caminar con otra persona. Las personas que caminaban con un teléfono móvil fueron las que menos se percataron de la presencia de un payaso sobre un monociclo que circuló delante de ellos durante algún momento en el transcurso del experimento.

Y volviendo al asunto de la comida... si centro la atención de mi hija en lo que más le gusta (un filete de ternera), estará menos atenta de los cambios en el incremento de la cantidad del acompañamiento (la ración de judías verdes) respecto a la semana pasada. Buen truco, ¿verdad?

Divide para persuadir

Veamos entonces todo lo que ya hemos aprendido para persuadir a nuestros hijos para que coman más verdura, en concreto judías verdes. Lo primero que necesitamos será preparar un plato de comida con algo de su gusto, pongamos, por ejemplo, un filete de ternera. Junto a la carne, serviremos una pequeña cantidad de judías, la que creamos que es aceptable por nuestros hijos y que se comerán aunque protesten un poco. A continuación tendremos que diseñar una estrategia donde, por ejemplo, una vez a la semana la comida sea ese mismo menú, pero con la peculiaridad de que, poco a poco, iremos introduciendo algo más de cantidad de judías, siempre con la precaución de que ese cambio sea gradual e imperceptible. Por supuesto, nuestros hijos no deben conocer nuestras intenciones ocultas, para conseguir así la no conciencia de los cambios que estamos provocando. Es posible que con el paso del tiempo noten la diferencia, pero puede que ya sea demasiado tarde, porque quizá las judías verdes hayan empezado a gustarles y quieran seguir comiéndolas. A esta conclusión se llegó con un estudio realizado de forma similar con otros alimentos (Lee, Frederick y Ariely, 2006).

Como has podido comprobar, la ejecución, en este caso, no es muy distinta de los otros principios de persuasión: requiere de una estrategia previa diseñada y ejecutada de forma inteligente con un objetivo en mente. De esta forma, es posible no solo persuadir a nuestros hijos para que coman más verduras, sino que también podemos persuadir a nuestros compañeros, clientes, proveedores, etc., para que acepten nuestras propuestas, con lo que conseguiremos que se acostumbren a ellas sin la dichosa resistencia al cambio.

Cuestiones para reflexionar

Cuando tengo oportunidad de presentar mis peticiones de forma repetida, ¿la aprovecho o solo lo hago una vez?

¿Utilizo todas las ocasiones disponibles para estar junto con mi cliente, y conseguir así crear la sensación de proximidad entre ambos?

¿Preparo las situaciones para favorecer la exposición a ciertos estímulos y crear con ello entornos más favorables a posteriores peticiones?

En caso de esperar una negativa por parte de la otra persona, ¿puedo presentar mi propuesta de forma gradual para que el otro se pueda acostumbrar poco a poco a ella y minimizar de este modo el riesgo a un rechazo?

7

Cuanto menos hay, más lo quiero

Desde muy joven siempre me ha gustado el cine. Me encantaba sentarme delante del televisor con mi familia a ver películas clásicas, de acción, románticas... el género me daba igual con tal de poder disfrutar de una buena peli. Solo había algo que, en ocasiones, se interponía entre mi deseada sesión de cine y yo: los famosos «dos rombos». En aquella época, si había un rombo en la esquina superior derecha de la pantalla significaba que, si no eras mayor de catorce años, no debías seguir frente al televisor. Cuando aparecían los dos rombos, tenías que ser mayor de edad para poder quedarte a ver la peli. Yo no sé qué pensabas tú cuando esto sucedía, pero a mí personalmente esos rombos me producían todavía más ganas de quedarme en el sillón y poder ver qué era aquello que me estaba siendo prohibido. «Papá, mamá, por favor, ¿puedo quedarme? Si no me falta nada para cumplir dieciocho», les rogaba. Y si en alguna ocasión mis padres accedían, el momento de disfrutar de la película se convertía en algo maravilloso y único. Mis expectativas, así como mi motivación para disfrutar del filme, se habían visto aumentadas sustancialmente. De hecho, en aquella época no sabía por qué, pero las películas con rombos siempre me parecían más interesantes que las que no los tenían.

En los años noventa, dos investigadores se fijaron en este hecho y decidieron realizar un estudio para comprobar qué tenía de cierto esa percepción que tenemos todos cuando nos imponen este tipo de limitaciones. Los resultados confirman lo que yo sentía en mis propias carnes: las advertencias para regular los contenidos en las películas incrementan las ganas de querer verlas, sobre todo en los menores de edad objetivo de esas limitaciones (Buschman y Stack, 1996).

Pero ¿a qué es debido? ¿Qué es lo que produce esa especie de motivación en las personas para realizar acciones en contra de lo establecido? Bueno, principalmente se debe a dos factores: la curiosidad y la lucha personal contra las restricciones que se nos imponen.

Popularmente se dice que la curiosidad mató al gato y, en parte, una respuesta válida a la pregunta anterior sería que esa motivación tiene algo que ver con el deseo por saber o averiguar cómo es aquello que no podemos conseguir. Es muy posible que la curiosidad, como el interés, sea la emoción que más importancia tiene dentro de la persuasión, porque, aunque es cierto que hay otras que son muy importantes y que nos llevan a tomar decisiones en una dirección u otra (el dolor y el placer sin ir más lejos son empleadas continuamente en campañas de ventas y marketing), sin la existencia de la curiosidad nada de lo demás sería posible.

TÁCTICA: Algo que garantiza el éxito de cualquier negociación es conocer quién es la persona que tienes delante de ti y cuáles son las cosas que le interesan.

Pero la curiosidad, por sí sola, no nos sirve para explicar por qué surge esa reacción en nosotros ante la limitación impuesta. Necesitamos recurrir a algo que también ocurre en nuestro interior y que sí es capaz de generar una fuerza de motivación suficiente para tomar la acción. Ante un hecho limitante siempre aparece un conflicto, una lucha en nuestro interior, que quiere combatir esa restricción que se nos intenta imponer.

Estas limitaciones provocan que se quiera poseer con más ganas aquello a lo que no se tiene acceso, pero también hacen que, cuando se consigue, la percepción positiva sobre ello sea mucho mayor que si no hubiese sido algo afectado por una limitación previa. Vamos a intentar explicarlo con otro ejemplo cotidiano.

No sé si te gustarán las galletas de chocolate. Yo debo de confesarte que durante una época fui casi un auténtico adicto. Cerca de mi oficina hay una cafetería que tiene unas increíbles, e iba allí más de lo que hubiese debido. Si a ti también te sucede, seguro que en alguna ocasión te has sentido especialmente nervioso si, por ejemplo, al acercarte a hacer fila en el mostrador, te has dado cuenta de que solo quedaba una de las que te gustaban. Imagina que hay cinco personas listas para pedir antes que tú. Si tan solo a uno de esos clientes se le ocurriera pedir una galleta de chocolate, tú te quedarías sin ninguna. Y aunque es posible que pienses que eso no tiene por qué suceder, y que en todo caso, si ocurre, es muy posible que haya más galletas en la trastienda, el deseo por tener la tuya se verá incrementado. Pero, además, si finalmente eres capaz de hacerte con ella, te sabrá incluso mejor de lo habitual.

Esto es lo que un grupo de investigadores comprobaron al realizar un curioso experimento combinando dos ingredientes: galletas de chocolate y escasez (Worchel, Lee y Adewole, 1975). La experiencia consistía en pedir a un grupo de personas que evaluaran las características de sabor, textura, color, etc., de estos dulces con el fin de conocer cuál era la puntuación que obtenían en función del gusto de los consumidores. Bueno, esto es lo que les contaban a los que se prestaban voluntarios al test. Pero lo que no sabían es que también se les estaba ofreciendo otro ingrediente: la escasez. Los voluntarios se dividieron en dos grupos. Al primero se le ofrecía un bote lleno con diez galletas. Al segundo grupo se le ofrecía las galletas en un bote similar, pero en esta ocasión tenía solo dos unidades. Las galletas, en ambos casos, eran de la misma marca comercial y, por lo tanto, idénticas. Cuando los investigadores comprobaron los resultados de las evaluaciones que habían realizado los participantes, descubrieron que la escasez había influido de forma decisiva en la valoración. El grupo que recibió un bote con dos unidades valoró con mayor puntuación las galletas que el que lo había probado en condiciones de abundancia. Para estas personas «pocas» significó «mejores».

El caso anterior podría hacernos pensar que esto solo sucede cuando se trata de oportunidades que nos atraen por el tipo de producto o servicio del que se trata (ya sea porque nos gusta, nos hace sentir bien o tiene una utilidad contrastada previamente). Pero nada más lejos de la realidad. Lo anterior es verdad incluso cuando las cosas nos gustan poco o casi nada. Te pondré un ejemplo: ¿qué crees que puede ser lo que hizo que un grupo de estudiantes valorara mejor la comida del comedor? Pues tan solo el hecho de saber que, debido a un incendio en las cocinas, no estaría disponible durante varias semanas. Esto hizo que los estudiantes universitarios evaluaran mejor la misma comida que semanas antes habían puntuado bastante peor (West, 1975).

Para intentar entender mejor a qué nos enfrentamos con este tipo de limitaciones, veremos a continuación los tres factores más comunes que entran en juego durante la lucha interna: la reactancia psicológica, la aversión a la pérdida y la teoría de la mercancía.

Reactancia psicológica

Cuando por algún motivo lo que queremos poseer se vuelve menos disponible, comenzamos a perder nuestra libertad de elección de forma directamente proporcional a esa limitación que estamos experimentando. Es sabido por todos que las personas no solemos llevar bien eso de perder libertades que ya tenemos (Brehm, 1981; Burgoon, Alvaro, Miller, Grandpre y Hall, 2002).

La reactancia es una respuesta psicológica que aparece en el instante en que las personas percibimos que se nos está restringiendo nuestra autonomía. Esta respuesta es una tendencia natural a mantener, restaurar o recuperar la independencia que ha sido amenazada, una forma de preservar la autonomía individual a través de la negativa a hacer lo que el otro quiere. La necesidad de recuperar la libertad perdida hace que aumente a su vez el deseo de posesión, lo que provocará que intentemos adquirir ese producto o servicio con más ganas incluso que antes.

Cuando utilizamos un artículo determinado, pongamos, por ejemplo, un detergente, y por algún motivo se nos prohíbe su uso, es muy posible que, debido al efecto de la reactancia psicológica, tu deseo por conseguirlo aumente, así como tu percepción de su calidad. Esto es algo que quedó comprobado en unas investigaciones realizadas en los años setenta (Mazis, 1975) entre los usuarios de cierto tipo de detergentes en Tampa y Miami (ciudades muy cercanas entre sí dentro del estado de Florida). La ley prohibió en Tampa el uso de detergentes con un determinado componente pero no así en la ciudad de Miami. El estudio consistió en preguntar a los clientes de ambas ciudades sobre los productos de limpieza y puso de manifiesto que la limitación en los consumidores de Tampa hizo que el producto prohibido fuera más querido y mejor valorado que para los de Miami.

Es importante destacar que las personas no solemos ser conscientes de que el aumento de deseo que sentimos sobre algo está siendo provocado por la restricción de nuestra libertad, es decir, por la reactancia psicológica. De lo que somos conscientes es de que lo queremos. Automáticamente hacemos una asociación de este tipo: si nos sentimos atraídos por algo, es porque debe merecer la pena. Por lo tanto, al sentir ese deseo de posesión, empezaremos a asignarle cualidades positivas para intentar justificar ese interés «emocional» que estamos sintiendo.

La reactancia está tan arraigada en nuestro proceso de toma de decisiones que puede surtir efecto incluso a un nivel más inconsciente aún. Algo que quedó de manifiesto cuando la psicóloga social Tanya Chartrand quiso entender por qué su esposo, aunque encantador en muchos aspectos, tenía la molesta tendencia de hacer exactamente lo contrario de lo que a ella le gustaría que él hiciera en muchas situaciones. Algo parecido a lo que le puede pasar a una madre que desea que su hijo se esfuerce más en los estudios. Dependiendo de si el hijo experimenta ese deseo como un reflejo para animarle o para controlarlo, puede conseguir que el hijo reaccione de modo totalmente contrario a sus deseos. Y además, la madre puede ejercer esta influencia incluso en aquellos momentos en los que no está físicamente presente. Basta con que el chico escuche su voz, o incluso oiga su nombre, para recordar el deseo de su madre de que estudie.

Chartrand decidió realizar un estudio formal, en el que su marido, Gavan Fitzsimons, se convirtió no solo en su inspiración, sino también en su colaborador (Chartrand, Dalton y Fitzsimons, 2007). Seleccionaron a un grupo de estudiantes que aseguraban conocer a una persona que asociaban claramente con la idea de trabajar duro y a otra con la de divertirse. Los estudiantes seleccionados consideraban que la persona que asociaban con el trabajo duro era muy controladora y la que asociaban con la diversión les provocaba ganas de divertirse. Todos fueron sometidos individualmente a varias tareas de agudeza visual donde, de forma subliminal, les mostraban el nombre de una de las personas que ellos habían asociado al trabajo duro o, en otros casos, a la diversión. Posteriormente, se les planteó un reto donde tenían que ir creando palabras a partir de letras desordenadas.

Finalizadas todas las tareas, los resultados permitieron descubrir que aquellos condicionados subliminalmente con el nombre asociado al trabajo duro realizaron el reto final peor que aquellos que habían sido primados con el nombre asociado a la diversión. La reactancia en este caso había surgido de forma automática y a un nivel inconsciente, ya que la limitación estaba presente pero generada de forma subliminal en la mente de los participantes.

Aversión a la pérdida

¿Has sentido alguna vez miedo a perder tu empleo? ¿O a que tu pareja te abandone? ¿O a dejar pasar la oportunidad de tu vida? ¿O quizá a perder la ocasión de ver una buena película porque no está calificada para tu edad? Estoy seguro de que, si no ha sido por algo de esto, lo habrás sentido por cualquier otra cosa, porque la idea de una posible pérdida desempeña un importante papel en nuestra toma de decisiones. Volviendo al ejemplo que vimos al inicio de este capítulo, justo en el momento en que aparecían los dos rombos en la pantalla del televisor, mi mente comenzaba a luchar contra la posibilidad real de perder la oportunidad de ver la película. De hecho, está comprobado que las personas estamos más motivadas ante la probabilidad de perder algo que ante la posibilidad de llegar a conseguirlo (Hobofoll, 2001; Tversky y Kahneman, 1981).

El siguiente estudio refleja muy bien esta idea de que inconscientemente solemos actuar más por miedo a la posible pérdida que por las perspectivas de posibles ganancias (Bechara, 1997). El estudio se llevó a cabo durante una partida de cartas en la que cada jugador recibía 2.000 euros. A los participantes se les pedía que actuaran como si se tratara de una apuesta real, donde el jugador tenía que intentar perder la menor cantidad de dinero posible e intentar ganar lo máximo que pudiera.

Las reglas para el juego eran sencillas. Cada participante tenía frente a él cuatro barajas de cartas. El trabajo de cada jugador consistía en ir dándoles la vuelta a los naipes según su criterio personal, uno tras otro, sin orden establecido y sin importar que les dieran más vueltas a las cartas de un grupo que a las de otro. Esta acción la tenían que realizar hasta que los organizadores les dijeran que el juego había terminado. Los participantes solo sabían que, cuando daban la vuelta a unas cartas determinadas, ganarían dinero y, si volteaban otras, lo perderían, pero no conocían qué tipo de cartas eran de un tipo o cuáles de otro.

Las reglas ocultas a los participantes eran las siguientes:

- Se ganan 100 euros para cualquier carta a la que se le dé la vuelta en los montones A y B.
- Se ganan 50 euros para cualquier carta a la que se le dé la vuelta en los montones C y D.
- Hay cartas en los montones A y B que, si son dadas la vuelta, obligan al jugador a pagar hasta 1.250 euros.
- Hay cartas en los montones C y D que, si son dadas la vuelta, obligan al jugador a pagar un promedio de 100 euros.
- Las cartas están distribuidas de tal forma entre los montones que, si el participante tiende a usar más las de las barajas A y B, tendrá más pérdidas. Si tiende a usar más las cartas de los montones C y D, entonces tendrá más ganancias.
- Cuando 100 cartas han sido volteadas, el juego termina.

Las conductas en todos los participantes fueron muy parecidas. En un principio saltaban de un montón de naipes a otro indiferentemente. Con posterioridad y aproximadamente hasta la carta número 30, casi todos los jugadores pasaban a centrarse en las barajas A y B. Pero, a partir de ese momento, los jugadores cambiaban a las de los montones C y D. Hay que tener presente que los naipes de los montones A y B se pagaban muy bien (mejor que los montones C y D), pero también eran los que tenían cartas malas más peligrosas, donde se podía perder hasta 1.250 euros. En cambio, en los grupos C y D las cartas malas tan solo suponían una pérdida promedio de 100 euros. Cuando los jugadores fueron conscientes de cómo estaba siendo el desarrollo del juego y en dónde había más riesgo, empezaron a ser más conservadores para evitar perder mucho dinero (aun cuando, como consecuencia de esa decisión, las ganancias tampoco fueran muy grandes).

Los investigadores, a lo largo del juego, fueron preguntando a los participantes cómo se sentían y qué pensaban. Muchos de ellos dijeron que, en un momento determinado del juego, sintieron la intuición de que los grupos C y D eran mejores para apostar y ganar sobre seguro. Pero los investigadores también estaban controlando a los jugadores de otra manera: todos ellos estaban conectados a un equipo de medición (un sensor de conductividad de la piel) que permitía conocer cómo estaba siendo su reacción inconsciente a la situación. Lo que este sensor puso de manifiesto fue asombroso: de forma inconsciente, los participantes ya sabían mucho antes que expresándolo conscientemente que los grupos C y D eran mejores que los otros dos. Es decir, que el cambio brusco que se detectaba en el sensor cuando el jugador daba la vuelta a una carta del grupo A o B se apreciaba antes de que se mostrara un cambio de actitud consciente para voltear solo los naipes de los otros dos montones, C y D.

De igual manera, los propietarios a los que se les habla en términos del dinero que pueden llegar a perder (incremento en la factura de la luz) si no incluyen algún tipo de accesorio en su casa son más propensos a tomar acción que aquellos a los que se les indica en términos relativos el dinero que podrían llegar a ahorrar. Lo mismo se ha observado en los resultados obtenidos en una universidad donde los estudiantes experimentaron emociones más fuertes cuando se les pidió que imaginaran pérdidas en lugar de ganancias en sus relaciones de pareja o en sus resultados académicos (Ketelaar, 1995).

Estos estudios son un claro ejemplo de cómo, frente a señales de peligro, el miedo a la pérdida nace en nuestro inconsciente (mucho antes que en nuestra mente consciente), con lo que afecta a las decisiones que tomamos al respecto. Estate alerta, porque puede que en muchas ocasiones no sepas por qué reaccionas de una manera u otra, pero es posible que de forma inconsciente exista un motivo por el cual lo estás haciendo: el miedo a perder.

Teoría de la mercancía

El pilar principal de esta teoría (Brock, 1968) es la escasez, o, para ser más exactos, la percepción de escasez: «Cualquier mercancía será valorada hasta el límite de su no disponibilidad». Para entenderla bien vamos a explicar los tres conceptos que, para el profesor Brock, desempeñan un papel determinante para su formación:

1. Mercancía: puede ser casi cualquier cosa, como una información, una experiencia, un objeto o un servicio que sea útil, transferible entre personas y que pueda poseerse.

2. Valor: hace referencia al potencial de una mercancía para afectar las actitudes y comportamientos. Podemos, por lo tanto, asemejar el concepto de valor a la idea de tener utilidad o ser deseable.

3. No disponible: este concepto aquí hace referencia a la escasez y otras limitaciones de disponibilidad. De acuerdo con las investigaciones del profesor Brock dentro del concepto de «no disponible», podemos considerar:

- Limitaciones en el suministro.
- Coste de adquisición, mantenimiento o suministro.
- Restricciones que limitan la posesión de una mercancía.
- Retrasos en el suministro.

Estudios recientes han profundizado aún más en esta idea (Lynn, 1991; McKensie y Chase, 2010) y concluyen que las personas consideramos que una mercancía es más valiosa si la percibimos como escasa o poco disponible en contraste con una situación normal de disponibilidad. Es decir, que la escasez, por el mero hecho de estar presente en una situación comercial, incrementa el valor o el deseo de poseerla (Cialdini, 1985). La escasez es una condición fundamental dentro de la conducta económica. Las personas pensamos que las cosas que son más difíciles de conseguir son normalmente mejores que aquellas que son fáciles de poseer. Es por ello que incluso podríamos pensar que las personas creemos saber cómo será la calidad de un producto en función de su disponibilidad (Lynn, 1992).

Hay una idea muy extendida entre los que salen de fiesta por la noche. Seguro que la has oído. Se dice que las personas, a medida que van pasando las horas, encontramos más atractivas a aquellas del sexo opuesto que hay a nuestro alrededor. Quizá, conociendo ahora lo que dice la teoría de la mercancía, podamos dar por lo menos una explicación parcial a este hecho (la explicación principal puede ser el nivel de alcohol en sangre). Hablando en términos más técnicos (Madey, Simo, Dillworth y Kemper, 1996), al inicio de la noche hay más oportunidades de conseguir una cita, pero, a medida que la noche avanza, las ocasiones de ligar van disminuyendo. Esto provoca que las personas disponibles que todavía quedan a nuestro alrededor sean vistas como más atractivas aún de lo que realmente son.

La escasez también provoca otra sensación en las personas, algo que debemos tener en cuenta para comprender por qué es tan importante en las operaciones comerciales. Es posible que todos tengamos tendencia a desear más lo que es escaso porque nos hace ser diferentes de los demás y por ello nos otorga un sentimiento de exclusividad. Todos queremos ser únicos. De acuerdo con los estudios llevados a cabo por varios investigadores (Fromkin, 1973; Snyder y Fromkin, 1980), las personas necesitamos sentir que, aunque moderadamente, somos singulares. Nos identificamos habitualmente con nuestras posesiones materiales, por lo que poseer algo escaso puede ser el detonante que genera la sensación de exclusividad que buscamos (James, 1980; Belk, 1989).

Ahora bien, se puede dar el caso de que alguien sea víctima de la persuasión por el mero hecho de pertenecer a un grupo particular, pues es mucho más fácil vender productos, ofertas especiales, etc., a los miembros de una asociación con cierto nivel de exclusividad. Los socios de estos colectivos tienden a actuar más en grupo, y harán lo que sea necesario para no perder los privilegios a los que les da derecho la membresía. Piensa en los clubs de viajeros de cualquier medio de transporte. Puedes ser un viajero normal o ser un miembro plata, oro o platino, una designación reservada para los más fieles. Esa exclusividad te da privilegios y tenderás a realizar las acciones necesarias para no perder las atenciones que recibes.

TÁCTICA: Consigue que las personas a las que quieres persuadir se sientan parte de un grupo exclusivo. Esa sensación de pertenencia te permitirá crear un entorno más favorable para las posteriores negociaciones que tengas que realizar.

Limitar para persuadir

Hasta el momento, hemos visto cómo, al limitar el acceso a algo (oportunidad, productos, servicios e incluso información), las personas podemos ser influenciadas para tomar determinadas decisiones, en función de lo que nos dicta la teoría de la mercancía, la reactancia psicológica y la aversión que las personas tenemos hacia la pérdida.

Conociendo estos principios, podemos idear algunos procedimientos para activar la escasez percibida en las personas a las que queremos influenciar. Así, les llevaremos a pensar de la siguiente manera: debería intentar garantizar estas oportunidades que me están ofreciendo porque son limitadas (cerca de agotarse) o están disminuyendo de tal forma que afectan a su futura disponibilidad. Veamos tres ejemplos de cómo podemos utilizar la escasez para poner en marcha esa posibilidad de influencia que nos ofrecen las limitaciones:

Limitar las opciones disponibles

¿Has tenido alguna vez la sensación de no saber qué pedir en un restaurante donde la carta es interminable? A mí me sucede sobre todo cuando la carta es un listado de platos que aparecen enumerados uno tras otro sin orden ni concierto. El exceso de opciones puede tener efectos negativos en los procesos de ventas y provocar en el comprador dos actitudes no muy ventajosas para los objetivos del vendedor.

En primer lugar, es posible que el número elevado de elecciones disponibles pueda llegar a disuadir inconscientemente de la compra al cliente indeciso. Es cierto que la posibilidad de dar a elegir entre varias opciones es algo positivo de cara a la venta, pero no lo es menos que una cantidad excesiva de alternativas puede ser contraproducente y provocar que el comprador, por este motivo, descarte realizar la compra. Lo que conocemos como «parálisis por análisis» y que ya hemos tratado en capítulos anteriores.

En segundo lugar, un gran número de opciones puede llevar al comprador a estar menos satisfecho con la decisión que ha tomado. Esto es debido a dos motivos. El primero es que cuando se eleva el número de alternativas, también se eleva la expectativa que la persona tiene sobre lo que ha adquirido. El efecto del contraste hace aquí de nuevo su aparición, para alterar la percepción del producto final (Diehl y Lamberton, 2008). La segunda razón tiene que ver con el miedo a la pérdida, porque, cuando nos decidimos por algo, también perdemos de alguna manera las cosas que no elegimos. Cuando tenemos muchas opciones, la percepción puede ser que perdemos mucho al elegir algo.

Lo aconsejable sería no ofrecer demasiadas alternativas a nuestros posibles compradores. Y en las situaciones en las que eso no es posible, deberíamos de alguna manera ser capaces de agrupar los productos por categorías, para que la percepción siguiera siendo la misma que cuando les ofrecemos pocas opciones entre las que elegir. Evitaríamos así provocar una situación de indecisión que paralice al comprador y, en caso de que adquiera un producto, evitar la insatisfacción posterior por posibles expectativas no superadas o miedo a la pérdida provocada por aquello que dejó de comprar.

Limitar la cantidad disponible

Todas las Navidades pasa lo mismo: siempre hay un determinado juguete que todos los niños quieren tener sí o sí. Seguro que en alguna ocasión te has visto dando vueltas por todas las jugueterías de la ciudad, buscando algo que tus pequeños deseaban, para descubrir, después de varias horas, que el artículo estaba agotado en todas ellas y no sabían cuándo recibirían más. A mí estas situaciones siempre me provocan cierta ansiedad y unas ganas tremendas de conseguir el deseado «juguetito». Si se te ocurre intentarlo en eBay, lo más probable es que, si eres capaz de encontrarlo, el precio se haya disparado varias veces su valor en tienda. Es lo que tiene la escasez, que motiva a la gente a actuar, incluso cuando el coste se haya visto incrementado por la falta de existencias. Porque esa es la clave: algo deseado por muchos pero con una limitada disponibilidad.

Generalmente, estas situaciones de unidades limitadas funcionan porque nos obligan a decidir rápido para no perder la oportunidad (aversión a la pérdida) y porque cuando algo es escaso puede significar que es valioso y de buena calidad (teoría de la mercancía).

La forma habitual para activar este principio sería limitar la disponibilidad real del producto físico, pero también lo podemos conseguir si restringimos el número de productos disponibles a un precio determinado o con unos «extras» especiales. De esta manera, estaríamos incentivando a la gente a que realice la compra en esos mismos instantes, por miedo a quedarse sin el producto o a perder la oportunidad de comprar con esas ventajas. Adicionalmente, y como hemos visto antes, cuando la escasez está presente, también aparece de alguna forma la exclusividad, y pensamos: «Yo lo he conseguido, pero otros ya no lo van a poder adquirir de esta manera».

Teniendo esto en cuenta, si dentro de poco debes enfrentarte a una entrevista de trabajo, no pierdas la oportunidad de informar a tus entrevistadores de que no es el único puesto al que estás aspirando, ya que estás realizando más reuniones similares con otras empresas. Un estudio al respecto demuestra que los aspirantes que informan de estos detalles son evaluados de forma más favorable que los que no lo hacen (Williams, Radefeld, Binning y Sudak, 1993). Lo que pasa por la cabeza de los entrevistadores sería algo así: «Si tiene más entrevistas, es que debe de ser un buen candidato (teoría de la mercancía). Si es bueno y no me doy prisa, me lo pueden quitar (miedo a la pérdida)».

Limitar el tiempo disponible

«El precio especial de 100 euros por una suscripción anual a nuestra revista solo estará disponible hasta el día 25 del presente mes. A partir de esa fecha, el coste volverá a ser de 200 euros.» La vieja técnica de la fecha límite funciona.

Cuando se establece un margen de tiempo al posible comprador, que sabe que a partir de ese momento dejará de existir la oportunidad que se le está ofreciendo, hacemos de nuevo aparecer la posibilidad de perder una oportunidad única. Como te he dicho, no es una técnica muy novedosa. De hecho, se viene usando desde tiempos inmemoriales por parte de los comerciantes. Te sonarán cosas como las rebajas de verano, el *black friday*, el día del espectador, etc. Todas ellas basan su éxito en políticas de precios especiales durante un tiempo limitado.

Cuestiones para reflexionar

¿Muestro de forma eficiente que lo que ofrezco tiene una disponibilidad limitada de algún tipo?

Cuando tengo varias alternativas que ofrecer, ¿las agrupo inteligentemente para no disuadir al comprador por el exceso de opciones?

Como hemos visto, la información también puede ser escasa y exclusiva. ¿Utilizo eficientemente este tipo de datos para informar, diligentemente y a tiempo, a los clientes que pueden estar interesados? ¿Les hago saber que son los primeros o de los pocos que van a disponer de ella?

¿Cómo puedo hacer sentir a mis clientes que forman parte de algo exclusivo?

¿A quiénes de las personas que conozco y quiero influir debería incluir en un grupo de exclusividad?

8

No puedo evitar que me caiga bien

Permíteme que te haga esta pregunta: ¿Crees que tu imagen personal influye en los demás? O dicho de otra manera: ¿Crees que por el mero hecho de ser atractivo se puede ser más influyente? La forma en que alguien va vestido, ¿puede ayudarle en ciertas situaciones? Piensa sobre ello sinceramente y sin prejuicios, porque todavía hay muchas personas que creen que la imagen que proyectan (la suma de su atractivo físico, vestimenta y accesorios) no es importante a la hora de establecer buenas relaciones. Pero la realidad y la ciencia nos demuestran todo lo contrario.

Hay estudios que manifiestan que en política los candidatos atractivos reciben sustancialmente más votos (Efran y Patterson, 1976), que, en los negocios, las personas más atractivas tienen más oportunidades de ser contratadas que las menos agraciadas (Mack y Rainey, 1990), o que, en el colegio, los estudiantes más atractivos son considerados como los más inteligentes por sus propios profesores (Ritts, Patterson y Tubbs, 1992). Por lo tanto, debemos tener muy claro que los individuos más atractivos son capaces de influir más en las decisiones de los otros que los que no lo son tanto.

Incluso la manera de vestir se podría casi considerar como una forma de comunicación no verbal, ya que es capaz de transmitir información sobre el individuo y comunicar aspectos muy precisos sobre su personalidad. Por si esto fuera poco, nuestra vestimenta ejerce una influencia importante sobre quienes se sienten identificados de algún modo con ella, ya que normalmente nos suele costar más decir que «no» a alguien similar a nosotros que a los que no lo son. En un estudio realizado en Estados Unidos durante los años setenta, un grupo de personas se dedicaron a pedir 10 centavos con la excusa de tener que realizar una llamada de teléfono. Para entender este ejercicio, tenemos que poner en contexto el estudio y recordar que en aquella época no existían todavía los teléfonos móviles y que fue cuando empezó con fuerza el movimiento *hippy*. La mitad de los ayudantes iban vestidos de forma clásica y la otra mitad iban vestidos como *hippies*. El 67 por ciento de las personas que vestían de forma similar a quien realizaba la petición accedían a ella frente a menos del 50 por ciento que lo hacían cuando vestían diferente (Emswiller, Deaux y Willits, 1971). Por más que el refrán popular afirme que «aunque la mona se vista de seda, mona se queda», la realidad nos demuestra que la mona vestida de seda podría persuadir a algunos tan solo por su aspecto exterior.

A lo largo de este capítulo descubriremos cómo y por qué la gente suele responder más favorablemente a las peticiones de aquellos que creen que conocen y les gustan. Pero no te preocupes si no eres muy agraciado en el tema del atractivo físico, porque no es totalmente necesario ser alguien atractivo o vestir de una manera determinada para conseguir gustar a los demás. Para lograr una influencia similar, y más auténtica diría yo, existen otras maneras de conseguir agradar a las personas o, dicho de un modo más preciso, que las personas sientan que nos conocen y que les gustamos. Según los estudios de diversos psicólogos, que veremos a lo largo de este capítulo, y los recientes estudios realizados principalmente por el profesor Robert Cialdini, para «gustar» a los demás podemos también recurrir a buscar todas las semejanzas posibles o bien dar los halagos adecuados.

Buscar puntos en común

Cuando conoces a una persona por primera vez, suele ser difícil entablar una conversación. Es normal, no la conoces de nada. Conforme pasan los minutos y gracias a la charla informal que tiene lugar, se empieza a encontrar algún punto en común. Es fantástico cuando sucede porque, además de tener algo en lo que conversar, ambos habéis descubierto una semejanza que os va a facilitar crear un vínculo. Cuantos más puntos en común salgan a la luz durante esa conversación, mayor será la sensación de conexión y familiaridad percibida y, por lo tanto, mayores serán también tus posibilidades de triunfar si posteriormente tienes que hacer alguna petición a esa persona. Como hemos visto, nos cuesta mucho decir que no a aquellos que conocemos y que nos gustan, es decir, a quienes percibimos como similares por lo que compartimos con ellos.

La sensación de similaridad con otros es una percepción muy poderosa porque evolutivamente ha sido, y sigue siendo, la señal que buscamos los humanos para intentar discernir entre aquellos que pueden resultar una amenaza y los que no (Lakin, 2003). Pero también tiene que ver con nuestra preferencia por aquellas cosas o personas que asociamos, o que nos recuerdan, a nosotros mismos (egoísmo implícito). Un estudio realizado por el psicólogo John Jones (Jones, 2004) pone de manifiesto hasta qué punto la similaridad marca inconscientemente nuestras decisiones, incluso en algo tan importante como elegir nuestra pareja. Tras analizar 15.000 actas matrimoniales, llegaron a la increíble conclusión de que la gente contrae matrimonio con más frecuencia con personas cuyo nombre tiene la misma inicial que el suyo. Suena rarísimo, lo se. Pero incluso hay otro estudio, más increíble aún, que afirma que las personas que se llaman Dennis tienen más probabilidades de terminar siendo dentistas. Realmente extraño pero, según los resultados de los estudios, cierto (Pelham, 2002).

TÁCTICA: Emplea la conversación informal para localizar puntos en común. Las similitudes que encuentres se encargarán de crear un entorno decisivo para el éxito de cualquier petición posterior.

Una vez descubiertos esos puntos en común, no deberíamos desperdiciar la oportunidad de citarlos en el momento justo, que es el previo a la petición que deseemos realizar. Puede sonar raro o incluso demasiado artificial, pero funciona. Lo que te propongo es lo que hicieron en el siguiente estudio unos psicólogos (Burger, Messian,

Patel, del Prado y Anderson, 2004) que buscaban conocer en qué medida comunicar a una persona una afinidad podría condicionarla a aceptar una petición posterior. En un momento dado del experimento, que los participantes pensaban que era sobre astrología, algunos descubrían que habían nacido el mismo día que uno de sus compañeros, aunque en realidad era un investigador infiltrado que hacía coincidir su fecha de nacimiento con la del participante. Al finalizar el experimento, todos los participantes se marchaban y, de camino hacia la salida, el investigador infiltrado hacía una petición a su coetáneo. Como puedes imaginar, los que más accedían a lo solicitado eran aquellos que supuestamente cumplían años el mismo día (un 82 por ciento frente a un 48 que no compartían ningún hecho significativo entre ellos). En estudios posteriores descubrieron que cuanto más raro, especial o único era el hecho que compartían las personas, más se incrementaba la capacidad de persuasión.

Conectados trabajamos mejor

Esto es algo que los entrenadores deportivos saben muy bien. Un grupo de chavales que realizan un deporte de equipo tienen más posibilidades de éxito si se sienten conectados entre ellos. Normalmente, esta sensación se consigue al compartir un objetivo común o también por un sentimiento compartido de pertenencia a un club. Cuanto más se fomente esa conexión entre los jugadores, mejor será su rendimiento en el campo de juego. Todos tenemos la necesidad de sentirnos parte de algo y por ello tomaremos ciertas decisiones para entrar o seguir formando parte, lo cual beneficiará al resultado final del equipo.

Esa necesidad de pertenencia, y por lo tanto de conexión, no es algo exclusivo del deporte, sino que está muy presente en nuestra sociedad. En cualquier actividad, fomentar la conexión entre las personas de un mismo grupo tiene un beneficio directo en la sensación de pertenencia y por ello en el rendimiento de las personas que lo componen. El problema radica en que en ocasiones parece difícil fomentar esa sensación entre los componentes del grupo. ¿Qué es aquello que comparten y les puede hacer sentir parte de algo? Bueno, vas a ver que se puede lograr el vínculo incluso cuando aquello que tengan en común no sea algo muy relevante.

Existen una serie de estudios bastante recientes (Walton, 2012) que pretendían profundizar en esta idea de la pertenencia al grupo y el rendimiento de sus miembros en el contexto universitario. Algunas de las conclusiones que se pueden sacar de esos estudios son:

1. Cuando los estudiantes creían que compartían con otros la fecha de nacimiento, se sintieron más motivados a realizar una actividad con ellos. Además, estaban mejor realizadas que cuando no sucedía este hecho.

2. Cuando los estudiantes hacían deporte y creían que compartían fecha de nacimiento con el profesor, su pulso cardiaco se incrementaban de forma parecida.

3. Los estudiantes mostraron más motivación cuando pensaban que formaban parte de un equipo en busca de un objetivo común.

TÁCTICA: Busca la forma de hacer que las personas se sientan conectadas entre ellas o contigo para potenciar su rendimiento al realizar sus actividades.

Dar cumplidos y halagos

La mayoría de los conferenciantes profesionales que participamos en los congresos nacionales nos conocemos, ya que muchos de nosotros hemos coincidido en algún que otro evento. De otros tan solo sabemos por referencias o porque hemos curioseado en sus páginas web. Una de las premisas de cualquier profesional que se precie es conocer bien a su competencia y descubrir cuáles son sus fortalezas y debilidades frente a ellos. Nada diferente a lo que haría cualquiera antes de lanzar un nuevo producto o servicio al mercado. En el proceso de descubrir quiénes son tus competidores, en ocasiones, se pueden cometer errores de apreciación debido a alguna creencia errónea, la mayoría de las veces provocada por nuestros prejuicios o por alguna información sesgada y no contrastada. Estos prejuicios, con un poco de ayuda de nuestro propio ego, generan una idea negativa que nos puede llevar a etiquetar a nuestro compañero como «*persona non grata*». Por mi parte intento que estas cosas no me pasen, pero soy humano, y, claro, no soy perfecto. Hace ya algún tiempo que empecé a hacerme una idea algo negativa de una de estas personas, le llamaremos el Sr. X. Un profesional que, como yo, dedicaba gran parte de su tiempo a dar charlas y conferencias para empresas. Te cuento esto porque hubo algo que consiguió cambiar la idea inicial que tenía sobre él.

Un día, una buena amiga me contó que había coincidido con el Sr. X y que este le había hablado maravillas de mi trabajo. Sinceramente, no sé si lo que le dijo a mi amiga lo pensaba de verdad o no, pero lo que sí sé es que el mero hecho de escuchar esos cumplidos por parte del Sr. X hacia mi persona hizo que mi opinión sobre él cambiara. Desde aquel mismo instante empecé a formarme una visión del Sr. X mucho más cercana, sincera y profesional de la que había tenido hasta entonces. ¿Es posible que unos simples cumplidos hubieran podido modificar mi percepción?

La premisa aquí es sencilla: es muy raro que alguien a quien sabes que le caes bien no te caiga bien a ti. Hay algo en nosotros que nos lleva a apreciar a aquellos que nos aprecian y ven lo mejor de nosotros. Debemos de pensar algo así: «Si es capaz de ver eso en mí, debe ser porque, como yo, es buena gente». Es por ello que nos atraen no solo aquellos que nos tratan bien, sino también aquellos que hablan bien de nosotros. Esta es la razón por la que los cumplidos y los halagos estimulan nuestra simpatía por quien los dice (aunque sean exagerados o incluso no sean verdad).

Si la experiencia personal que he compartido contigo no te parece del todo convincente, el siguiente estudio realizado a finales de los años setenta (Drachman, deCarufel y Insko, 1978) no te dejará lugar a dudas. Los voluntarios participantes recibían, por parte de otra persona, una serie de comentarios personales sobre ellos. El grupo de participantes se dividió en tres: el primero escuchaba solo comentarios positivos, el segundo escuchaba solo comentarios negativos y el tercero escuchaba una combinación de ambos. Los resultados del estudio pusieron de manifiesto varias conclusiones: la primera es que a los participantes les gustó más la persona que solo les decía comentarios positivos; la segunda es que no les influyó el hecho de saber que los elogios eran debidos a que la persona que los decía quería algo de ellos; y la tercera y última conclusión reveló que los halagos no tenían por qué ser ciertos.

> *TÁCTICA: Cuando descubras las virtudes de una persona, no las guardes para ti. Busca la ocasión para compartirlas con ellos y tu capacidad de influenciarles se incrementará significativamente.*

Cuestiones para reflexionar

¿Conozco realmente a la persona que tengo frente a mí? ¿Sé cuáles son sus intereses? ¿Cuáles de sus intereses tienen algo en común con los míos?

¿Me tomo el tiempo necesario para «humanizar la situación» antes de comenzar una negociación?

¿Utilizo la conversación informal para buscar puntos en común con mi interlocutor?

Cuando localizo esos puntos en común, ¿los empleo para favorecer la sensación de similaridad con los demás?

¿Tomo nota de esos puntos en común por si pueden servirme en el futuro para comenzar la conversación de un modo más personal?

¿Intento solamente gustar a los demás, o, por el contrario, prefiero descubrir puntos en común para que también me gusten los demás a mí?

Cuando encuentro algo bueno de una persona, ¿busco la ocasión para hacerle saber lo que pienso?

¿Sé cómo hacer llegar a los demás los cumplidos y halagos aunque sea a través de otras personas?

La familiaridad consigue crear entornos de cooperación exitosos. ¿De qué manera me relaciono yo con los demás para fomentar ese sentimiento?

Cuando hablo, ¿utilizo más el «yo» o el «nosotros»? Siempre que te sea posible, busca reflejar la unidad del grupo para fomentar la sensación de cooperación, equipo y familiaridad. Por ejemplo: «Hemos conseguido la venta»; «Logramos superar los objetivos»; «Vamos a mejorar considerablemente las cifras del año pasado», etc.

9

Un gesto vale más que mil palabras

Es muy posible que el título de este capítulo te haya recordado al refrán popular que dice: «Una imagen vale más que mil palabras». Y aunque así es como lo hemos aprendido, realmente la frase es una variante que ha ido evolucionando a partir del proverbio chino original que rezaba algo así como: «El significado de una imagen puede expresar diez mil palabras», lo que viene a evidenciar que existen muchas cosas, hechos y situaciones que pueden explicarse mejor, con más emoción y de forma más directa a través de una sencilla imagen que con una descripción detallada. De igual forma nos sucede con las señales visuales, movimientos y gestos que utilizamos como parte de nuestra comunicación no verbal. En gran número de ocasiones, el gesto de una persona llega a valer más que las palabras que está diciendo o las que podría decir a partir de ese momento.

Tratando este libro sobre influencia y persuasión, no podría faltar un pequeño apartado dedicado a la comunicación no verbal y a cómo su uso puede ayudar a crear y potenciar que sea persuasiva. Es posible que nunca te hayas planteado el lenguaje corporal como una herramienta para hacerlo, pero a lo largo de este capítulo vas a descubrir cómo su importancia es mayor de lo que *a priori* parece. Creo que a estas alturas todos tenemos claro que la comunicación, sea del tipo que sea, es el medio por el cual vamos a poder persuadir o influir en una persona.

Aquellos que nos escuchan también están evaluando nuestra credibilidad, confianza, honestidad y simpatía a través de lo que les estamos expresando con nuestro propio lenguaje corporal. Incluso mucho antes de que hayamos abierto la boca para decir una sola palabra, los demás tienen ya información sobre nosotros a través de ese análisis subconsciente de lo que hemos dicho mediante nuestra comunicación no verbal. Los expertos en estas materias dicen que bastan unos diez segundos desde el momento de la presentación para que esto suceda. Debemos ser conscientes de que el uso que hagamos del espacio personal, nuestros gestos, nuestras posturas, así como las expresiones faciales y el contacto visual, van a ser determinantes para el éxito de nuestros procesos de influencia y persuasión. De hecho, es tan importante que, en el caso de que nuestras palabras digan algo distinto a lo que proyecta nuestro lenguaje corporal, las personas creerán más en lo que ven que en lo que escuchan. Date cuenta de que, desde sus orígenes, el ser humano se ha apoyado en la información visual para tomar decisiones y solo «recientemente» se ha incorporado la palabra a su comunicación.

En este capítulo vamos a hablar de la importancia del lenguaje de nuestro cuerpo y de cómo todo esto modela el mensaje que transmitimos, y, por lo tanto, nos puede ayudar a influir en las personas positivamente, pero también de forma negativa. Dominar el uso de nuestra comunicación no verbal y mejorar en la capacidad para interpretar el lenguaje corporal de los demás nos va a permitir potenciar nuestro carisma y magnetismo personal.

No tengo la intención de realizar ahora un amplio estudio sobre todas estas materias, principalmente porque no es el libro para ello, pero considero que no puede faltar un capítulo donde se pongan de manifiesto algunas ideas que nos hagan tomar conciencia de su peso e importancia en los procesos de persuasión e influencia.

Los tres cerebros en la comunicación

Para comprender cómo trabaja nuestro cerebro cuando de interpretar la comunicación se trata, vamos a considerar la división simplificada que realizó el neurocientífico y médico estadounidense Paul MacLean. Se conoce comúnmente como la teoría de los tres cerebros, porque está basada en la idea de que nuestro cerebro ha evolucionado en tres etapas, y ahora es como si tuviéramos tres en uno: reptiliano, neocórtex y límbico. Los tres se han ido desarrollando a lo largo de la historia del ser humano y es por ello que aportan diferentes funciones a la comunicación humana:

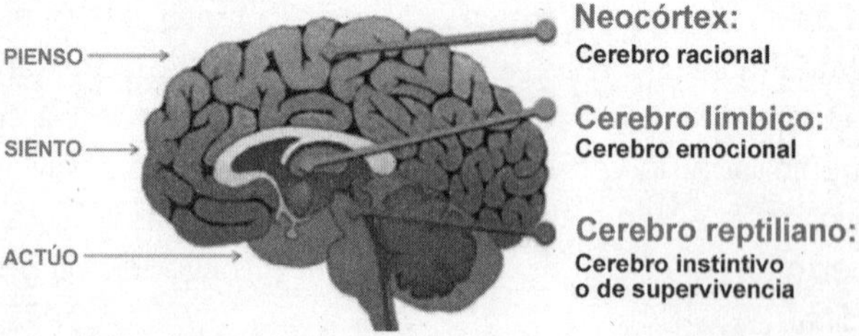

- El cerebro reptiliano es el más antiguo de los tres y controla las funciones vitales del cuerpo. Debido a que su función principal está relacionada con la supervivencia, genera conductas instintivas, automáticas y muy resistentes al cambio.

- El neocórtex es la parte del cerebro que ha evolucionado más recientemente y la base de todo nuestro pensamiento consciente. Se encarga del lenguaje y del cálculo, así como de realizar análisis y estrategias. En este neocórtex, la parte izquierda es responsable del idioma, la lógica, las matemáticas, etc.; y la parte derecha es la responsable de la creatividad, la música, la imaginación, reconocimiento facial, etc. Respecto a la comunicación, es el responsable de la parte más lógica y racional.

- El cerebro límbico, situado entre el reptiliano y el neocórtex, es el que primero recibe las emociones y, por lo tanto, toma acción basándose en ellas. Evolutivamente, se desarrolló después del cerebro reptiliano y es responsable en buena medida de cómo aprendemos con la experiencia. Si una conducta produce una emoción agradable, tenderemos a repetirla; mientras que si produce algún tipo de dolor, intentaremos que no se vuelva a producir. Como parte fundamental de este tenemos la amígdala, por medio de la cual el cerebro nos avisa de si un estímulo percibido, incluyendo todo tipo de gestos, es o no una amenaza. Es este cerebro límbico el responsable de que el lenguaje corporal tenga un peso tan importante en el total de la comunicación, principalmente por su relación con la toma de decisiones que se produce en función de la información que recibe de las señales del exterior.

Teniendo en cuenta estas divisiones, supongamos la situación habitual de una conversación entre dos personas (emisor y receptor). El neocórtex del receptor estará interpretando conscientemente la información verbal que transmite el emisor; y, la vez, su cerebro límbico estará interpretando inconscientemente la información no verbal que percibe. En estas situaciones, nuestro cerebro está programado para atender a lo que le dice el sistema límbico antes de lo que dice el neocórtex, especialmente cuando hay una incongruencia entre ambas informaciones. Eso sucede porque a lo largo de los siglos los humanos nos hemos ido programando genéticamente para ello. Es como si dispusiéramos de serie de un «vocabulario gestual», compuesto de signos no verbales, a los que reaccionamos de forma automática.

En cualquier situación de influencia y persuasión en la que nos encontremos, una buena sintonía entre los lenguajes corporales de las distintas personas contribuye muy positivamente al éxito de la comunicación. Por ello estudiaremos a continuación brevemente cuáles son las partes de nuestro cuerpo que más comunican y trataremos el concepto de imitación, sonrisa y contagio emocional como técnicas para potenciar nuestra capacidad de influencia en las demás personas.

Con qué comunica nuestro cuerpo

Nuestra mirada, los gestos de la cara, la posición de los brazos y piernas, la postura que adoptamos... todas las partes móviles del cuerpo, con su movimiento y posición, se combinan para comunicar algo en cada instante. Con el paso del tiempo, los humanos hemos ido aprendiendo a asignarles un significado, y un mismo gesto o postura puede significar incluso algo distinto en función del contexto y del momento en que estemos.

La mirada es una de las principales armas que tiene la comunicación no verbal para conectar y comunicar emociones y pensamientos. Para mí, el mejor ejemplo del auténtico poder de una mirada sucedió en marzo de 2010, en el MoMA de Nueva York (Museum of Modern Art). Ese día, la artista serbia Marina Abramovic participaba en una exhibición sobre su obra, en la que ella se sentaba frente a los espectadores que habían hecho fila para sostenerle la mirada durante un minuto. Solo mirándose a los ojos expresarían su sentir después de haber visto la exposición. Alguien inesperado tomó el asiento: veintitrés años después, Marina volvía a ver a Ulay, el fotógrafo alemán con el que vivió una apasionada relación amorosa. Te recomiendo que veas el vídeo de este reencuentro, emocionante y dramático, una muestra de comunicación sincera de complicidad y de intensos lazos que parece que nunca se rompieron. Asegúrate de que el vídeo que veas tenga de fondo la canción de «Ulay, Oh», inspirada en su historia. No te dejará indiferente... y eso que no te miran a ti.

Solemos tener problemas a la hora de mantener la mirada a otra persona e inicialmente no podemos estar más de tres segundos haciéndolo. Cuando todavía no conocemos bien a alguien, nos cuesta fijar la mirada, y, conforme avanza la relación y pasa a ser de nuestro círculo de confianza, el tiempo que podemos mantener su mirada aumenta de forma directa al incremento de nuestra confianza. De igual forma, cuando algo no nos interesa, nos aburre o decepciona, solemos reducir el tiempo que lo estamos mirando. Si de forma consciente intentamos que ese tiempo vaya aumentando progresivamente, esto será un síntoma inequívoco para los demás de que la relación va creciendo de forma positiva. Si la persona va ganando confianza con nosotros por este hecho, también lo hará nuestra capacidad de influencia en ella.

Existen ciertos movimientos oculares que reflejan lo que le puede estar pasando por la mente a la otra persona (pensar, imaginar, procesar información, tristeza, alegría, interés, etc.). Si durante nuestra conversación observamos que los ojos se mueven a izquierda o derecha, es porque quien lo hace está procesando la información que le estamos transmitiendo y, con ello, podemos tener por seguro que hemos captado su atención. Estas señales nos ayudan a saber que no solo nos están oyendo, sino que también nos están escuchando. La actitud receptiva es fundamental para el éxito de cualquier técnica de persuasión e influencia.

Movemos la cabeza cuando estamos conformes con lo que nos están diciendo. El cuerpo se tensa cuando no nos gusta lo que estamos oyendo. Cruzamos los brazos cuando estamos a la defensiva o en contra de lo que expone la otra persona y abrimos los brazos y mostramos nuestras palmas cuando estamos interesados y receptivos. Escondemos las manos si tenemos algo que ocultar, nos echamos para atrás en la silla si algo no nos interesa, pero nos acercamos cuando nos importa.... Hay muchos signos que hacen ver a los demás nuestro interés o falta de él en lo que están diciendo.

Dominar el lenguaje corporal es no solo conocerlo, sino también emplearlo para reforzar nuestra imagen y mensaje en la otra persona. Como hemos visto, esta información visual puede llegar a ser más importante incluso que las palabras que digamos y puede hacer que alguien se forme una opinión de nosotros antes incluso de escuchar lo que tenemos que decirle. Alineando nuestro lenguaje corporal con el mensaje que queremos transmitir, estaremos comunicando de una manera más eficiente y, por lo tanto, más persuasiva.

Mentes conectadas

Cuando un mono mira a otro, este comienza a imitar su expresión facial. La primatóloga Elisabetta Palagi lo observó en 2009 mientras estudiaba los monos gelada, que habitan en las tierras altas de Etiopía. Es algo que los humanos también hacemos de forma instintiva porque lo hemos heredado de ellos, nuestros antepasados los primates. Claro que no se trata de una actividad consciente, es más bien una forma de conexión emocional, realizada de forma inconsciente por parte de nuestro cerebro, preparado genéticamente para realizar esta acción instintiva.

Cuando estamos junto con otras personas y prestamos la atención suficiente, podemos llegar a sorprendernos viendo cómo imitamos ciertos gestos o cómo estamos siendo emulados en los que realizamos nosotros mismos: sonreír, ciertas posturas, asentir con la cabeza... Es algo que no podemos evitar y que hacemos todas las personas desde que nacemos (Lundqvist y Dimberg, 1995). Los niños son un claro ejemplo de este proceso y es algo que podemos comprobar desde muy temprana edad, cuando imitan de forma muy visible las expresiones de los adultos que les rodean. Conscientes de este hecho, los padres utilizamos un pequeño truco con nuestros bebés a la hora de alimentarlos. ¿Te has fijado cómo abrimos la boca con la intención de que el bebé nos imite y abra también la suya al acercarle la cuchara? Es fantástico ver cómo el acto reflejo le «obliga» a imitar el gesto que está viendo, y también cómo aprovechamos nosotros para «colarle» la comida al mismo tiempo.

Esta tendencia a la imitación puede ser tan habitual y acentuada que llegamos a utilizar la expresión «pareces un mono de repetición» cuando nos percatamos de cómo la otra persona (un niño pequeño por lo general) nos imita continuamente. Las personas y algunos animales utilizamos estas acciones reflejas como un sistema de aprendizaje y de empatía con los demás. ¿Has bostezado alguna vez porque estabas junto a una persona que había empezado a hacerlo? Quién no, ¿verdad? Pues se cree que detrás de este «bostezo contagioso» y de la mayoría de los procesos de imitación están las llamadas neuronas espejo.

Las neuronas espejo

Fue en 1996, en la ciudad de Parma, donde por casualidad se descubrió un tipo de neuronas especiales, lo que hoy se conoce como neuronas espejo (Rizzolatti y Gallese, 1998). La investigación que estaba realizando un neurocientífico con su equipo tenía como objetivo estudiar las neuronas especializadas en el control de los movimientos de la mano. A los monos que formaban parte del estudio se les habían colocado unos electrodos en la corteza frontal interior. Cada vez que un mono agarraba y movía un objeto, algunas células de esa parte del cerebro se activaban, y el monitor registraba un sonido. Durante el estudio sucedió que uno de los investigadores compró un helado y se lo llevó al laboratorio para tomárselo en su tiempo de descanso. El mono comenzó a mirar el helado fijamente, y, cuando el científico se lo llevó a la boca, el monitor volvió a registrar un sonido. Fue algo asombroso, porque el mono no se había movido, solamente había observado cómo el investigador cogía el cono y lo movía hacia su boca. Sin embargo, los sensores indicaban actividad en la zona cerebral que estaban controlando. Lo que estaba sucediendo es que el hecho de que el mono estuviera observando cómo el científico se comía el helado provocaba una reacción en las neuronas del mono como si él mismo se lo estuviera comiendo.

Las neuronas espejo se activan en el cerebro cuando vemos a otras personas realizar una acción determinada. Reaccionan como si nosotros mismos fuéramos los que hubiésemos hecho esa acción. Es como si, gracias a este tipo de neuronas, estuviéramos experimentando nosotros mismos lo que experimentan los demás, aunque en la realidad no lo estemos haciendo. Recientemente, y apoyados en la idea anterior, algunas teorías relativas a las neuronas espejo han venido a concluir que son las responsables, por lo menos en una parte bastante considerable, de generar empatía entre las personas. Cuando percibimos signos de alegría, tristeza, sufrimiento en los demás, se activan en nuestro cerebro las zonas que tienen relación con esa alegría, tristeza o sufrimiento.

Es tal su poder de «imitación mental» que no solo se activan cuando observamos en directo el comportamiento de otra persona, sino también cuando vemos una película o leemos sobre lo que hacen los demás. El sistema espejo te pone en el lugar del otro, y eso es un arma poderosa para cualquiera que sepa cómo utilizarla a su favor.

Por imitación

Como dice el refrán, «donde fueres, haz lo que vieres». Esto viene a sugerir que debemos adaptarnos en lo posible a las culturas locales para ser aceptados y evitar así conflictos por una mala interpretación de nuestras acciones. Si hacemos caso de la sabiduría popular y llevamos este consejo un poco más allá, sería también recomendable hacer algo parecido cuando estemos en cualquier otra situación social. De esta manera, conseguiríamos ser aceptados por los demás debido a la similitud implícita de nuestros gestos, costumbres, actitudes y emociones. Haciéndolo así, crearíamos una mayor conexión con ellos y en consecuencia mejoraría nuestra comunicación. Potenciaríamos de esta forma la sensación de empatía, y por ende nuestra capacidad de influencia, ya que la empatía es uno de los pasos necesarios para generar una influencia posterior.

Imagina que después de terminar de charlar con una persona evaluamos tus sensaciones y los resultados nos indican que son especialmente positivas, no solo hacia la persona con la que has estado hablando, sino también en tu percepción de cómo ha transcurrido la interacción entre ambos. Cuando esto sucede, es altamente probable que, si analizamos el lenguaje corporal de los dos (tanto el tuyo como el de la persona con la que has mantenido la conversación), exista un alto grado de imitación entre el uno y el otro.

Esto es lo que dos investigadores (Chartrand, Tamya y Bargh, 1999) demostraron trabajando con parejas de personas, en las que uno de ellos se había prestado al estudio (sin saber qué se estaba investigando realmente) y el otro era un compañero infiltrado. Este ayudante realizó diferentes entrevistas a distintas personas, donde en algunas ocasiones no imitaba su lenguaje corporal y en otras sí. Como puedes imaginar, el estudio arrojó datos muy interesantes. Cuando llegó el momento de evaluar el carácter y estado de ánimo de la otra persona, la puntuación que obtuvo el infiltrado, por quienes habían sido «imitados», fue considerablemente más alta. Los participantes en estos casos también valoraron como muy positiva la calidad de la conversación mantenida.

Para saber cómo debe ser esa imitación, en líneas generales te diré que en ningún caso deberá ser exagerada, ni debería llegar a poder ser percibida por el otro. Como te he comentado al principio del capítulo, cuando se realiza de forma natural, se trata de una conexión emocional desarrollada de forma no consciente. Es por ello que no deberíamos imitar en exceso, pero sí ser conscientes en todo momento de cómo es el lenguaje corporal del otro y de si el nuestro está acorde o no con lo que estamos observando. El secreto creo que está en la actitud auténtica de querer ponerse de forma sincera en el lugar del otro y en tomar el hábito de escuchar más tiempo del que dedicamos a hablar. Recuerda siempre la famosa frase del filósofo de la Antigua Roma, Epicteto de Frigia, que dice: «La naturaleza ha dado al hombre una lengua, pero dos oídos, para que podamos escuchar el doble de lo que hablamos».

TÁCTICA: Si quieres influir positivamente en la percepción que la otra persona tiene sobre ti, toma el control de tu lenguaje corporal y busca la forma de conseguir que, en la medida de lo posible, esté alineado con el suyo.

La sonrisa, el reflejo del alma

A estas alturas no deberíamos tener ninguna duda de que la sonrisa es una expresión universal que predispone a las personas a mantener una buena interacción entre ellas. Parece algo de perogrullo, lo sé, pero estoy seguro de que, en más ocasiones de las que te hubiera gustado, te has enfrentado a reuniones o encuentros donde a tus interlocutores les costaba esbozar una leve sonrisa. Hay algunas personas que son de la opinión de que sonreír puede ser una muestra de debilidad en la imagen «profesional» que desean transmitir a su entorno. Es como si creyeran que los trabajadores más eficientes no deben sonreír o no se deben divertir mientras trabajan. Estoy totalmente seguro, no solo de que esto no es cierto, sino de que una buena y sincera sonrisa puede ayudarnos a mejorar enormemente las relaciones personales. Bueno, no solo lo pienso yo, afortunadamente cada vez son más quienes saben que es una buena forma de conectar con los demás (Kraut y Johnston 1979; Lau 1982).

En su libro *Laughter. A Scientific Investigation*, el neurocientífico Robert Provine ha estudiado la risa observando cómo, cuándo y por qué las personas reímos. Entre las muchas conclusiones de sus estudios cabe destacar algo que podíamos ya intuir, pero que nadie hasta el año 2001 se había planteado estudiar, que «la risa es una conducta instintiva en todas las culturas, que sucede solo, generalmente, en presencia de otras personas y que facilita enormemente la conexión social con los demás».

Pero no solo facilita el vínculo a la hora de comunicar, sino que ver una cara alegre predispone a las personas a tener una mejor actitud con nosotros, con la empresa que representamos e incluso a recomendar los servicios y productos de nuestra compañía. Se llegó a esta conclusión mediante un estudio (Söderlund y Rosengren, 2008) donde se pedía a los participantes que imaginaran que habían entrado en una agencia de viajes, donde quien les atendía en el proceso de venta sería una mujer. A cada uno se le facilitaba de forma aleatoria una fotografía de la mujer en cuestión. Para unos se trataba de una mujer sonriente; para otros, triste, y en otros casos con una actitud neutra. Los resultados del estudio mostraron que la cara sonriente obtuvo mejores resultados a la hora de evaluar la percepción de la vendedora, así como de la agencia de viajes. Independientemente de las limitaciones y condicionantes que puede tener este estudio, es fácil concluir que deberíamos sonreír más a quienes queremos persuadir o influenciar.

Una sonrisa auténtica no solo estimula nuestro propio bienestar, también comunica a los demás que eres una persona cercana, cooperadora y en la que se puede confiar. La verdadera sonrisa ilumina toda la cara. Es muy probable que, si es sincera, sea respondida con otra, algo que será muy positivo para vuestra relación.

TÁCTICA: Utiliza tu sonrisa durante la comunicación con los demás para reforzar positivamente tus procesos de influencia y persuasión.

Este hecho queda también de manifiesto en los estudios basados en el efecto que tiene la sonrisa a un nivel subliminal en el instante de decidir una compra (Winkielman y Berridge, 2004). Se ha comprobado que una mejora en el estado de ánimo de las personas tiene una implicación directa en su predisposición a adquirir un producto. En el caso de la experiencia realizada por Winkielman y Berridge, se trataba de relacionar consumo de bebidas y sonrisas. Es sorprendente observar cómo los que habían sido expuestos de forma subliminal a caras sonrientes llegaron a beber más cantidad y a pagar más del doble de lo que bebieron y pagaron el resto de las personas, expuestas a caras neutras o tristes. Y es que por qué compramos está en parte condicionado por nuestra respuesta inconsciente ante la irresistible sonrisa del vendedor.

Contagio emocional

Que las emociones se contagian es algo que a mí, particularmente, no me cuesta nada entender. Estoy seguro de que todos hemos experimentado esa sensación en alguna que otra ocasión. Lógicamente, cuando se trata de emociones fuertes, sobre todo relacionadas con la alegría o la tristeza, es más fácil percibir cómo y cuándo se produce ese contagio. Si además la persona que las transmite es alguien cercano, el efecto es mucho más directo. Pero no dudes de que este contagio emocional también se puede producir, y de hecho se produce, entre personas que se acaban de conocer.

Imagina que estás escuchando una conferencia. El ponente es alguien que no conocías, pero rápidamente conectas con él porque empieza a contar algo personal. Algo con una carga emocional importante y que, de alguna manera, ha conseguido captar tu atención. Estás tan dentro de la historia que incluso has comenzado a sentirte identificado, no con la historia particular que estás escuchando, sino con los sentimientos y sensaciones que nos quiere transmitir. Y es que, al igual que nuestro lenguaje corporal, las emociones son una gran herramienta para conmover y mover a las personas que queremos influenciar.

Es muy probable que a lo largo de tu vida te hayas cruzado con multitud de personas que han intentado venderte algún producto o servicio. Si haces memoria e intentas recordar a algunas a las que compraste algo, es muy posible que la pasión (una forma de transmitir emoción) que ponían, tanto en su producto como en la conversación que estaban teniendo contigo, haya contribuido de manera importante al cierre de la venta. Hay a quienes no nos gusta que nos vendan (en su lugar preferimos pensar que compramos), pero si alguien lo quiere intentar, que por lo menos nos inspire o emocione de algún modo.

De la misma forma, imagina que asistes a una presentación donde el ponente, antes de explicarte algunas ideas para mejorar en tu actividad profesional, ha comenzado narrándote como él pasó por algunas dificultades y cómo sus sensaciones y emociones eran muy similares a las que tú sientes actualmente. Es más que probable que haciendo esto, tú estés en una mejor disposición para escuchar sus consejos y aceptarlos como buenos y útiles. Como regla general, preferimos que sean las personas que han pasado antes (emocionalmente) por donde estamos nosotros las que nos ofrezcan su asesoramiento.

TÁCTICA: No pierdas la oportunidad de mostrar las emociones que te permitan posicionar al otro de tu lado. Siempre que puedas añadir un toque emocional a tus presentaciones, discursos, reuniones, etc., estarás haciendo que tu discurso sea más persuasivo.

En resumen, para influir en los demás podemos adoptar la filosofía de guiar mediante el ejemplo, que en pocas palabras significa que, si quieres persuadir a alguien para que sienta, piense o haga algo en una dirección concreta, deberás empezar tú sintiéndolo, pensándolo o haciéndolo primero y, si realmente es algo que te llena y te genera emociones positivas, ten por seguro que muchos te seguirán por «contagio emocional».

Cuestiones para reflexionar

En las conversaciones con los demás, ¿escuchas también con tus ojos o solo con tus oídos?

¿Eres consciente de que existe una mayor conexión cuando tu lenguaje corporal se adapta o imita al de la otra persona?

En la interacción con los demás, ¿sonríes de forma natural? ¿Utilizas tu sonrisa como un arma de persuasión?

¿Eres cauto al mostrar tus emociones a los demás, o por el contrario decides contagiar al resto con ellas?

10

La mente corporizada

La gente me pregunta a menudo cómo consigo hacer cosas tan «imposibles» durante mis presentaciones y espectáculos. Por ética profesional y por convicción personal nunca revelaría aquí los secretos del mundo de la magia, pero, si quieres que realmente comparta contigo algo que parezca realmente imposible, prepárate para lo que vas a leer en este capítulo. Te garantizo que no te va a dejar indiferente porque fue lo mismo que me pasó a mí cuando oí hablar de este tema por primera vez.

Entre las diferentes teorías que intentan explicar cómo los sentidos afectan nuestra percepción de la realidad, una es especialmente interesante desde el punto de vista de la influencia y la persuasión: la cognición corporizada. Es relativamente reciente y considera que nuestro cuerpo no es solo un simple receptor de sensaciones del exterior, sino que es un sistema cognitivo en sí mismo. Esta teoría nos ofrece un punto de vista distinto que nos va a permitir entender y desarrollar novedosas formas de persuadir:

¿El simple hecho de sonreír puede ponernos de mejor humor?

¿Al cerrar el puño, podemos desencadenar una actitud más firme y decidida?

¿Conseguiremos que una persona esté más receptiva ante una nueva idea si antes de proponérsela conseguimos que asienta varias veces con la cabeza?

¿Puede que tener una taza de café caliente entre mis manos me haga ver a la otra persona más amable, cálida y receptiva?

Son cuestiones que *a priori* pueden parecer extrañas y sin sentido, pero al final de este capítulo sabrás cómo responderlas positivamente gracias al papel que desempeña nuestro cuerpo en la percepción de la realidad.

¿Cómo piensas que piensas?

Más adelante responderé con detalle a las anteriores cuestiones, pero antes tenemos que detenernos un instante en analizar en qué consiste la actividad de pensar. Durante mucho tiempo, se dio por hecho que los seres humanos éramos como los ordenadores, seres perfectamente lógicos y racionales. Es lo que Alan Turing en los años cincuenta definió en su libro *Computing machinery and intelligence* como la «metáfora mente-ordenador». El planteamiento de esta teoría se puede resumir de forma sencilla en la siguiente idea: el cerebro sería el *hardware* y las estructuras mentales que organizan toda la información serían el *software*.

Según Turing, para adquirir el conocimiento y procesar la información, se seguirían las siguientes tres etapas secuenciales:

- Etapa de percepción: consiste en registrar todo lo que percibimos a través de los estímulos (visuales, olores, sonidos...).

- Etapa de pensamiento: la información anterior se almacena en forma de representación mental. Esta es una etapa de manipulación simbólica como si fuéramos un ordenador que hace cálculos.

- Etapa de acción: del procesamiento simbólico se deriva una orden concreta motora que el cuerpo realiza.

Es decir, según esta teoría, cualquier información que provenga del exterior, como una palabra, una imagen, una señal, es captada por los sentidos y transformada en un símbolo. Este símbolo se procesa y pasa a la memoria, donde se almacena. Dar este símil «mente-ordenador» por bueno supone aceptar que siempre estamos analizando, incluso en nuestra interacción con los demás. De esta forma, el intercambio comunicativo se reduce a un proceso continuo de codificación y decodificación de mensajes.

Ha sido recientemente cuando algunos científicos han planteado la posibilidad de que esta metáfora no sea del todo exacta. ¿Por qué? Porque, como los ordenadores, podemos ser muy eficientes procesando la información, pero no se debe olvidar que simultáneamente tiene lugar una experiencia corporal que, según estos expertos, debe formar parte de ese proceso. Así que, a finales de los años ochenta, la teoría «mente-ordenador» empezó a quedar relegada a un segundo plano cuando una pequeña comunidad de científicos planteó un nuevo punto de vista. Argumentaron una hipótesis según la cual los procesos cognitivos están enraizados en la experiencia corporal. Es decir, no solo sirven para alimentar la cognición, sino que son cognición en sí mismos. El cuerpo pasó así de ser visto como un simple receptáculo de sensaciones del exterior a considerarse un sistema cognitivo integrado. Esto sería una sencilla descripción de lo que propone la teoría de la cognición corporizada.

La ilusión de la mano de goma

Cuando percibimos información del exterior, los humanos le damos especial importancia a nuestro sentido de la vista. Pero ¿hasta qué punto podemos fiarnos de él? Sobre el escenario he sido consciente de cómo este sentido engaña en multitud de ocasiones al espectador e imagino que tú mismo podrás recordar alguna ocasión donde también te haya sucedido.

Hay diversos experimentos que demuestran hasta qué punto esto es cierto. Entre ellos, uno a todas luces me parece el más didáctico e interesante. Se conoce como la «ilusión de la mano de goma» (Botvinick y Cohen, 1998). La experiencia tenía como objetivo principal comprender cómo nuestro cerebro realiza la percepción sobre nuestro cuerpo y su posición en el espacio. Para ello, se trabajó con voluntarios que, sentados en una mesa y con la mano izquierda oculta por una tabla vertical, podían ver una mano de goma de tamaño natural como si fuera la suya propia. Con dos pequeños pinceles, los investigadores acariciaban la mano de goma que el voluntario estaba viendo, y, al mismo tiempo, acariciaban también esas mismas zonas en la mano izquierda oculta. Creían que la caricia que sentían era provocada por el roce del pincel en la mano de goma. Sentían por lo tanto que la mano de goma era realmente su mano.

La experiencia continuaba con un intento del investigador de golpear la mano de goma con un martillo. Aquí es donde el experimento se pone más interesante. El voluntario, al ver lo que iba a pasar, sentía miedo y retiraba con rapidez su mano izquierda, la real, debido al instinto de protección del cerebro frente a una amenaza aparentemente real.

Con la «ilusión de la mano de goma», uno de los «engaños» al cerebro más conocidos, vemos lo complicado que es percibir realmente cómo somos, qué nos integra y cómo se puede alterar la percepción a través de la información que recibe nuestro cerebro. Es el análisis realizado por nuestro cerebro, donde predomina el sentido de la visión, el que termina haciéndonos creer que la mano de goma es nuestra propia mano.

El cerebro integra el *feedback* visual con el táctil, y, al experimentar el miedo por ser golpeado, envía la orden de retirar rápidamente la mano. El cerebro construye su idea del mundo incluyendo como parte fundamental de este su propio cuerpo.

Conciencia corporal

Aunque, como acabamos de ver, hay cierta jerarquía en los sentidos, y, de algún modo, la vista está «más valorada» que el resto, en realidad, los humanos necesitamos de toda la información proporcionada por nuestros sentidos para percibir adecuadamente el mundo que nos rodea. Para conocer la posición del cuerpo y de sus partes, el cerebro integra datos de la visión, del tacto y del sistema de propiocepción (unas células sensoriales situadas por todo nuestro cuerpo). Esta recopilación de datos permite a nuestra mente situar nuestro cuerpo y sus partes en relación con el entorno.

Nuestro cuerpo es el único nexo real con el mundo, por eso la mente depende principalmente de él para obtener la información a través de los sentidos. Por ello, el interés en las cosas que nos suceden es un interés corporal. El cuerpo es lo que hace que el mundo real sea relevante para nosotros.

Básicamente empleamos esta conciencia corporal para poder interactuar de forma correcta con el entorno que nos rodea. Es algo que se pone claramente de manifiesto cuando nos relacionamos con los demás. Mantenemos de forma automática una distancia corporal, que regulamos según se trate de un auténtico desconocido o de una persona más cercana. Es algo que hacemos de forma automática. Nuestro cuerpo sabe exactamente qué distancia es la óptima, sin que el cerebro tenga que pensar conscientemente sobre ello. Seguro que has experimentado alguna vez una sensación incómoda cuando alguien invade tu espacio corporal, y es que, a veces, la otra persona se siente con la confianza suficiente para tocarte o acercarse más allá de lo que nosotros hemos decidido como una distancia aceptable.

TÁCTICA: Vigila la distancia corporal que mantienes con las personas que te rodean. Sobrepasar ese límite invisible puede causarte dificultades, pero ten en cuenta que tu objetivo es ir reduciéndola para aumentar tu capacidad de influencia.

¿Cómo podemos persuadir a través de la cognición corporizada?

Una experiencia emocional es un evento complejo compuesto por aspectos tanto psicológicos como fisiológicos o ¿acaso no sentimos mariposas en el estómago cuando nos enamoramos?, ¿no se nos hace un nudo en la garganta al vivir una tragedia?, ¿no sonreímos cuando sentimos felicidad o alegría? Sabemos que una emoción puede activar los músculos faciales y corporales, pero ¿y al revés? ¿Es posible que el pensamiento se pueda ver afectado de algún modo por el simple hecho de mover la musculatura?

La cognición corporizada asegura que la mente y el cuerpo están entrelazados. Típicamente se asume que la mente influencia el cuerpo, como sucede con la citada sensación de mariposas en el estómago al enamorarnos. Pero, aunque ahora te resulte difícil de creer, la relación también funciona en sentido contrario. Es decir, nuestro cuerpo y la postura que adopta pueden influir en nuestros pensamientos, percepciones, actitudes y muchos otros mecanismos cognitivos. Ya lo decía mi madre: «Javi, ponte recto para estudiar».

Para comprender mejor este concepto y ver su potencial en el mundo de la persuasión y la influencia, vamos a estudiar a continuación algunos ejemplos concretos.

El *feedback* facial

Considero que todos tenemos la obligación de intentar mejorar nuestra felicidad y bienestar personal. Es algo que debemos hacer con consistencia. Admito que, a pesar de que yo me esfuerzo en conseguirlo, no puedo evitar tener mis días malos. En fin, no se puede ser feliz constantemente... En esos momentos de bajón, siempre me acuerdo del experimento conocido como el «*feedback* facial», y me obligo a sonreír durante un tiempo, aunque no me apetezca.

Quizá te parezca que solo el hecho de sonreír difícilmente puede mejorar tu humor, pero esto fue precisamente lo que varios investigadores decidieron analizar a finales de los años ochenta (Strack, Martin y Stepper, 1988). Descubrieron que las evaluaciones que 92 estudiantes dieron sobre cuatro chistes de Gary Larson, el creador de la tira cómica «The Far Side», fueron diferentes según se les estuviera o no «obligando» a sonreír. Para ello, se les pidió que sostuvieran un bolígrafo con los labios (inhibiendo así la sonrisa) o entre los dientes (provocando la sonrisa). Los resultados obtenidos demuestran que inhibir la sonrisa había amortiguado la diversión, ya que quienes sostenían el bolígrafo con los labios evaluaron los chistes como menos divertidos, frente a aquellos que lo hacían entre los dientes, que dieron las máximas puntuaciones a las viñetas. Los investigadores concluyeron que activar los músculos típicamente relacionados con la sonrisa tiene un efecto moderado pero fiable en las experiencias que sentimos.

Así que, aunque te resulte difícil de creer, ten en cuenta que la contracción de la musculatura facial no solo refleja tus emociones, también contribuye a que las experimentes. Y puedes utilizar este hecho para mejorar tu humor en determinadas situaciones. Cuando estés enfadado, oblígate a sonreír. Recuerda que la cara envía un importante *feedback* al cerebro, el cual utiliza esa información para interpretar el mundo. Al cabo del tiempo verás cómo consigues mejorar tu humor y empezarás a ver las cosas de otra manera.

TÁCTICA: Procura sonreír cuando tengas ocasión o simplemente cambia a una actividad que te lleve a hacerlo: llama a un amigo o vete al cine a ver una comedia... ¡Oblígate a sonreír! Empezarás a ver las cosas de otra manera.

Como hemos visto, la sonrisa es muy importante en la comunicación y en la percepción de los demás sobre nosotros. Pero no solo influimos en los demás con nuestra sonrisa, también lo hacemos si conseguimos provocar que sean ellos quienes sonrían: al cambiar su musculatura facial, también mejorará su humor y empezarán a ver las cosas con una actitud más positiva.

TÁCTICA: Antes de presentar una proposición a alguien, intenta provocar que te sonría. Sin ser consciente, conseguirás mejorar su humor y así tendrá un punto de vista más abierto y optimista hacia tu propuesta.

El *feedback* de la postura corporal

Durante el discurso de Nixon en el que se defendía a sí mismo del escándalo de Watergate, después de decir: «*I am not a crook. I have earned everything I have got*» (No soy un ladrón. He ganado todo lo que tengo), inmediatamente se le puede ver dar un paso atrás en el podio y cruzar los brazos, como si quisiera hacer la declaración y retirarse sin más preguntas o consultas. ¿No te recuerda a lo que hacen los niños cuando les están riñendo y rápidamente se tapan los oídos para evitar escuchar lo que no quieren oír?

Este es un ejemplo muy representativo por ser Nixon la persona implicada, pero todos los días podemos observar otras reacciones corporales en los demás y en nosotros mismos. ¿Cómo reaccionarías si alguien te apunta con un arma? La mayoría de la gente pondría las manos arriba enseñando las palmas. Es la postura empleada para comunicar que se está indefenso, se es inofensivo y no hay nada que esconder. Ponemos las manos lejos del cuerpo y abiertas, como queriendo decir «estoy limpio». Por el contrario, la gente oculta su pecho, cruzándose de brazos, cuando se ponen a la defensiva o están cerrados de mente. Sirve como símbolo de protección para evitar que nueva información penetre en sus pensamientos.

Pero ¿qué sucede cuando hay inconsistencia entre nuestro estado de ánimo y el lenguaje corporal? Hay estudios que demuestran que, en ese caso, tendemos a confiar en nuestro lenguaje corporal. Veamos un llamativo experimento en el que se dijo a un grupo de 40 hombres que iban a medir los latidos de su corazón mientras veían imágenes de chicas semidesnudas (Valins, 1967). La frecuencia cardiaca presumiblemente se estaba midiendo utilizando un micrófono pegado al pecho de los voluntarios y con un amplificador se reproducían los sonidos del corazón. Los voluntarios pensaban que se estaban grabando estos «sonidos cardiacos», pero, en realidad, estaban pregrabados y se reproducían a través de un altavoz. Se les indicó que, debido a un error de configuración de los instrumentos, ellos también iban a escuchar sus corazones latiendo, pero que debían ignorar esos sonidos. Hay que recordar que el estudio es de 1967, con la tecnología un «poquito» menos desarrollada que ahora... Era mucho más fácil hacerles creer que el sonido falso, que estaba siendo controlado por los investigadores, eran sus propios latidos del corazón. De hecho, todos los voluntarios, excepto dos, aceptaron los falsos latidos como verídicos.

En la experiencia, a los hombres se les mostraron diez fotos de chicas de la revista *Playboy*. Los investigadores aumentaron intencionadamente sus latidos en cinco de esas diez imágenes. Sorprendentemente, se evaluaron mejor las imágenes de desnudos donde sus corazones habían «reaccionado» con más entusiasmo al verlas. Como parte del experimento, al final de la sesión, se dijo a los voluntarios que podían llevarse cinco de las fotografías, pero que vinieran a recogerlas al cabo de dos meses. Cuando volvieron a por ellas, se les pidió que cogieran las imágenes que más les gustaran en ese momento. Prácticamente todos eligieron las correspondientes a sus falsos latidos acelerados, insistiendo en que realmente eran las que más les gustaban. La influencia fue tan fuerte que aún preferían esas mismas fotos cuando se les preguntaba bastante tiempo después.

¿Cómo se puede explicar este hecho? Incluso cuando las respuestas biológicas son incorrectas o fingidas, todavía tendemos a confiar en ese *feedback*, desarrollando estados emocionales que sean congruentes con ellas. El experimento anterior lo demuestra: ajustamos nuestra mentalidad mediante el examen de nuestros comportamientos corporales. Este hecho puede sernos de mucha utilidad si queremos persuadir a alguien, porque, sabiendo que las personas utilizan la información de sus reacciones internas de ese modo, podemos utilizar su lenguaje corporal a nuestro favor.

Imagina que quieres pedir algo a tu jefe. Si lo haces cuando tenga los brazos cruzados, como esta posición la asociamos con estar a la defensiva, podría desencadenar una mentalidad inflexible hacia tu petición. Será mucho mejor si esperas hasta que su lenguaje corporal sea más propicio a la persuasión. Aguarda hasta que sus manos estén vacías, sin sostener un objeto o escribir con el móvil, y su pecho esté expuesto, con los brazos sin cruzar. Busca o llévale a situaciones donde esté más receptivo corporalmente. Estas posturas pueden desencadenar una disposición más agradable y abierta a tu propuesta.

TÁCTICA: Busca la postura corporal adecuada en las personas que quieres persuadir para evitar rechazos basados en su actitud corporal.

El *feedback* del movimiento corporal

Cuando estoy sobre el escenario realizando alguna demostración de mentalismo, hay momentos en los que necesito que alguien del público esté de acuerdo con mis afirmaciones (lo siento, no preguntes por qué, no puedo contártelo). Y para ello me apoyo en algunas técnicas que me aseguran que el espectador va a estar conforme con lo que yo estoy diciendo. Entre las que he estudiado, hay una que tiene su explicación científica en la cognición corporizada. Nace de un experimento realizado con 72 estudiantes para averiguar si, al hacerles mover horizontal o verticalmente la cabeza, gesto que coincide con negar o asentir, se conseguía influirles para que estuvieran menos o más de acuerdo con lo que estaban escuchando (Wells y Petty, 1980).

Para la experiencia era necesario inducirles a hacer el movimiento sin que conocieran el propósito real del estudio. Por ello, los participantes creían que intervenían en una investigación sobre la calidad de unos auriculares y que tenían que evaluar si eran incómodos o creaban distorsiones del sonido cuando el oyente estaba realizando movimientos. Los resultados mostraron que comparado con las personas que mueven sus cabezas de lado a lado, los que asienten con la cabeza desarrollan una actitud más positiva hacia el mensaje que escuchan. El motivo es que existe una fuerte asociación entre asentir con la cabeza y estar de acuerdo.

Es decir, las personas ofrecen menos resistencia a nuestras solicitudes cuando están realizando un movimiento de cabeza vertical que cuando es horizontal. Por lo tanto, conseguir que la gente asienta con la cabeza antes de hacerles una petición puede desencadenar un estado mental más conveniente para conseguir que tu petición posterior sea aceptada.

¿Cómo podemos conseguir que nuestro interlocutor mueva la cabeza arriba y abajo? Lo bueno es que, en las conversaciones que tenemos habitualmente, la gente tiende a asentir con la cabeza no solo para indicar que está de acuerdo con lo que está escuchando, además es una señal no verbal con dos significados: sirve para indicar al interlocutor que siga hablando, y ocasionalmente también se hace para demostrar que se está interesado en lo que la otra persona está diciendo. Así que, durante los momentos previos a la solicitud real, se puede condicionar a la otra persona para que asienta con su cabeza, utilizando los silencios y el arqueo de cejas durante la conversación para comunicar no verbalmente que esperas que otra persona responda a lo que has dicho. Además, esos frecuentes asentimientos de cabeza producirán cierto tipo de inercia y tu interlocutor se sentirá más motivado para permanecer consistente y responder afirmativamente a lo que le has pedido.

TÁCTICA: Si tienes que realizar una petición a otra persona intenta que asienta con su cabeza varias veces antes de plantearla. Puedes conseguirlo utilizando pausas y silencios, o arqueando las cejas y buscando su mirada. Incluso puedes mover tú la cabeza de arriba abajo para que él, por imitación, haga lo mismo.

Porque yo lo valgo

Imagina que estás a punto de hacer una presentación para toda tu empresa. Tus compañeros, directores y hasta algunos clientes están allí para verte. No estás muy acostumbrado a hablar en público y empiezas a sentirte pequeñito. En tu cabeza comienzan a aparecer creencias limitantes y surge la sensación de mariposas revoloteando en tu estómago. Dicen que una pequeña ración de nervios es positiva porque te mantiene alerta, pero en exceso pueden llegar a perjudicarte seriamente. En ese momento te das cuenta de lo mucho que te gustaría salir al escenario con una actitud segura y triunfadora. Si conocieras los estados corporales que te pueden ayudar a cambiar tus pensamientos y actitudes, ¿no intentarías aplicarlos para salir al escenario sintiéndote grande y poderoso?

Desde el punto de vista de la cognición corporizada, el *feedback* corporal puede influir incluso en el concepto que uno tiene de sí mismo. Para probar esta idea, se realizó un estudio que investigaba si el gesto del puño alzado, asociado con poder, provocaba que los participantes masculinos se percibieran a sí mismos como más asertivos y poderosos (Schubert y Koole, 2009).

Con el fin de conseguir el gesto discretamente, se recurrió a un juego infantil muy conocido por todos: «piedra-papel-tijera». Dependiendo de la condición experimental, se pidió a los participantes mostrar bien una roca (la aplicación de la condición puño) o unas tijeras (un gesto neutro), y mantener ese gesto durante todo el experimento. El estudio concluyó que los que cerraban el puño se describían a sí mismos como más asertivos y socialmente estimados que cuando hacían el gesto neutral. En definitiva, levantar un puño les llevó a adoptar conceptos más poderosos de sí mismos, una clara evidencia de que la concepción que tenemos las personas sobre nosotras mismas está también basada en nuestras experiencias corporales.

Quizá la actitud más fuertemente asociada con una postura corporal es el orgullo. Cuando hemos logrado nuestra meta o estamos realmente satisfechos, tendemos a adoptar una posición erguida. Sin embargo, cuando nos sentimos nerviosos o inseguros, el cuerpo adopta una postura encogida, parece como si incluso se redujese de tamaño. Ahora sabemos que, aunque parezca difícil de creer, adoptar estas posiciones puede desencadenar las correspondientes actitudes.

De hecho, los recientes programas de formación *mindfulness*, orientados a aumentar la conciencia consciente del yo, incluyen típicamente procedimientos que cambian las posturas corporales de las personas y sus patrones de respiración. Así, estos programas de capacitación reconocen la importancia de la corporización para conseguir provocar un cambio en la autopercepción. Tal y como atestigua la investigación del puño en alto, las posturas y movimientos pueden ser una potente forma de cambiar la visión que tiene una persona de sí misma.

TÁCTICA: Si te sientes nervioso o inseguro en una situación determinada, puedes aliviar esa sensación cambiando tu postura. Si te sientas erguido y adoptas una pose expansiva, desencadenarás una actitud congruente de confianza y podrás superar tu nerviosismo.

También podemos intentar cambiar la posición corporal de nuestro interlocutor para intentar llevarle a adoptar actitudes más favorables a nuestras peticiones. Una estrategia puede ser citar a las personas en lugares distendidos, muy diferentes del ambiente de la oficina. No solo la percepción del lugar, distinto de su entorno habitual, puede crear una percepción más favorable, también ayudará la postura que adoptará en esa situación si hay un sillón, una barra de bar o si estamos dando un paseo.

TÁCTICA: Un cambio de postura corporal en la otra persona puede provocar un cambio en su actitud. Si crees que sentado a la mesa de su despacho tu jefe estará reacio a una propuesta que tienes en mente, quizá sería una buena idea invitarle a un café o a dar un paseo para conseguir que cambie de postura.

Como regla general siempre es mejor llevar a alguien a adoptar una postura más distendida, relajada, natural, donde se pueda expresar con naturalidad sin ningún tipo de obstáculo que lo impida. Esa posición corporal expansiva ayuda a que la persona adquiera por sí misma una actitud más abierta debido a lo que su cuerpo le está sugiriendo en función de la postura que ha adquirido. Lo contrario, una posición cerrada y limitada, provocará la misma actitud en la persona, ya que como hemos visto nuestro cuerpo utiliza esa información corporal para percibir el entorno.

Mejor con una taza de café

¿Sabes de qué depende que nos acordemos con más o menos afecto de alguien? ¿Por qué crees que la sensación de calidez está presente cuando pensamos en quienes queremos? Es importante conocer la respuesta a estas preguntas, porque el nivel de confianza que vayan a depositar en nosotros dependerá en gran medida de que hayamos conseguido previamente dejar esta sensación cálida en los demás.

Efectivamente, que alguien se haya formado la impresión de calidez sobre una persona es uno de los rasgos de personalidad más poderosos para decidir si se puede confiar en él, ya sea un extraño, un conocido o un amigo. Es una percepción automática, que se realiza siempre, aunque no tengamos intención de hacerla conscientemente. Cuando percibimos a alguien como una persona cálida, notamos sus intenciones favorables hacia nosotros, su amabilidad y confiabilidad. Por eso, decimos naturalmente que alguien es «cálido» cuando nos referimos a un amigo o alguien digno de confianza, o «frío» en el caso de un enemigo o alguien de dudosa confianza.

Todavía no se sabe muy bien por qué el calor es una dimensión tan central en la percepción de los demás y en el comportamiento interpersonal. Todos conocemos la importancia del contacto corporal con los padres durante la infancia para las relaciones saludables en la edad adulta. Más allá de satisfacer el cuidado primario de hambre y sed, hay una necesidad innata de contacto físico directo. Debido a esta cercanía frecuente con los padres al inicio de la vida, se desarrolla una asociación mental entre los conceptos de calidez física y calidez psicológica.

Ahora bien, ¿es posible que experimentar el calor físico promueva de forma inconsciente una relación interpersonal más cálida? ¿Las experiencias corporales de temperatura afectan las impresiones que uno tiene de otras personas? Para responder a estas preguntas, se realizó un estudio en el que 41 estudiantes sostuvieron brevemente una taza de café caliente (o helado), y analizaron cómo afectaba a sus sentimientos de calidez (o frialdad) interpersonal (Williams y Bargh, 2008).

En la experiencia, se citó a cada participante en el vestíbulo de un edificio, donde eran recibidos por una persona que llevaba una taza de café, un portapapeles y dos libros de texto. La taza de café tenía una de las dos condiciones de temperatura: caliente o helado. Durante el viaje en ascensor hasta el cuarto piso, se les preguntaba casualmente si podían sostener la taza de café, para tomar nota de su nombre y participación. Después de haber registrado los datos, los participantes devolvían la taza y se les acompañaba hasta una sala, donde recibían un cuestionario. Allí, tenían que indicar diez rasgos sobre la personalidad de la persona que les había recibido. Los resultados mostraron que los voluntarios que habían sostenido brevemente la taza de café caliente percibieron a quien les acompañó en el ascensor como significativamente más cálido que los que habían sostenido la taza de café helado.

Este resultado está de acuerdo con las investigaciones recientes que apuntan a la participación de la corteza insular del cerebro no solo en el procesamiento de la información de la temperatura física, sino también en el de la calidez interpersonal. Por eso, una breve experiencia física de calor o frío influye de modo inconsciente en los juicios interpersonales posteriores sobre otra persona. Los teóricos de la cognición corporizada consideran que, debido a las primeras experiencias infantiles, que nos proporcionaron calidez, refugio, seguridad y alimentación, cuando alguien siente calor (por ejemplo, porque sostiene una taza caliente o se está dando un baño relajante), puede activar recuerdos de otros sentimientos asociados, como son la confianza y la comodidad.

Es fácil para todos identificar situaciones donde la calidez nos ha ayudado a mejorar nuestra sensación de bienestar, confianza y comodidad tanto corporal como mental: tomar un café «reconfortante», una sala «confortablemente» cálida, contar historias «personales» alrededor de la hoguera, etc. Cuidar en detalle la sensación de calidez percibida por los demás nos va ayudar a reforzar en ellos los sentimientos de confianza, comodidad y seguridad hacia ellos mismos, el entorno, la situación y por lo tanto también hacia nosotros.

Actitud corporal

Ahora ya conoces que la mente utiliza el cuerpo para dar sentido a sus procesos cognitivos, y cómo la percepción de uno mismo o los juicios sociales pueden verse influenciados por sensaciones y acciones físicas aparentemente irrelevantes, como sonreír, levantar el puño o sostener algo cálido. Es posible que seas escéptico frente a la cognición corporizada. Quizá tus sensaciones físicas y tus movimientos te resulten demasiado triviales para darte cuenta del efecto que ejercen en tu mente. En el día a día no nos paramos a comprobar en qué tipo de silla nos han sentado ni cuál es la temperatura o la disposición de la sala donde estamos. Pero, si lo hiciéramos, nos daríamos cuenta de que nuestras actitudes pueden estar siendo condicionadas por todo ello.

Pero lo cierto es que, aunque no siempre seamos conscientes de cómo están afectando nuestros estados corporales a nuestra cognición, las sensaciones físicas y el movimiento corporal ejercen una gran influencia sobre lo que sentimos y pensamos. Este reconocimiento ha llevado al desarrollo de nuevas teorías, que, una vez conocidas, puedes utilizar para influenciar a otras personas.

Hazte la siguiente pregunta: ¿los gruñones lo son solo por su situación personal y en consecuencia fruncen el ceño?, o por el contrario, ¿alguien es un gruñón porque tiene por costumbre fruncir el ceño continuamente? Sea como sea, te recomiendo que dejes de hacerlo para dejar de serlo.

Cuestiones para reflexionar

Sé consciente de cómo manejas la «distancia corporal» entre tú y las personas con las que te relacionas... ¿Podrías reducirla para ir ganando confianza?

Cuando mantienes una conversación con alguien, ¿buscas una oportunidad para generar algún contacto físico (dar la mano, tocar el hombro, etc.) que aumente la sensación de cercanía entre ambos?

¿Eres una persona que siempre tiene una sonrisa en la cara? ¿Consigues que las demás personas sonrían en tu presencia? Recuerda que la actitud física puede ayudar a generar la actitud mental buscada.

¿Observas lo que dice de la gente su comunicación no verbal? Si su postura te esta diciendo que está enfadado, espera a otro momento donde su lenguaje corporal sea propicio para realizarles una petición.

¿Puedes crear las condiciones necesarias para predisponer físicamente a tus invitados a estar más receptivos a tu propuesta?

11

Si no le gustan mis principios, tengo otros

«Estos son mis principios. Si no le gustan, tengo otros.» Aunque erróneamente se le suele atribuir la cita al gran Groucho Marx, realmente no está claro el origen de esta magnífica frase, que apareció por primera vez en el periódico semanal *New Zealand Tablet* en 1873. Personalmente, es una frase que me encanta, aunque siempre me deja una sensación agridulce, porque aun siendo divertida también me hace pensar. Sabemos que a las personas no nos resulta fácil deshacernos de nuestros principios. Bueno, me refiero a las personas normales, porque también sabemos que hay quienes sí pueden hacerlo sin mayores remordimientos. Los solemos llamar falsos y no nos gusta que estén entre nosotros. Aunque si tenemos que ser sinceros... que tire la primera piedra el que esté libre de pecado y no lo haya hecho en alguna ocasión.

En la vida diaria nos enfrentamos a situaciones donde se ponen a prueba nuestros principios. Si en alguno de esos casos respondemos con una acción que es inconsistente con nuestros valores, nos sentimos mal y, no conformes con ello, intentamos resolverlo de alguna manera que nos permita dejar de encontrarnos así. En una especie de autoconvencimiento buscaremos, si es posible, otras reglas a las que agarrarnos. Por ejemplo, mira a ver si te suena algo de esto:

- Has tomado la decisión de salir a correr para hacer algo de deporte pero al tercer día hace más frío de lo habitual. Decides que no vas a entrenar. Puedes entonces justificar tu conducta diciéndote que no tienes ropa de deporte adecuada y que no quieres enfermar porque tienes una semana muy ocupada.
- Vas conduciendo y te saltas un semáforo en rojo. Puede que te digas a ti mismo que no te daba tiempo a detener el vehículo sin poner en peligro al coche de atrás y preferiste acelerar.
- Has empezado una dieta y has decidido no tomar alcohol. Pero llega el fin de semana y te pides un cóctel Dry Martini con el aperitivo. Puedes convencerte de que te lo mereces por la semana tan dura que has pasado y que en el fondo tampoco va a afectar demasiado al resultado final.

Las personas necesitamos ser consecuentes con nuestros valores y principios. Y cuando tomamos una decisión contraria a ellos, buscamos cómo solucionarlo anclando esas acciones a otras posibles actitudes o valores que nos puedan ayudar a solucionar la inconsistencia. Lo que estamos haciendo es buscar un remedio para evitar la disonancia cognitiva que se ha planteado en nuestra mente.

La disonancia cognitiva y el autoengaño

Se produce una disonancia cognitiva cuando existe falta de armonía interna entre las ideas, las creencias y las emociones, al tener en el mismo instante dos pensamientos que entran en conflicto, o también por un comportamiento que está en conflicto con nuestros ideales. Según la teoría de la disonancia cognitiva expuesta por Leon Festinger (Festinger, 1957), las personas tenemos una fuerte necesidad interior que nos empuja a asegurarnos de que nuestras convicciones, actitudes y conductas son coherentes entre sí. Intentamos continuamente mantener nuestra consistencia interna, queremos ser congruentes y consistentes con nuestros valores y principios.

Esta disonancia puede llevar a las personas a intentar cambiar su conducta y a defender sus actitudes para reducir la incomodidad interior que se está produciendo. Todo esto puede conducirnos a una situación donde aceptemos la mentira como una verdad (autoengaño). Por ejemplo, seguro que has hablado alguna vez con un fumador o incluso puede que tú mismo lo seas. La disonancia a la que se enfrentan se produce entre estas dos ideas: «fumar es perjudicial para la salud» y «tengo que cuidar mi salud». Cuando el fumador sigue haciéndolo, suele ser porque se autoconvence con la idea de que «no me trago el humo», «me relaja» o incluso en algunas ocasiones alguna barbaridad del tipo «de algo hay que morir».

Festinger demostró en una experiencia, ahora ya clásica en el mundo de la psicología social, cómo funciona la disonancia cognitiva. El estudio consistía en formar tres grupos y poner a trabajar a sus integrantes en una actividad muy aburrida y tediosa. Cuando terminaron la prueba, un investigador les preguntaba qué les había parecido la tarea. Como era de esperar, todos opinaban que les había parecido algo muy aburrido. Posteriormente a estas declaraciones, se prepararon las siguientes situaciones:

- Al primer grupo (grupo de control) se le dijo que el experimento había terminado y que se podían marchar a casa.

- Al segundo se le comunicó que había una persona que iba a realizar también la tarea y tenían que mentirle. Los investigadores les darían 1 dólar si le decían que el ejercicio había resultado divertido.

- Al tercer grupo también se le dijo que alguien más iba a realizar posteriormente el trabajo, pero en este caso, en vez de 1 les daría 20 dólares si le mentían diciéndole que la actividad que iba a realizar era divertida.

Así que, tanto al segundo como al tercer grupo, los investigadores les pidieron que actuaran de una forma que no era consistente con sus principios o valores personales (mentir a alguien).

Lo que aquí nos dice la lógica es que, seguramente, los que recibieron más dinero mintieron más y mejor que los que recibieron solo 1 dólar de recompensa. Pero no fue así. En este estudio se pone de manifiesto como, en algunas ocasiones concretas, una recompensa menor puede mover más a las personas para cambiar su actitud y comportamiento.

Pasada una semana, se volvió a citar a los tres grupos para preguntarles de nuevo qué les había parecido la actividad que habían realizado:

- Los del primer grupo contestaron lo mismo. El ejercicio que realizaron había sido aburrido.
- Los del segundo afirmaban que la tarea había sido divertida.
- En el tercer grupo, al igual que el primero, seguían pensando que el ejercicio había sido aburrido.

Curioso, ¿verdad? Déjame que te pregunte algo: ¿Por qué crees que en el tercer grupo, los que recibieron 20 dólares por mentir, seguían pensando que se trataba de un trabajo aburrido? Y entonces... ¿por qué crees que los que recibieron solo 1 dólar por mentir cambiaron de pensamiento y dijeron que la actividad les había parecido divertida?

La explicación que ofreció Festinger revolucionó el mundo de la psicología social y abrió nuevos campos de estudio para la investigación de la conducta humana y la motivación. La causa por la que el tercer grupo no modificó su percepción del experimento es porque no se vio afectado por la disonancia cognitiva. Al haber sido pagados con 20 dólares, ya tenían algo a lo que agarrarse para justificar por qué su conducta (la mentira) no fue consistente. Se dijeron a ellos mismos «he mentido a cambio de los 20 dólares que me han pagado».

Pero el segundo grupo no lo tuvo tan fácil, ya que, como solo les pagaron un dólar, no pudieron utilizarlo como justificante para el engaño. En este caso, es cuando apareció la disonancia cognitiva, que les obligó a modificar su percepción, pasando a considerar el trabajo divertido para así justificar de alguna forma la mentira que habían dicho. Como no podían cambiar su conducta tuvieron que cambiar su actitud frente al ejercicio y por eso ahora les parecía divertido.

> *TÁCTICA: La próxima vez que tomes alguna decisión que no sea consistente con alguna de tus actitudes, valores o principios, estaría bien que fueras crítico con esa vocecita interior que te habla dentro de tu cabeza y que intenta justificar por qué te estás comportando de esa manera.*

Consistencia

No creo que a nadie le extrañe la idea de que las personas tenemos una tendencia natural a ser coherentes con nosotros mismos y que queremos, siempre que nos sea posible, ser y parecer congruentes. Para conseguirlo, todos funcionamos poniendo en práctica una regla básica: el principio de consistencia, por el que «una vez que hemos tomado una postura o decisión, nos encontramos con presiones personales e interpersonales para que nos comportemos de acuerdo con el compromiso adoptado» (Fazio, Glascovich y Driscoll, 1992). De tal manera que, como hemos visto anteriormente al hablar de la disonancia cognitiva, encontraremos la forma de justificar nuestra decisión para convencernos a nosotros mismos de que hemos tomado la resolución correcta. Así podremos sentirnos más cómodos con ella.

Imagina que estás trabajando con tu portátil en una cafetería cuando te entran unas ganas irrefrenables de ir al cuarto de baño. ¿Tú qué haces en esas situaciones? Si no hay más remedio, puede que le digas a la persona que tienes más cerca que, por favor, le eche un ojo a tus cosas mientras que vas un momento al aseo. Si accede, en el caso de que algún amigo de lo ajeno se presente mientras tú estás ausente, tendrás casi un ciento por ciento de posibilidades de que nadie se apropie de tus pertenencias. Todo ello gracias al uso que has hecho de la consistencia.

De hecho, hay un estudio que así lo demuestra (Moriarty, 1975), con una experiencia muy similar durante un día de playa. Moriarty ideó una situación en donde un investigador ponía su toalla junto a la de otra persona que se encontraba descansando en la arena, y al rato se ausentaba dejando la radio desatendida. Pasados unos minutos, alguien se acercaba e intentaba llevarse el aparato. Tan solo el 20 por ciento reaccionó para impedir que lo robaran. La cosa cambió cuando, antes de abandonar su toalla, el investigador se excusaba por tener que ausentarse unos instantes, y le pedía, por favor, a la persona cercana que vigilara sus pertenencias. En este caso, el 95 por ciento reaccionaron e intentaron evitar que se llevaran la radio. ¿Por qué crees que ocurre esto? Efectivamente, el mero hecho de que pidiera a alguien que cuidara sus cosas y este lo aceptara le conminó a ser congruente con su promesa y verse obligado a actuar, como si de su propia radio se tratara, cuando alguien intentaba robarla.

Fíjate en que este deseo de ser consecuentes podría llevarnos incluso a actuar contrariamente a nuestros propios intereses (en el caso anterior, algunas personas llegaron a poner en riesgo su integridad física reteniendo al ladrón). De hecho, si alguna vez alguien te pide que cuides de sus pertenencias y al rato se acercan a coger algo de esa persona, ten mucho cuidado, porque puedes estar siendo víctima de una estafa. Hay un timo que se aprovecha de nuestra consistencia para engañarnos. ¿Que cómo puede ser? Muy sencillo, como has visto, lo normal es que si alguien intenta llevarse algo de la mesa de otra persona, nos levantemos y le digamos al supuesto ladrón que no lo haga. Pero, entonces, es muy fácil que, a la vez, estemos descuidando nuestros propios enseres. Un descuido que alguien (otro del equipo de timadores) puede aprovechar para llevarse fácilmente alguna de nuestras cosas.

Como has podido comprobar, la consistencia es un principio muy anclado en nuestra forma de pensar y reaccionar, y bien utilizado se puede emplear como un arma persuasiva muy poderosa. Tanto es así que forma parte, a mi modo de entender, de varios de los mejores métodos de influencia que existen y que vamos a ver detenidamente en los siguientes apartados.

El pie en la puerta

La técnica del «pie en la puerta» (*foot-in-the-door*) es una estrategia clásica que ha sido usada durante siglos por comerciantes de todo tipo. Su nombre hace referencia a los vendedores a domicilio, que, si era necesario, metían su pie entre la puerta y el marco con el objetivo de evitar que el propietario les cerrara la puerta sin poder terminar su presentación de ventas. Así, posteriormente podrían entrar dentro de la casa, un terreno sin duda más favorable para la venta que el descansillo de la escalera. Aunque desde siempre ha sido un sistema muy extendido para ciertos tipos de venta, no fue hasta los años sesenta cuando la ciencia se empezó a interesar por esos métodos y se comenzaron a realizar las primeras comprobaciones experimentales de esas técnicas de persuasión (Freedman y Fraser, 1966).

Cuando queremos persuadir a alguien para que realice una tarea que *a priori* puede parecer una petición considerable, podemos preparar el terreno proponiendo previamente otra menor, a la que sea más fácil comprometerse. El hecho de aceptar una demanda más pequeña «obligará» a la persona a que más adelante tenga que ser congruente con la actitud de compromiso mostrada. Como hemos comentado cuando hablábamos de consistencia, «una vez que hemos tomado una postura o decisión, nos encontramos con presiones personales e interpersonales para que nos comportemos de acuerdo con el compromiso adoptado». Para evitar la disonancia cognitiva, las personas se verán forzadas a mantener la coherencia y aceptar la segunda petición, aun cuando se trate de una solicitud mayor, que en condiciones normales no hubieran aceptado. Veamos con el estudio realizado por Freedman cómo se ejecuta un buen «pie en la puerta».

El objetivo era intentar que un grupo de amas de casa aceptara una petición un tanto descabellada. La idea era que cinco hombres pudieran entrar en sus casas para realizar una encuesta, de dos horas de duración, sobre los hábitos de consumo en las familias estadounidenses. Además de realizar esa larga encuesta, los hombres revisarían toda la casa para hacer una especie de inventario de los productos de consumo habituales que encontraran allí. Aun cuando parece una petición muy difícil de aceptar, un sorprendente 22 por ciento de las mujeres consultadas accedieron (grupo de control).

Para poner en práctica el «pie en la puerta», se ideó un paso previo como acto preparatorio. Consistía en llamar a un grupo de amas de casa solicitándoles permiso para realizar una encuesta telefónica, de no más de ocho preguntas, sobre los hábitos de consumo de las familias estadounidenses. Esta fue la petición inicial fácil de aceptar que necesita el «pie en la puerta». De hecho, casi todas las mujeres aceptaron realizar la pequeña encuesta telefónica. Varios días después, estas señoras recibían otra llamada para saber si aceptarían al grupo de cinco personas para realizar la encuesta más completa y la revisión de su hogar. En este caso, el número de amas de casa que aceptó la petición fue más del doble (53 por ciento). El mero hecho de acceder a la pequeña encuesta telefónica predispuso a las mujeres y las llevó a tener que ser coherentes con su pequeña acción inicial.

Pasar de un ratio del 22 por ciento al 53 por ciento es un incremento nada despreciable para los que queremos ser persuasivos en nuestros discursos de ventas o negociaciones. No son garantía absoluta de éxito pero son una ayuda más que considerable que merece la pena tener en cuenta.

La bola baja

La «bola baja» consiste en hacer un ofrecimiento muy sugerente para que, después de que el cliente haya tomado la decisión de aceptarlo, añadir algunos costes adicionales que empeoran las condiciones de la oferta inicial. Es un método que busca facilitar el compromiso de la persona a adquirir algo que desea, para posteriormente cambiar las condiciones que aceptó. Realmente lo que se hace es ofrecer algo interesante para modificarlo luego por algo menos atractivo, porque sabemos que, debido al compromiso adquirido, será difícil que el sujeto se eche para atrás en su decisión inicial. Es una expresión que proviene del término en inglés *low ball*, que se utiliza en el juego de béisbol para designar a la bola lanzada por debajo de la rodilla del bateador. Hace alusión al precio engañosamente bajo que inicialmente se lanza en una negociación y con que el que se pretende hacer un falso cierre inicial del trato.

Los pasos a seguir para realizar la técnica de la «bola baja» con éxito son:

1. Se debe proponer un precio sugerente para un producto o servicio que sabemos que se puede aceptar con facilidad.

2. Tendremos que conseguir el compromiso de otra persona, ya sea verbal, por escrito, realizando una reserva, con un apretón de manos, etc.

3. El proceso se verá favorecido siempre que la persona realice acciones intermedias sin ningún tipo de presión.

4. En un momento dado, deberemos cambiar lo ya acordado por lo que realmente queremos vender.

5. Siempre tiene que quedar claro para la otra persona que la decisión de compra sigue siendo voluntaria.

El profesor Cialdini, encabezando un equipo de trabajo junto con algunos colegas de profesión (Cialdini, 1978), fue el primero en estudiar este efecto con sus experimentos de psicología social y juntos fueron los que decidieron usar el término de *bola baja* para definir este uso tan particular de la consistencia interna. En el experimento le pidieron a una serie de estudiantes que se prestaran voluntarios para un estudio de psicología cognitiva. Al primer grupo (el de control) le dijeron que para participar tendrían que presentarse a las siete de la mañana en la universidad. Solo el 24 por ciento estuvo dispuesto a levantarse tan pronto. Al segundo grupo (el de estudio) le pidieron el mismo favor: querían que participaran en un experimento de psicología cognitiva para la universidad pero en esta ocasión no les informaron de la hora a la que se tendrían que presentar. En este caso, el 56 por ciento accedió a formar parte del mismo. Y, de este 56 por ciento que aceptó, el 95 por ciento de ellos mantuvo su promesa de acudir a la reunión después de que les informaran de que tendrían que estar allí a las siete de la mañana.

Como cualquiera de las demás técnicas explicadas en este libro, la «bola baja» es susceptible de ser utilizada como método de manipulación. Cialdini ya planteó varias posibilidades en su libro *Influencia*, donde reveló algunas técnicas empleadas por los vendedores de coches en los años setenta. Algunos concesionarios la usaban para encerrar a los clientes en una situación sin una salida fácil. Se acordaba la venta de un coche por un precio bastante sugerente (unos 400 dólares por debajo de la media del mercado). Cuando el comprador accedía, el vendedor se marchaba un instante a la oficina para preparar todo el papeleo, el suficiente para que el comprador pudiera fantasear con la idea de conducir su nuevo vehículo. Pero volvía con una desafortunada noticia e informaba de que el director comercial no podía aprobar la transacción porque el precio estaba algo por debajo del coste autorizado de venta. El precio final del coche tenía que incrementarse en 400 dólares. Llegados a este punto, el comprador ya se había hecho a la idea de que el coche era suyo y le era muy difícil no hacer lo que fuera necesario para seguir manteniéndolo en su poder. Como hemos visto por los estudios realizados a este respecto, era muy probable que aceptara el nuevo precio, que además seguía siendo bueno, ya que estaba en la media del mercado.

Echar el anzuelo y cambiar el cebo

Algo similar seguro que te ha sucedido yendo de compras. Ponte en situación. Un artículo ha llamado tu atención. Además de gustarte, te das cuenta de que el precio es bastante bueno y decides entrar en la tienda. Cuidado, porque... ¡has picado el anzuelo! Cuando preguntas al dependiente y le dices que estás interesado en comprarlo, te informa de que lamentablemente está reservado porque ya está vendido, o bien agotado y no puede desmontar el escaparate, o puedes descubrir que la calidad no es tan buena como parecía desde fuera de la tienda. Pero como ya estás dentro y has manifestado públicamente tu interés por comprarlo, tienes la sensación de que debes echar un vistazo por la tienda para ver si hay algo similar que pueda ser interesante. En ocasiones pueden ofrecerte algo parecido, pero que conlleva un mayor desembolso económico.

Establecer en nuestra mente el compromiso de comprar en esa tienda y a ese vendedor nos lleva a buscar cómo mantener esa coherencia que se ha roto al no poder adquirir el producto que queríamos inicialmente. Por eso es posible que queramos apaciguar esa disonancia comprando algo similar, aunque sea algo más caro (Joule, Gouilloux y Weber, 1989).

Incluso un céntimo ayudaría

Con esta técnica llevamos a la persona a una situación donde le costará evitar ser consistente con sus valores morales de amabilidad, generosidad, caridad, solidaridad etc. (Cialdini y Schroeder, 1976). Para entender su funcionamiento, vamos a imaginar que un voluntario nos pide que colaboremos económicamente con una fundación a favor de la lucha contra el cáncer. Nos pregunta: «¿Podría, por favor, contribuir a nuestra causa? Incluso un céntimo sería de gran ayuda». Esta última parte de la frase hace que nos sea más difícil decir que no, ya que no queremos parecer poco solidarios como para no ser capaces de dar ni un céntimo. Lo que sucede es que ya que hemos accedido a colaborar, también nos va a ser difícil dar un solo céntimo, ¿verdad? De hecho, las conclusiones del estudio así lo reflejan. En la condición «incluso un céntimo ayuda» colaboró un 50 por ciento de las personas consultadas. En la condición de control (donde no se utilizó esta frase final) colaboraron un 28 por ciento de las personas. Lo sorprendente es que, en ambos casos, la media de dinero recaudado por persona fue de 1,5 dólares.

Plantear la posibilidad de donar una ínfima cantidad de dinero elimina de la mente la idea de intentar rechazar la oferta utilizando las típicas excusas, tales como: «no llevo dinero suficiente», «tengo prisa, luego quizá», «acabo de donar a otra causa», etc. Lo que sucede después es interesante. En el mismo momento que abrimos el monedero para contribuir, surge en nuestra mente la lucha interna para ser coherentes con nuestros valores y, como ya nos hemos comprometido a dar una cantidad, queremos que se acerque lo más posible a lo que consideramos justo con nuestros principios. Es decir, al final terminamos donando más dinero que un solo céntimo.

Aun cuando pudiéramos pensar que se trata de una técnica que solo funciona bien en temas relacionados con dinero y con asuntos puramente solidarios, lo cierto es que se puede aplicar con éxito en otros ámbitos y situaciones, tanto personales como profesionales. Lo importante siempre es solicitar pequeñas peticiones que sean difíciles de rechazar y que, cuando las vayas a realizar, toquen directamente en los valores que queremos sacar a la luz (amabilidad, generosidad, etc.). Pongamos un ejemplo que podría darse en nuestra vida personal. Imagina que te toca hoy a ti fregar los platos después de la comida. Para implicar a tu pareja en esa actividad, quizá podrías utilizar esta técnica. Qué tal si le dices algo así: «Cariño, ¿me puedes ayudar a secar los platos mientras yo los friego? Con que solo seques estos cubiertos ya va bien».

Etiquetado

Existe un estudio realizado en los años ochenta (Strenta y Dejong, 1981) en el que «etiquetaron» a algunas personas al azar. El objetivo era demostrar la viabilidad e importancia de las etiquetas a la hora de orientar el comportamiento de la gente. Para ello, realizaron un test de personalidad que les sirvió de excusa para marcar a los participantes aleatoriamente. Organizaron varios grupos y realizaron una serie de experimentos con ellos. A uno de los grupos le dijeron que en el test habían puntuado muy alto en amabilidad y generosidad. Pasados unos minutos, uno de los investigadores dejaba caer una baraja de cartas al suelo. Según lo esperado, la mayoría de las personas que ayudaron al investigador a recoger la baraja pertenecían al grupo que anteriormente había sido designado como «personas amables y generosas».

Una forma diferente de emplear el principio de consistencia es recurriendo a la explicación interna que realiza cada uno en función de lo que alguien le ha dicho que se supone que es. El etiquetado consiste precisamente en eso, en asignar una característica positiva a una persona, normalmente antes de hacerle una petición. Es importante para su correcto funcionamiento que el atributo que le asignemos tenga relación y esté en sintonía con la petición que posteriormente vamos a realizar.

TÁCTICA: La próxima vez que tengas que realizar una petición a alguien, intenta buscar una característica positiva que tenga que ver tanto con él como con la acción que quieres que realice. Antes de tu solicitud, «etiqueta» a la persona con ese atributo.

¿Cómo está usted?

Existe una forma muy sutil para activar la regla de la consistencia en las personas: usar un tipo específico de preguntas que van muy dirigidas y que buscan generar un estado mental particular en el sujeto. En lugar de que nosotros etiquetemos directamente a alguien, la idea es provocar con una cuestión que él mismo se vea obligado a ser consecuente con un pensamiento o actitud que previamente ha manifestado tener. Sería como provocar una especie de «autoetiquetado».

Si yo te pregunto: «¿Cómo estás hoy?» y tú respondes: «Estoy bien, estupendamente», y después te hago una solicitud, tengo más posibilidades de que sea aceptada. Muchas más que si tu contestación es negativa o pesimista. Y no solo tengo más probabilidades porque yo haya sido cortés previamente contigo o por la actitud que tú tengas en ese momento. Cuando respondemos «bien», de alguna forma nos estamos condicionando y esto va a verse reflejado en la respuesta que vamos a dar si nos solicitan una petición posterior.

Socialmente tenemos que, casi por obligación, responder «bien» a esa cuestión, sobre todo cuando quien la hace es alguien desconocido o poco familiar. De hecho, la mayoría contestamos así de forma automática, porque se supone que es lo que se debe decir para ser cortés. Esto me recuerda lo que me dijo un amigo una vez. Según él, siempre es mejor contestar alegremente: «¡Muy bien!». De acuerdo con su teoría: «Si son mis amigos, se alegrarán por mí. Si son mis enemigos, se fastidiarán de que me vaya fenomenal».

Tenemos que prestar mucha atención porque contestar de forma tan automática a esta pregunta nos puede condicionar posteriormente. Algunos estudios confirman esta sospecha. Contestar «bien», aunque sea tan solo por ser educados con quien nos ha consultado, puede generar una actitud en nosotros que nos lleve a ser coherentes con ella. Aun cuando en verdad no estemos perfectamente, el mero hecho de decirlo puede ser suficiente para predisponernos internamente para ser coherentes con esa respuesta dada. La idea detrás de todo esto es la siguiente: ya que tú estás bien (me lo has confirmado hace un instante), cómo no vas a hacerme un pequeño favor a mí para que yo también lo esté.

En una actividad de venta por teléfono con fines solidarios, el 25 por ciento de las personas que fueron preguntadas previamente con un «¿cómo está usted hoy?» y respondieron «bien» compraron el producto. Un dato que hay que tener en cuenta si lo comparamos con los obtenidos por el grupo al que no se le realizó la pregunta (el de control), y en el que solo el 10 por ciento realizó la compra (Howard, 1990). Esta técnica, conocida como el «pie en la boca», se aprovecha de la norma social que nos hace ser educados con quien nos consulta sobre nuestro estado emocional.

La técnica no se utiliza solo en las típicas conversaciones de telemarketing, también podemos aplicarla en encuentros cara a cara (Aunel y Michael, 1994), en los que los vendedores nos abordan cuando estamos en aeropuertos, supermercados, grandes superficies, etc. La pregunta no tiene por qué limitarse a saber cómo se encuentra la otra persona. También funciona con otras preguntas similares como: ¿te puedo robar unos minutos?, ¿te molesto?, etc. Son preguntas educadas y naturales, por lo que no son difíciles de formular ya que aparentemente no invaden la intimidad de la otra persona y cuyo empleo como arma persuasiva es imposible de detectar. Aquí el planteamiento es similar: si no me molestas, yo tampoco te voy a molestar negándote mi atención; si tengo unos minutos libres, cómo no los voy a emplear en escucharte si tú tienes algo que decirme. Es decir, no solo está presente la cortesía, también ejerce una fuerza de influencia importante la coherencia.

TÁCTICA: Al igual que estamos de alguna manera forzados a responder «bien» al desconocido que nos dice «¿qué tal está usted hoy?», también nos vemos obligados a ser corteses ante otras cuestiones no tan generales. Cuando tengas que hacer una presentación comercial y antes de proponer que el cliente realice una compra, puedes preguntar: «¿Qué le ha parecido nuestra presentación?», «¿Le gusta nuestra nueva imagen?», etc.

Cuestiones para reflexionar

¿Diseño mi discurso de tal manera que facilite la aceptación de un tipo de compromiso inicial (para provocar consistencia con una petición posterior)?

¿Le pido a los miembros de mi equipo que presenten sus objetivos de manera que los demás los conozcan? ¿Facilito las cosas para que la gente pueda manifestar sus compromisos públicamente?

Cuando llego a algún tipo de compromisos con otra persona, ¿le pido que lo refleje de forma escrita para activar más su consistencia?

¿Hay algún atributo o característica positiva de la otra persona que puedas citar como etiqueta (para que al hacer una solicitud posteriormente deba ser consistente con ella)?

12

Me lo quitan de las manos

En Madrid hay un mercadillo que se organiza todos los domingos desde tiempos inmemoriales, El Rastro. Si alguna vez vienes por la capital, y no lo conoces todavía, tienes que acercarte y perderte en él. Es toda una experiencia. Ya no voy mucho por allí, pero, cuando lo hago, me encanta recorrer sus calles repletas de puestos callejeros, tiendas de antigüedades, gentes y curiosos de todo tipo, músicos... y, cómo no, algún que otro carterista o timador esperando su momento para hacerse con su botín.

De entre los reclamos que usan los comerciantes para atraer a los posibles compradores, hay uno que nos viene muy bien para no solo dar título al capítulo, sino también para explicar qué es esto del consenso social. Seguro que en alguna ocasión les has oído gritar todo lo que les permiten sus cuerdas vocales: «¡Vamos, caballero, venga, señora! ¡Dese prisa! ¡Me lo quitan de las manos!». En esta frase hay implícitos dos principios de persuasión muy eficaces. Uno de ellos es la escasez (que trataremos en un próximo capítulo) y otro de ellos, a mi modo de ver el principal en este caso, el principio del consenso o aprobación social.

La regla que rige el principio de consenso social afirma que, cuando no sabemos muy bien qué hacer, las personas decidimos lo que es apropiado para esa situación observando lo que otros hacen en ella. Lo que los demás piensen, sientan o hagan puede ser determinante para nuestros propios pensamientos, sentimientos y acciones.

Al escuchar la frase «me lo quitan de las manos» no podemos evitar interesarnos por el producto que están ofreciéndonos, porque la frase nos induce a preguntarnos: «¿Qué es lo que te quitan de las manos?». Y nos hacemos esa pregunta porque hemos llegado al siguiente razonamiento: si mucha gente compra algo, tiene que ser bueno o una ganga o ambas cosas a la vez.

Manipulación de la audiencia

Antes de entrar en detalle de lo que realmente es y cómo funciona el consenso social, quiero compartir contigo una experiencia personal muy curiosa. No hace mucho tiempo vi algo en un teatro de Las Vegas que me dejó completamente alucinado y, lamentablemente, no por lo que había observado sobre el escenario, sino por lo que sucedió entre el público justo en el momento en que iba a terminar la representación. Había leído y oído hablar de la «claque» pero nunca lo había visto en la realidad. Pensaba que era una técnica más propia de épocas pasadas, pero lo que yo vi en aquel teatro sucedió tan solo hace cuatro años.

La «claque» es un grupo de personas que acude a un espectáculo con el compromiso de aplaudir y ovacionar a los actores al finalizar la función. Puede ser por dinero o simplemente a cambio de asistir gratis a la representación. Es bastante difícil de detectar, ya que no le puedes preguntar a la persona que tienes al lado si su aplauso es real o fingido. En el caso que yo te estoy contando, sin embargo, no fue nada difícil darse cuenta. Esa noche estaba en primera fila y, unos instantes antes de terminar la función, se acercaron por ambos lados un par de asistentes vestidos de calle. Iban en cuclillas para evitar molestar, pero también para pasar desapercibidos. Mi mujer y yo no sabíamos muy bien qué estaba pasando, pero, cuando la función terminó, esas personas se pusieron de pie, aplaudiendo y ovacionando al artista. Ahí lo entendimos todo. Imagino que, al igual que a mi lado había varios claqueros, habría más repartidos estratégicamente entre la audiencia. Lo que sucedió fue que cuando el resto del público vimos a estas personas levantarse, nos sentimos «forzados» a levantarnos para hacer lo mismo y seguir aplaudiendo en pie. Incluso nosotros, que sabíamos lo que estaba pasando, no pudimos evitar levantarnos. El truco funcionó perfectamente. El espectáculo había sido todo un éxito, o eso parecía al menos.

La versión más moderna de este hecho la escuchamos cada vez que vemos alguna serie cómica en televisión. ¿Te has percatado de las risas enlatadas al final de cada chiste o broma? Si piensas que no sirven para mucho, como yo creía hasta hace poco, estás equivocado. Diversos estudios han demostrado que su uso surte el efecto deseado: que la serie sea considerada como más divertida de lo que realmente es (Fuller y Sheehy-Skeffington, 1974).

Todo esto hace que me venga a la cabeza el cuento de Hans Christian Andersen titulado *El traje nuevo del emperador* o conocido también por muchos como *El rey desnudo*. El cuento narra la historia de un rey que es estafado por unos comerciantes que le diseñaron una prenda con unos materiales tan especiales que se convertía en invisible a los ojos de cualquier persona incapaz de ejercer su cargo. En el primer desfile donde el rey lució su nueva vestimenta, todo el mundo alabó las virtudes del nuevo traje por miedo a que los demás supieran que realmente no podían verlo... Es sorprendente que la gente no se pronuncie ante tal situación, pero es algo que nos sucede más a menudo de lo que parece. La fábula nos deja, entre otras, esta moraleja: «No tiene por qué ser cierto lo que todo el mundo piensa que es verdad».

El síndrome de Solomon

Presta atención a la siguiente imagen y estudia brevemente cada una de las líneas que hay dentro de los dos rectángulos:

¿Podrías decirme cuál de las líneas de la imagen de la derecha es idéntica a la línea que hay en la imagen de la izquierda?

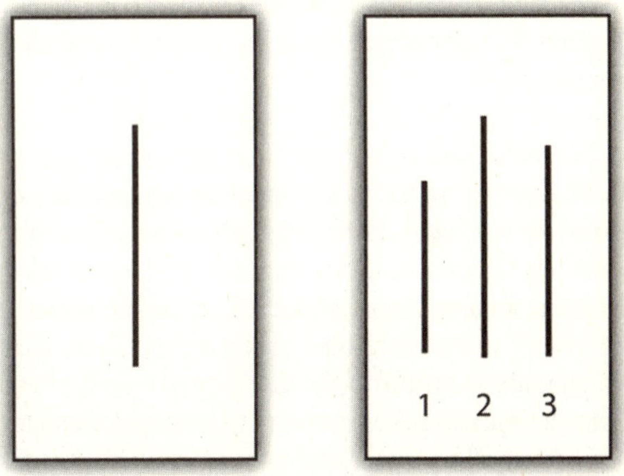

Si has prestado, aunque solo sea un poco de atención, tu respuesta debería de ser la número dos. Cualquiera lo habría acertado, ¿no crees? Bueno, pues en una experiencia realizada a principios de los años cincuenta por el profesor Solomon Ash, se consiguió que el 76 por ciento de los participantes no eligieran la número dos. ¿Cómo es posible? O, mejor dicho, ¿cómo lo consiguió? Muy fácil, tan solo necesitó la opinión de la mayoría a su favor (Ash, 1956).

El ejercicio que diseñó era muy simple de ejecutar y estaba preparado magistralmente para provocar un tipo especial de reacción en los participantes. El equipo de investigadores se fue a un instituto para realizar allí lo que se suponía era una prueba de visión. Eso es lo que pensaban los 123 voluntarios que accedieron a participar en la prueba. Cuando era el turno de un estudiante, este entraba en una sala junto con otros siete, que colaboraban con Ash, y sus reacciones dentro de la prueba estaban acordadas de antemano.

Uno de los investigadores, haciéndose pasar por oculista, les enseñaba a todos a la vez una serie de líneas, de la misma forma que yo te he mostrado antes. En ese momento, les pedía que, uno a uno, dijesen en voz alta cuál de las tres líneas era igual a la otra. El orden en el que respondían los alumnos también estaba preparado. Todos contestaban en su turno, de tal manera que la persona objeto del estudio siempre tenía que responder en último lugar. Eso significaba que, antes de responder, había escuchado cuál era la opinión del resto de sus «compañeros».

Como has podido comprobar por ti mismo al observar las líneas dentro del rectángulo, la respuesta es obvia y nada complicada de adivinar. Es muy difícil que alguien, que haya prestado un mínimo de atención, se equivoque. Pero Ash lo preparó todo para hacer cambiar de opinión a la persona, aun cuando esta había llegado a una conclusión diferente de la que la mayoría del grupo manifestaba. Los siete estudiantes que Ash había introducido en la prueba estaban compinchados con él y debían responder de forma equivocada, eligiendo todos otra solución diferente de la real.

El 75 por ciento de los 123 estudiantes voluntarios que participaron en la prueba no fue capaz de mantenerse firme a su criterio y se dejó persuadir por la opinión de los demás estudiantes. Al finalizar el experimento, estos estudiantes reconocieron a los investigadores que sabían que su respuesta no era correcta, pero que la habían dado por miedo a equivocarse o para no llamar la atención al ser una respuesta discordante de lo que opinaba la mayoría. Una reacción que dentro de la psicología social se conoce actualmente como el síndrome de Solomon, y que hace referencia a esa necesidad que tienen algunas personas de no destacar por miedo a llamar la atención, ya sea por los errores cometidos o por los éxitos conseguidos.

Después de conocer las condiciones y los resultados de este estudio, estoy contigo si piensas que parece imposible que una persona pueda llegar a cambiar de opinión de esa forma tan directa y radical. Seguro que crees que tú serías de ese 25 por ciento que se mantuvo firme en su opinión. Es posible, yo también lo pienso de mí mismo, pero dime si esto que te voy a contar ahora no te ha sucedido en alguna ocasión. Imagina que tienes una reunión de trabajo con algunos clientes, compañeros, proveedores... Sois siete a la mesa y, aunque la comida tiene un tono profesional, es bastante informal y transcurre apaciblemente. Cuando llega el momento de pedir el postre, el camarero os entrega a todos una carta y os dice: «Les recomiendo la tarta de chocolate, es casera y está deliciosa». La tarta de chocolate es tu postre favorito y todavía tienes algo de hueco para tomar un dulce, por lo que tomas la decisión y piensas: «Voy a pedir tarta de chocolate, me apetece muchísimo». Al instante vuelve a aparecer el camarero y te pregunta por el postre que deseas tomar. Tú, que eres una persona educada, cedes tu turno a la persona de tu derecha para que empiece a pedir. Y uno tras otro, las siete personas que están contigo a la mesa dicen: «No, gracias. Yo no quiero nada». Cuando llega tu turno, las ganas que tenías de tomar la tarta de chocolate han ido disminuyendo y finalmente respondes: «No, yo tampoco quiero nada. Gracias. ¿Nos puede traer la cuenta?».

El poder de la presión social

Existen dos razones principales que contribuyen a que la fuerza de la presión social sea tan poderosa como para llegar a influir en nuestras decisiones.

En primer lugar contribuye la «normativa social» que se pueda, deba o tenga que aplicar en cada situación. De acuerdo con esa norma social puede que nos veamos presionados a conformarnos con la respuesta de la mayoría para evitar sufrir ciertas consecuencias. Un ejemplo claro de esta explicación es el estudio de visión realizado por Ash. Muchas de las personas respondieron a sabiendas de que lo estaban haciendo mal para evitar ser la nota discordante en el estudio. Las personas no queremos ser marcadas o rechazadas socialmente.

En segundo lugar, para el éxito de este principio de consenso, la «información social» disponible también hará que nuestra opinión pueda verse alterada. Cuando no tenemos certeza de cuál debería de ser la respuesta, tendemos a conformarnos con la respuesta de la mayoría. La inseguridad nos lleva a apoyarnos en el conocimiento del grupo porque pensamos que nuestros propios conocimientos o creencias pueden ser erróneos. Escribiendo esto me vienen a la mente esos programas de televisión donde el concursante, por falta de conocimiento, recurre al comodín del público.

En los siguientes apartados veremos con más detalle cómo intervienen ambas condiciones en nuestra toma de decisiones.

El efecto espectador

Tenemos la costumbre de mirar por la ventana para saber qué ropa ponernos cuando no estamos seguros de si hace frío o calor fuera de casa. Para muchos, la gran cantidad de coches y camiones estacionados en un restaurante de carretera es la señal que están esperando para saber que se trata de un buen sitio en el que parar a comer algo. De la misma forma, un local con poca gente nos hará dudar de que pueda ser un lugar adecuado para nosotros.

Cuando no estamos seguros sobre qué decisión tomar, las demás personas son un referente para nosotros. Lo que la mayoría esté haciendo será una buena señal para que tomemos una determinación. Esa decisión puede llevarnos a hacer lo que hagan los demás, y, en el caso de una emergencia, puede provocar que no actuemos adecuadamente si los demás no lo hacen, aunque eso ponga en juego nuestra propia integridad o la de otra persona. El efecto espectador trata fundamentalmente de eso. Este término describe un fenómeno de la psicología social por el cual es bastante menos probable que alguien responda a una urgencia cuando hay más personas a su alrededor que si estuviera sola en esa misma situación. Cuanto mayor es el número de espectadores que observan una situación de emergencia, menor es la probabilidad de que alguno de ellos se decida a intervenir.

Hay tres factores que intervienen en el momento en que se da este efecto en nuestra mente:

1. Consenso social: como hemos visto antes, en una situación de incertidumbre donde no sabemos bien cómo reaccionar, observamos a la mayoría que nos rodea para decidir cómo actuar. En este caso, como nadie interviene, nosotros tampoco lo hacemos.

2. Delegar la responsabilidad: el grupo contribuye en estas situaciones de forma negativa para que se difumine la responsabilidad entre todos sus componentes. Nadie toma el control de la situación, y esperan que sea la persona de mayor competencia quien reaccione en primer lugar. Cuanta más gente haya presente, menor es el grado de responsabilidad que cada uno se asigna, porque piensan: «Ya intervendrá alguien que esté más obligado que yo».

3. Miedo a ser juzgados: al actuar estamos destacando sobre el resto del grupo. Como no vemos a nadie más hacerlo, nos da miedo por si realmente nos equivocamos y no se trata de una emergencia real. En estos casos solemos pensar: «Qué vergüenza si me equivoco» y entonces evi-

tamos la posibilidad de enfrentarnos a una situación que podría ser potencialmente embarazosa para nosotros.

Los primeros experimentos con carácter científico donde se probó la existencia de este «efecto espectador» los realizó el psicólogo social Latané a partir del año 1968. De entre esos estudios, hay uno que a mi modo de ver es un ejemplo claro de la existencia de dicho efecto (Latané y Darley, 1968). El estudio, realizado junto con Darley, otro psicólogo colega de la Universidad de Nueva York, consistía en reunir a un grupo de personas y ponerlas en una situación de aparente peligro. Todos los miembros acudían a la reunión porque previamente habían accedido a colaborar en la realización de un estudio de marketing. Bueno, o eso es lo que pensaba la única persona del grupo que realmente acudía libremente, porque el resto de los participantes formaban parte del ejercicio. La intención de los investigadores era provocar una situación «efecto espectador». En un momento de la prueba, la persona que dirigía la actividad se ausentaba, y, durante la ausencia, se les pedía a los participantes que rellenaran unos formularios. Pasados unos minutos, se introducía humo por debajo de una de las puertas de acceso a la sala. Los investigadores habían acordado con los participantes conocedores del ejercicio que no debían reaccionar de ninguna manera cuando vieran el humo. El 38 por ciento de los sujetos objeto del estudio informaron sobre el posible fuego detrás de la puerta cuando estaban en grupo. En el grupo de control, formado por sujetos solos en otra sala, la cifra de personas que avisó del posible fuego fue del 75 por ciento. Parece que la idea de que «estamos más seguros cuando más personas hay a nuestro alrededor» no tiene por qué ser del todo cierta si nos atenemos a las conclusiones de estos estudios.

Si realmente queremos que alguien haga algo, deberemos darle indicaciones directamente o por lo menos asegurarnos de que no pueda asumir que es responsabilidad de otro. Tendremos que sacarle de ese estado mental de mero «espectador». Solo cuando la persona tenga la certeza de que es ella la que tiene que actuar, y no cabe la posibilidad de que sea otro de alrededor el que lo haga, tomará conciencia de la situación y responderá en consecuencia.

Lo mismo podemos aplicarnos a nivel particular. Las preguntas que nos tenemos que hacer aquí serán: ¿Basándonos en qué pensamientos estoy reaccionando? ¿Estoy actuando por miedo a ser juzgado? ¿Estoy delegando la responsabilidad al pensar que será otro, con mayor competencia, el que tome la acción? Como no sé qué hacer, ¿estoy actuando como hacen los demás o como yo debería actuar según mis principios y valores? Son preguntas que nos ayudarán a evitar ser víctimas de este efecto tan peligroso para los demás y para nosotros mismos.

Muchos otros similares a mí también lo hacen

Al igual que la incertidumbre, la semejanza es una condición que, cuando está presente, amplifica el efecto del consenso social. En general, nos sentimos cómodos y por ello más propensos a seguir el camino marcado por una persona con quien tenemos alguna semejanza que por otra muy diferente a nosotros (Abrams, 1990).

Como ya hemos visto en capítulos anteriores, los humanos tendemos a imitar los gestos, acciones e incluso las emociones de quienes nos rodean. Esa tendencia a imitar empieza en el momento en que nacemos y sucede de forma subconsciente a lo largo de nuestra vida. Observar a las personas hacer una determinada acción puede activar nuestra mente de tal forma que nos sea más fácil realizar lo mismo sin la necesidad de pensar mucho más sobre ello.

Imagina que quisiéramos concienciar a los estudiantes de un instituto sobre los problemas derivados de tomar bebidas alcohólicas en exceso. ¿De qué manera crees que conseguiríamos más semejanza y, por lo tanto, más conformidad?

1. Un psicólogo experto, que ha conocido los problemas derivados del consumo excesivo de alcohol, les habla de las ventajas y beneficios de no beber alcohol.

2. Un estudiante de su edad, que ha conocido los problemas derivados del consumo excesivo de alcohol, les habla de las ventajas y beneficios de no beber alcohol.

Parece claro que, según el planteamiento y atendiendo a la influencia de la semejanza como presión social, la opción 2 se plantea como la más persuasiva. En un estudio similar a este que te he planteado (Murray, Leupker, Johnson y Mittlemark, 1984) se llegó a la conclusión de que, solo cuando los compañeros de la misma edad hicieron de profesores, el programa escolar de concienciación que desarrollaron tuvo efectos más duraderos.

En más ocasiones de las que nos gustaría, a la pregunta «¿Esto por qué lo estás haciendo así?», se suele responder con la siguiente afirmación: «La verdad es que no lo sé. Aquí las cosas siempre se han hecho así». Ello es debido a diversas razones, pero un peso importante lo tiene nuestra tendencia a la conformidad por la imitación a nuestros semejantes.

En un estudio realizado con monos se pudo observar esta «costumbre» de realizar «sin pensar» las mismas acciones que los demás (semejantes a nosotros) hicieron en el pasado. Los investigadores ofrecían a los monos dos tipos distintos de maíz. Uno de los comederos tenía maíz de color rosa y el otro maíz de color azul. Para un grupo de monos, el maíz de color rosa tenía un sabor desagradable; para otro grupo era el maíz de color azul el de mal sabor. Con el tiempo, los monos aprendieron qué color correspondía al desagradable y solo comían del que sabía bien. Durante una temporada, los monos volvieron a comer maíz sin colorear y durante ese periodo nacieron nuevos monos en los grupos. Para comprobar la efectividad de la conformidad, los investigadores volvieron a introducir el maíz con dos colores. Sorprendentemente, las crías comían del maíz que comían los miembros de su grupo (aun cuando en esta ocasión ninguno de los dos colores sabía desagradable), y dejaban de lado el color que no comía nadie (Van der Waal, Whiten, Borgeaud, 2013).

Escribir sobre esto me ha hecho recapacitar en cuanto a cómo debería presentar mis referencias profesionales dentro de mi página web. En la actualidad, y gracias a los años que llevo trabajando como conferenciante y formador, tengo multitud de referencias de todo tipo de clientes sin orden alguno. No están mal porque reflejan que he trabajado para muchas y diferentes empresas pero, si quisiera que este apartado de mi web fuera más eficiente, debería ser más concreto a la hora de utilizar la norma del consenso social. Para influir en la percepción que tienen de mí mis posibles clientes, no solo debería mostrarles que otros ya han contratado mis servicios, sino que también debería ser capaz de organizar mis referencias para que mis clientes pudieran ver con qué otros similares a ellos ya he trabajado. Es decir, si un potencial cliente del sector farmacéutico está visitando mi página web, este debería de ser capaz de encontrar en mi listado otros de su mismo sector. De esta manera, tendrá la certeza de que «Otros muchos similares a mí, ya lo han contratado». Estoy seguro de que es algo que le ayudaría positivamente para tomar la decisión correcta (y contratarme).

Consenso para dirigir nuestra conducta social

¿Te has fijado en el bote de propinas que algunos camareros ponen sobre los mostradores? Si sabes cómo funciona la regla del consenso social, es raro que alguna vez lo veas vacío. Lo habitual es que contenga algunas monedas, incluso aunque el día acabe de empezar. Cuando vemos el bote lleno tendemos a pensar que otros clientes de ese local han dejado propina antes que nosotros y que, por lo tanto, hacerlo es costumbre entre los clientes satisfechos. De la misma forma, cuando alguien por la calle nos pide algunas monedas para la organización benéfica que representa, mueve el bote de arriba abajo para que oigamos lo que hay en su interior. El sonido de las monedas nos hace pensar que dentro del bote hay dinero que otras personas dejaron de forma solidaria antes que nosotros.

Estas señales, que nos informan de lo que previamente han hecho los demás en la misma situación a la que nos enfrentamos nosotros, son fundamentales en el momento de la toma de decisión para inclinar la balanza hacia el lado que nos interesa. Puede ser un pequeño empujón, pero en ocasiones se trata del justo y necesario para que la persona tenga la certeza de que la decisión que va a tomar es correcta.

TÁCTICA: Siempre que tengas oportunidad, informa de lo que otras personas, en esa situación determinada, han hecho antes para intentar provocar la misma respuesta.

Para poner en práctica este principio te propongo el siguiente ejercicio. Imagina que eres un director de instituto y que quieres poner en marcha una campaña para disminuir o evitar el consumo de alcohol entre los menores. Después de pensar en ello, tu equipo y tú habéis llegado a estos dos posibles mensajes:

1. Las encuestas recientes sobre consumo de alcohol en el instituto indican que un número excesivo de estudiantes abusa de las bebidas alcohólicas. Por favor, bebed con moderación.

2. Las encuestas recientes sobre consumo de alcohol en el instituto indican que la mayoría de los estudiantes no toma alcohol, o si lo hace, es con moderación. Por favor, continuad siendo responsables.

Estudia ambos mensajes con atención y fíjate en lo que te indica la lógica y en lo que, según lo que hemos aprendido en este capítulo, te dice el principio de consenso social. Si te das cuenta, el primer mensaje pone el foco en el número excesivo de estudiantes que abusa de las bebidas alcohólicas; y el segundo pone el foco en la mayoría de los estudiantes que no beben o, si lo hacen, beben con moderación. Ambos tienen magníficas intenciones y están dirigidos a reducir o eliminar el consumo de alcohol entre los estudiantes, pero ¿cuál es más efectivo? Lo has acertado, el segundo.

Los estudios realizados a este respecto por el profesor Cialdini y su equipo (Cialdini, 2006) demuestran que el mensaje más efectivo es el que pone el foco en la actitud positiva de la mayoría. En el primer mensaje se pone el foco en una mayoría que lo que hace es beber en exceso;

en el segundo se muestra una mayoría que no bebe o lo hace poco. La idea es guiar a través de la norma social de consenso hacia la conducta deseada y no tanto hacia la conducta que es perjudicial.

TÁCTICA: Si tu hijo no es un buen estudiante y quieres motivarle para que cambie de conducta, evita decirle cosas del estilo: «Los malos estudiantes jamás consiguen llegar muy lejos en la vida». Mejor ayúdale a poner foco en la conducta deseada: «Muchos de los grandes innovadores fueron malos estudiantes en la escuela, pero consiguieron mejorar».

Ser diferente por influencia de los demás

En apartados anteriores hemos visto cómo lo que deciden nuestros acompañantes puede dejarnos sin postre. A estas alturas deberíamos tener ya muy claro que lo que opinan otros influye sustancialmente en nuestras decisiones, incluso cuando queramos no pensar o actuar como ellos. Porque hay ocasiones en las que las personas no deseamos ser iguales que los demás, pero incluso en esos momentos seguimos siendo influenciados de alguna manera.

¿Recuerdas la situación anterior en la que queríamos tomar un postre de chocolate y no pudimos? Vamos a cambiar ligeramente las condiciones para provocar otra escena muy típica y que también puede llegar a dejarnos sin nuestro dulce favorito. Imagina que el camarero nos ofrece dos opciones de tartas: de chocolate y de frambuesas. En esta ocasión, todas las personas de la mesa piden un postre. Tú tienes en mente tomar la tarta de chocolate, pero cuando escuchas que todos tus compañeros se han decidido por ella, justo en el último momento es probable que te replantees tu elección y cambies de opinión, y elijas finalmente la de frambuesas. Y es que las personas, a veces, nos enfrentamos a una difícil elección: seguir al grupo o intentar ser diferentes y destacar.

Algo parecido al ejemplo anterior sucedió en un estudio llevado a cabo recientemente por el profesor Dan Ariely y su equipo (Ariely, 2000). A varios grupos de personas les ofrecían durante una cata cuatro tipos de cervezas diferentes. A la mitad de las mesas, el camarero les tomaba nota de la forma habitual, es decir, todos escuchaban lo que querían los demás compañeros de la mesa en el momento de tomar la comanda. La otra mitad de las mesas recibía un trato diferente: en este caso, cada uno elegía su cerveza sin saber lo que sus compañeros iban a pedir, ya que escribían la que querían en un papel y se lo entregaban al camarero. Las condiciones son casi similares para ambos grupos, la única diferencia es que hay mesas donde las personas, en el momento de pedir su bebida, no tienen información sobre lo que han elegido sus compañeros.

Aun cuando puede parecer que es un detalle despreciable, el estudio demuestra que saber lo que deciden nuestros compañeros puede llevarnos a alterar no solo nuestra petición, sino también nuestra percepción posterior de la situación. Las personas que escuchaban lo que pedían sus compañeros se mostraron mucho menos satisfechas con las cervezas que habían elegido que aquellas que las pidieron sin tener ninguna información sobre lo que habían escogido sus compañeros de mesa.

El motivo que alegan los expertos está relacionado con la influencia que ejercen las decisiones de los demás en las nuestras propias. En el ejemplo que acabamos de ver, ese descontento es porque, al cambiar nuestra elección inicial, motivados por las de los demás, estamos tomando algo que no tiene por qué gustarnos realmente. Ese cambio de elección está provocado por nuestro intento de ser distintos y diferentes a los demás.

Eso es algo que los profesionales del marketing de lujo conocen e intentan continuamente asociar a sus productos. Saben muy bien que las personas buscamos cosas que provoquen en nosotros esa sensación de exclusividad que nos diferencie del resto y que nos haga encajar en un grupo distinto de los demás. En el fondo tenemos que admitir que ninguno de nosotros queremos ser una copia idéntica de las personas que nos rodean, sino que preferimos sentirnos distintos y por ello podemos ser víctimas de la persuasión.

Sabiendo que las personas tenemos el deseo de sentirnos únicas y diferentes, podemos entender más fácilmente cómo ciertas marcas intentan acercarse, en la medida de lo posible, a esa demanda de exclusividad. No es lo mismo vender un único modelo de coche sin posibilidad de agregarle opciones que tener la oportunidad de diseñar el tuyo a partir de un modelo dado. Añadir un color, una tapicería, llantas de aleación, etc., nos hará sentir que nuestro coche es distinto del de los demás. Siempre que permitamos al cliente personalizar su producto o nosotros adaptemos nuestro servicio a sus necesidades, estaremos más cerca de hacerles sentir diferentes y consecuentemente serlo también nosotros.

Cuestiones para reflexionar

¿Qué ejemplos de «muchos otros similares» a tu cliente puedes utilizar como referencias de éxito?

¿Quiénes de tus mejores clientes pueden aportar testimonios positivos por escrito sobre la labor que realizas?

¿Cómo y de qué manera vas a incluir información de consenso social en tus presentaciones para conectar a tus espectadores con lo que estás ofreciendo?

13

Piensa antes de hablar

He de reconocer que fui un niño con suerte porque, entre otras cosas maravillosas que me sucedieron durante esos años, tuve la oportunidad de pasar gran parte de mi infancia junto con mi madre. Es algo que le agradezco enormemente, ya que creo que ha repercutido muy positivamente en mi educación, personalidad y carácter. Al compartir mucho tiempo con ella, me influía bastante sobre lo que hacía o decía, y creo que, gracias a ello, he aprendido a ser más cauto y cuidadoso de lo normal con mis decisiones y con las palabras que empleo para comunicarme. Mi madre solía estar atenta a mis conversaciones. Recuerdo que, en ocasiones (más de las que a mí me hubieran gustado en aquellos momentos), me interrumpía cariñosamente para decirme: «Javi, ¡piensa antes de hablar!», «Por favor, piensa lo que dices». Ahora lo recuerdo con afecto y pienso en lo acertado de ese consejo.

No deberíamos menospreciar el valor y la fuerza que tienen las palabras que pronunciamos. Todos tendríamos que ser más selectivos y cuidadosos con las que usamos, no solo para tener una comunicación eficiente, sino también como parte de nuestro arsenal de persuasión. Cuando uno es consciente del poder que ejercen algunas de las cosas que decimos, es cuando se da cuenta del arma tan potente que son.

Nuestros pensamientos y emociones son los principales responsables de las palabras que utilizamos en nuestra comunicación, pero a veces también lo que decimos afecta directamente tanto a nuestros propios pensamientos y emociones como a quienes los escuchan. Hemos podido comprobar en los primeros capítulos de este libro cómo ciertas palabras priman determinadas actitudes posteriores. Si recuerdas, algunas personas se pueden sentir más motivadas simplemente por el hecho de leer o escuchar ciertos términos que les «predispongan» a entablar unas relaciones más auténticas y verdaderas, lo que directamente genera confianza y, por tanto, capacidad de persuasión. Emplearlas de manera adecuada y frecuente orientará tu discurso y, por ello, al receptor hacia tu objetivo. Podríamos escribir varios libros solo sobre este tema, pero, como mi objetivo aquí es despertar tu curiosidad por este asunto, he seleccionado algunas palabras sencillas que me van a permitir mostrarte cómo, bien empleadas, nos pueden ayudar a comunicar más allá de lo esperado. Comprobarás que son términos con una conexión directa hacia nuestras emociones y hacia las de aquellos que las escuchan.

Ese es el «sí» que estaba buscando

A nadie le gusta ser rechazado por los demás. Tememos la crítica, pero, sobre todo, las evaluaciones negativas por las que alguien, como consecuencia, nos puede dejar de lado. De hecho, es el motivo principal por el que algunas personas evitan, por ejemplo, hablar en público, intentar vender o incluso pedir un aumento de sueldo a su jefe. Son momentos retadores en los que te enfrentas a una negociación y donde quizá tengas que afrontar una posible negativa por parte del otro. El miedo a escuchar un «no» hace que la conversación no sea todo lo fluida que desearíamos. Deberíamos estar más preparados y aprender que se trata de una respuesta admisible en cualquier conversación. Tenemos que entender que en la mayoría de las situaciones ese «no» no es algo personal, ni un ataque hacia nosotros.

Siempre que las personas nos vemos inmersas en cualquier tipo de negociación estamos deseosas de recibir, por parte del otro, el primer «sí» que corrobore nuestro mensaje e incluso a nosotros mismos. Es el momento en que empezamos a percibir que la conversación está siendo productiva y va en la línea deseada. El mero hecho de escucharlo provoca una sensación de inicio de acuerdo y lo que se consigue con ello es reafirmar nuestro mensaje, ideas y reflexiones. ¿A quién no le gusta escuchar el «sí» que confirme que vamos por el buen camino y que nos permita relajarnos y aceptar la situación de una forma más abierta y favorable? Escuchar el «sí» significa aceptación, lo que va a conducir la conversación por caminos mucho más interesantes para ambos interlocutores. No solo es importante para el que lo escucha, también lo es, y mucho, para el que lo dice, ya que también se genera en él esa percepción de acuerdo y aceptación.

Siempre que sea posible, es interesante conseguir que la otra persona (nuestro cliente, compañero, jefe...), en el transcurso de la conversación, nos diga un «sí» a algo lo antes posible. Aunque sea por algo pequeño o insignificante. Cuanto antes seamos capaces de encontrar ese momento, antes empezaremos a crear el espacio adecuado que facilite la conexión y el entorno adecuados que nos lleven a más afirmaciones de ese tipo. Si en esa conversación nosotros también somos capaces de incorporar algún que otro «sí», estaremos ayudando a incrementar la sensación de acuerdo entre ambos.

TÁCTICA: Un «sí» puede ayudar en la percepción positiva sobre la conversación. Cuantos más «síes» seas capaz de responder y de provocar en el otro, más se potenciará esa sensación en ambos.

Un último detalle: como ya hemos visto en capítulos anteriores, el lenguaje corporal interviene en la comunicación. Cualquier gesto que comunique la conformidad, como el movimiento de la cabeza de arriba abajo, el pulgar hacia arriba, un apretón de manos... también es válido. Las neuronas espejo y la imitación nos ayudarán en este proceso. No dudes en utilizar este repertorio de «herramientas» junto con la búsqueda de los pequeños «síes» (tanto tuyos como del otro). Considéralo como algo muy útil para conectar y dirigir la conversación hacia entornos donde se fomente la sensación de conformidad.

Respóndete «sí» a ti mismo

La palabra *sí* la puedes utilizar en tu propio beneficio, ayudando a tu mente a construir pensamientos positivos y motivadores que te permitan enfrentarte a tus próximos cometidos con una actitud más ganadora. El secreto radica en responder «sí» a ciertas preguntas que debes plantearte mentalmente sobre tus capacidades.

En varios experimentos realizados por tres investigadores en el año 2010 (Senay, Albarracín y Noguchi, 2010) se confirmó la eficacia de nuestro diálogo interior a través, principalmente, de las preguntas que nos realizamos y sus repuestas. En uno de esos estudios, plantearon varios retos a los participantes, pero, previamente, a la mitad se le pidió que se preguntaran a sí mismos si serían capaces de resolverlos y a la otra mitad se les pidió que se dijeran a sí mismos que, efectivamente, resolverían esos retos.

Las conclusiones confirman que para enfrentarse a un desafío son más importantes las preguntas y sus respuestas que solo las «frases motivadoras». El grupo que se cuestionó su capacidad fue capaz de resolver un 50 por ciento más de retos que el que se repetía frases de ánimo. Las preguntas nos obligan a buscar respuestas. Esas respuestas irán orientadas hacia la consecución de nuestros objetivos apoyándonos en nuestras habilidades, conocimientos, aptitudes, actitudes, etc.

TÁCTICA: Además de motivarte con frases inspiradoras, pregúntate sobre tus capacidades y responde de forma afirmativa: «Sí, puedo porque...», «Sí, lo haré», etc. Las respuestas irán alineadas con tus propias capacidades y habilidades para conseguirlo.

No más «pero» sin sentido

Todos nos hemos visto en alguna ocasión envueltos en el típico diálogo en el que un vendedor no para de recitar las ventajas de un producto o servicio. Puede que seas de los que están esperando escuchar el famoso «pero...», que es algo así como pensar «vamos a ver dónde está el truco». De alguna forma sabemos que el «pero» es la señal para prestar una mayor atención al discurso. La experiencia nos ha demostrado que lo que viene después es algo que va a ser importante en la toma de decisión.

La palabra *pero* niega todo lo que viene delante de ella (sucede algo parecido también con *aunque* y *sin embargo*). La regla de oro es que cualquier cosa que va después es con diferencia mucho más importante que lo que la precede. Esto es porque nuestra mente elimina la primera parte y dirige su atención tan solo a lo que viene después. Sabiendo esto, un uso inteligente de esta palabra nos dará la oportunidad de ser más persuasivos. Si tomamos la precaución de invertir el orden de las oraciones, podemos usar este efecto a nuestro favor y no en contra. Vamos a verlo con este sencillo ejemplo:

Imagina que le preguntas a tu hija si le gustan los macarrones. En caso de que su pasta favorita sean los espaguetis, lo más normal es que te diga: «Sí, están buenos, pero prefiero los espaguetis». Si interpretamos esta respuesta, lo que realmente la niña está diciendo es: «Lo que has dicho no me interesa mucho, eso sí, ahora te voy a decir lo que me interesa a mí de verdad: prefiero los espaguetis», una situación que no genera empatía en absoluto porque está haciendo todo lo contrario a ponerse en el lugar del otro. Dicho esto, un pequeño cambio puede mejorar la comunicación, e intentar influir de forma más directa. Si la niña hubiera dicho: «Los espaguetis son mis favoritos, pero los macarrones están buenos también», lo que estaría comunicando es: «Lo que me interesa es esto, eso sí, lo que has dicho también me gusta».

Otra técnica para usar «pero» de forma efectiva es decir en la primera parte de la frase algo negativo, para conseguir poner en valor la información que demos después. Por ejemplo, si trabajamos en una agencia de viajes y no nos quedan más excursiones con la oferta especial, podemos plantearlo de la siguiente manera: «No nos quedan más plazas para viajar con la oferta especial, pero tenemos la opción de...». Una última cosa, ten cuidado con el uso de «sí pero...» en tus contestaciones a los demás: su empleo te lleva continuamente a matar ideas. Intenta, siempre que te sea posible, sustituirlo por un «sí y...». Haz la prueba, te sorprenderás del poder destructivo del «pero» y la magia de «y» como conector de expresiones, ideas y pensamientos. Para ello te propongo un ejercicio: imagina que alguien te propone organizar una fiesta sorpresa a un amigo. La primera parte de la prueba consiste en que cada uno vaya aportando ideas empezando cada frase con un «sí pero...». Ahora realiza el mismo ejercicio empezando cada frase con «sí y...». Cuando ya lo hayáis hecho, evalúa los resultados y observa cómo en uno las ideas no llevaban a ninguna conclusión favorable y en el otro el resultado ha sido constructivo.

Dame una razón, solo necesito un «porqué»

La mente, muy racional en ocasiones, necesita conocer las causas de por qué debe hacer algo. Esta es la causa principal por la que algunas personas se muestran reacias a seguir sus intuiciones, ya que estas solo nos suelen indicar el «camino» a seguir, pero casi nunca dan una explicación lógica de por qué tenemos que hacerlo. Lo más seguro es que sin un «porqué», la mente racional vaya a bloquear cualquier acción hasta que no encuentre un motivo para llevarla a cabo.

Con el tiempo nos hemos ido convirtiendo en seres cada vez más racionales y necesitamos con más frecuencia conocer el «porqué» como justificación para poder hacer algo. Eso sí, también nos hemos ido acostumbrando tanto a los «porqués» que el mero hecho de escucharlo en una frase puede hacer que nuestra mente confirme una conexión directa entre la causa y el efecto. Es decir, cualquier petición que realicemos acompañada de un «porqué» siempre será mucho más efectiva, ya que tendrá una justificación o explicación. El significado de esta palabra cobra tal importancia que funciona incluso cuando la frase no tiene mucha lógica o sentido en el contexto en que se esté utilizando.

En el ya clásico estudio realizado por la psicóloga Ellen Langer (Langer, 1978) se pone de manifiesto cuál es el verdadero poder del «porqué». Imagina una fila de universitarios que esperan para hacer fotocopias en la máquina compartida de la facultad. No sé si lo has tenido que vivir, pero en aquella época no existían las impresoras y las fotocopiadoras eran el único recurso para poder copiar de forma automática los apuntes de clase. Los investigadores intentaron saltarse la fila argumentando diferentes motivos:

1. «Perdona, tengo cinco páginas. ¿Te importa que use la fotocopiadora?»

2. «Perdona, tengo cinco páginas. ¿Te importa que use la fotocopiadora? Porque es que tengo que hacer unas fotocopias.»

3. «Perdona, tengo cinco páginas. ¿No te importa que use la fotocopiadora? Porque es que tengo algo de prisa.»

Antes de que veamos los resultados, me gustaría que intentaras adivinar cuál fue la opción que obtuvo los mejores resultados, es decir, la que consiguió saltarse la fila. Parece evidente que la opción número tres es la más persuasiva de todas. De hecho, fue la que obtuvo un mejor porcentaje, ya que un 94 por ciento de personas dejaron pasar a la persona a hacer las fotocopias antes que ellos. Lo sorprendente es que un resultado parecido consiguió la segunda opción: hasta un 93 por ciento de personas aceptó frente a un 60 por ciento que consintió dejar pasar a la persona en el primer caso.

Al emplear la palabra *porque* le damos a nuestro interlocutor una razón para que su mente encuentre una conexión entre causa y efecto. De esta manera vamos a conseguir una mejor aceptación de nuestra petición, aun cuando la explicación no sea muy «lógica». Esto es debido a que el cerebro entiende que después del «porque» hay una justificación y se siente automáticamente más favorable hacia lo solicitado. Es posible que ahora entiendas por qué, cuando tus padres te pedían que hicieras algo que no querías, terminaran siendo siempre muy convincentes cuando a continuación te decían: «Porque lo digo yo».

> *TÁCTICA: Intenta dar razones a las personas de porqué les pides que hagan algo. Solo por este hecho, estarán más predispuestas a hacerlo (aun cuando los motivos no sean muy lógicos o racionales).*

Aunque este estudio pone de manifiesto la gran importancia de la palabra *porque*, no por ello deja de ser necesario que nuestros argumentos sean lógicos. Lo que debemos sacar en claro de todo esto es que, para las personas, es necesario conocer el porqué para poder tomar decisiones en la dirección que les estamos pidiendo. Muchas más veces de las que puedes imaginar, olvidamos explicar a los demás cuáles son las razones, justificaciones o motivos de lo que les estamos pidiendo que hagan. Que los demás conozcan el «porqué» es y será siempre una buena arma de influencia, tal y como veremos en el capítulo titulado «Qué me das a cambio».

Recuérdame cómo me llamo... que me gusta

Las personas tenemos una relación especial con nuestro nombre. Fue elegido por nuestros padres para nosotros y, desde que tenemos uso de razón, es parte de nuestro yo. Salvo contadas excepciones, nos gusta y también todo lo relacionado con él. Ya sabes que en castellano usamos la palabra *tocayo* para definir a la persona que tiene el mismo nombre de pila que nosotros. Fíjate en cómo nos debe gustar que incluso hemos creado una palabra para denominar a los que se llaman como nosotros, imagino que para no tener que llamarles con nuestro propio nombre.

Bueno, fuera bromas, está claro que tiene una carga emocional importante y nuestro cerebro le confiere por ello una atención especial cuando lo escucha. Ten en cuenta que lo estamos oyendo todos los días y es algo que nos acompaña durante toda nuestra vida, por lo que, como explicaba el empresario y escritor estadounidense Dale Carnegie en su libro *Cómo ganar amigos e influir en las personas*, es importante que tengas en cuenta que no hay nada que le guste más a la gente que escuchar su propio nombre. Científicamente se ha demostrado que, cuando lo oímos, en nuestro cerebro se activa una región concreta del hemisferio izquierdo que se asocia con la sensación de placer y la atención (Carmody y Lewis, 2006). No tengas dudas de que escucharlo nos gusta mucho y capta inmediatamente nuestra atención.

TÁCTICA: Utiliza el nombre del otro en las conversaciones que tengas con él. Esto facilita que aumente su interés.

Piensa por un momento en Paula, que tiene doce años y va a sexto de primaria. Está en clase, hoy toca examen de matemáticas y todos los alumnos están resolviendo los problemas. Paula no es una niña que se distraiga con cualquier cosa, tiene gran capacidad de concentración. Le encantan las matemáticas y es capaz de centrarse mucho en su tarea para intentar terminar todo correctamente y a tiempo. Siempre le gusta, cuando es posible, repasar un poco antes de entregar el examen. Pero en un momento dado, su atención se desvía y levanta la cabeza mirando hacia la profesora, todo de forma automática y sin pensarlo conscientemente.

¿Qué puede haber hecho que Paula salga de su concentración y levante la cabeza, prestando atención a otra cosa? Lo que ha pasado es algo que seguro que tú también has experimentado en muchas ocasiones: Paula ha escuchado su nombre. De hecho, en su clase hay otras dos niñas que se llaman igual y que también han levantado la cabeza casi al mismo tiempo. Se miran entre ellas, vuelven a mirar a la profesora para saber a quién de las tres se refiere, y se dan cuenta de que no es a ninguna de ellas. La maestra estaba hablando con otro profesor y, en la conversación, casualmente, apareció el nombre de Paula. Esa palabra de entre muchas que estaban escuchando fue la única que llamó su atención y provocó que las tres salieran de su concentración y buscaran quién las llamaba. Escuchar su nombre hizo que cambiara su foco de atención automáticamente.

No olvides nunca más un nombre

Seguramente te ha pasado en alguna ocasión que conoces a un nuevo vecino, le saludas varias veces, coincides y charlas con él en el trayecto a casa... Una tarde le preguntas por sus vacaciones y, al cabo del tiempo, te das cuenta de que sabes de él cosas tan personales como dónde veranea, dónde nació, cuántos hijos tiene, etc., pero no puedes recordar su nombre. Es posible que ni lo sepas.

Hay estudios (Zenzi, 2010) que afirman que cómo se llama una persona es el rasgo más difícil de recordar. En particular, hay una experiencia realizada por dos psicólogos (Cohen y Faulkner, 1986) donde se pone de manifiesto que somos capaces de recordar otras características antes que el nombre de una persona. En líneas generales, el experimento consistía en entregar a los participantes unas biografías que debían leer. Posteriormente se les preguntaba sobre los detalles que recordaban y los resultados obtenidos fueron:

- La profesión: 69 por ciento.
- Un hobby: 68 por ciento.
- El lugar de nacimiento: 62 por ciento.
- El nombre: 31 por ciento.
- El apellido: 30 por ciento.

¿Por qué crees que nos ocurre esto? Podríamos llegar a la conclusión de que es porque los nombres son muy comunes y por lo tanto podemos confundirnos, mezclarlos y traspapelarlos en nuestra mente. Pero la razón que tiene más aceptación es que los nombres no tienen ningún significado para las personas que los escuchan. Esto sería una explicación, a la vez que una demostración de por qué son más fáciles de recordar los apodos o los motes. Los nombres de las personas no describen su carácter o su aspecto físico y por lo tanto no son fáciles de memorizar, ya que no podemos realizar asociación mental alguna. Y esa es parte del truco para no olvidarlos.

TÁCTICA: El nombre es importante para todos. Cuando debas recordar cómo se llama alguien, intenta realizar alguna asociación mental para que deje de ser una palabra vacía de contenido y se convierta en algo con significado. Recuérdalo y te lo agradecerán.

¿Y cómo consigo que no olviden cómo me llamo?

En capítulos anteriores hemos visto cómo la presencia (o ausencia) de una sonrisa puede influir para que las personas se sientan más (o menos) atraídas por otros durante el desarrollo de una conversación. Respecto a este hecho también sucede algo curioso y es que tendemos a recordar más el nombre de aquellos que nos sonríen.

Imagina que estás viendo fotografías con la cara y el nombre de diferentes personas. En algunas de ellas están sonriendo y en otras no. Si te pedimos que intentes aprender cómo se llaman todas ellas, tu cerebro se sentirá mejor (porque se activa la parte asociada con las recompensas) cuando tiene que recordar las de quienes vio sonriendo.

Una de las conclusiones obtenidas a partir de este estudio, que fue realizado por los profesores Tsukiura y Cabeza de la Universidad de Duke (Tsukiura y Cabeza, 2008), es que «somos receptivos a las señales sociales positivas» y que por ello «preferimos recordar a aquellos que han sido amables con nosotros, por si tenemos que volver a interactuar con ellos en el futuro», debido a que nuestro cerebro obtiene más estímulos si recuerda a los que sonríen.

TÁCTICA: Si quieres que recuerden tu nombre, sonríe.

Re-aprender a hacer preguntas

Desde muy pequeños, nuestra principal fuente de aprendizaje es el juego y la interacción con el medio y con los demás. También aprendemos preguntando y preguntándonos, buscando una explicación racional a lo nuevo y a lo que contradice nuestro pensamiento. De hecho, hay una edad en la que los niños no paran de hacer preguntas: ¿por qué el cielo es azul?, ¿cómo vuelan los aviones?, ¿por qué me tengo que vestir?, ¿de dónde vienen los niños?, etc.

Los adultos, en ocasiones, les transmitimos la idea equivocada de que lo realmente importante son las respuestas. Por este motivo, por timidez, o por lo seguros que están los adolescentes de saberlo todo, los niños van perdiendo poco a poco esa curiosidad innata. Pero tenemos que ser conscientes de que la evolución del ser humano está directamente relacionada con la capacidad de formular y formularse interrogantes. Seguir haciéndolo es fundamental para ampliar nuestro conocimiento, comunicación, empatía y, por supuesto, para ser influyentes en los demás. Una pregunta sin hacer es una oportunidad perdida de aprender, conocer y relacionarse.

Como estás comprobando durante la lectura de este libro, muchas técnicas de persuasión e influencia se apoyan en el uso de preguntas persuasivas. Por este motivo, aprender a cuestionar de forma inteligente es más que recomendable para los que deseamos dominar el arte de la persuasión.

¿Preguntas abiertas o cerradas?

Usar las preguntas de forma inteligente nos puede ayudar a abrir puertas. Sea lo que sea lo que intentemos conseguir, es importante que las cuestiones que planteemos no incluyan posibles juicios sobre la persona o situación que, si son percibidos por el otro, puedan afectar a la respuesta.

Llegados a este punto, tenemos que saber que podemos realizar dos tipos de preguntas según su estructura: abiertas o cerradas. Las cerradas son aquellas que se pueden responder simplemente con un sí o un no. Suelen ser muy directas y, aunque necesarias, no siempre facilitan el diálogo. Las abiertas, como su propio nombre indica, «obligan» al otro a extenderse más en la respuesta. Están planteadas de tal forma que piden al interlocutor que incluya detalles en su respuesta. Por ejemplo:

Pregunta cerrada: ¿Te gusta la comida china?

Pregunta abierta: ¿Qué tipo de comida es tu favorita?

Un interrogante abierto siempre ayuda a generar conversación y además es más útil a la hora de conocer al otro, de saber sus gustos, sus deseos, motivaciones, sueños, intereses, etc., información que posteriormente nos puede ayudar a dirigir mejor nuestros esfuerzos y orientar con precisión nuestra estrategia de persuasión.

En este sentido, empezar nuestras preguntas abiertas por los clásicos ¿qué?, ¿dónde?, ¿cuándo?, ¿cómo? y ¿quién? permitirá que salgan a la luz muchos datos importantes. No solo nos va a ayudar a mejorar la relación con esa persona (lo hemos visto en el capítulo dedicado a la simpatía), sino también a comprender mejor la situación en la que nos encontremos.

TÁCTICA: Planifica tus conversaciones e intenta incluir en ellas cuestiones abiertas. Además de transmitir un interés real, obtendrás información que será muy útil en tus procesos posteriores de persuasión.

Un ejemplo de la táctica anterior sería, en vez de preguntar a uno de tus empleados si tiene problemas con el nuevo proyecto (a lo que posiblemente responda que no, aunque la realidad sea otra), plantear las preguntas apoyándote en una estrategia que facilite el flujo de comunicación y que redunde en el beneficio común del conocimiento personal recíproco. Empieza comentando los problemas que otros compañeros están teniendo con ese proyecto y dile que quieres saber si a él le sucede lo mismo. Es lógico pensar que esto ayudará a la otra persona (gracias al principio de consenso) a ser más sincero en su respuesta y abrir el camino a nuevas preguntas sobre el tema.

En algunas ocasiones, formular la pregunta de forma directa puede llevarnos a resultados no esperados y, como hemos visto, a callejones sin salida. Para lanzar cuestiones abiertas es necesario generar un clima de confianza, fundamental para que el otro no sienta que está en un «interrogatorio» y bloquee el flujo natural de la conversación. Es por ello que debemos ser inteligentes en su uso y aprender a identificar el momento adecuado para hacerlas.

Sincronizar cerebros

Ya sabemos que algunas palabras correctamente empleadas y en el momento adecuado pueden tener un gran poder de influencia y persuasión en la persona que las escucha. Pero, además, debemos tener en cuenta que la mera conversación personal puede ser ya una poderosa herramienta de persuasión.

Si conoces a algún vendedor veterano, pregúntale cuál es la mejor forma de comunicarse con alguien. Un porcentaje muy elevado coincide en que hablar en persona es siempre la mejor opción: saben por experiencia que la conexión es infinitamente mayor cuando se encuentran cara a cara con sus clientes, y que, si tienen que realizar una petición, estarán en las mejores condiciones de conseguirla. La explicación científica a esta afirmación tiene varios componentes:

- Lenguaje corporal: nuestra comunicación no verbal nos va a ayudar a completar nuestro mensaje, captando también la atención del que escucha.

- Empatía: podemos conectar con la persona a nivel emocional, transmitiendo alegría, optimismo, preocupación, tristeza. Este nivel de conexión solo se consigue de forma plena en los cara a cara.

- Sincronización del cerebro: cuando escuchamos a alguien hablar, nuestro cerebro entra en sincronía con la persona que está hablando, ya que el sonido de nuestra voz genera una conexión con el otro.

TÁCTICA: Siempre que sea posible, entra en contacto personal con quien intentas persuadir. Es con diferencia más efectivo que un mensaje, una carta, una llamada o una videoconferencia.

El profesor Greg Stephens (Stephens, 2010) comprobó este hecho durante una de sus investigaciones. Estudió la actividad cerebral de varias personas cuando escuchaban a otras hablar. Descubrió que cuando alguien oía la voz de otra persona, varias áreas del cerebro comienzan a emparejarse, a sincronizarse con las de quien habla. También realizó el estudio mientras esas personas escuchaban a alguien hablar pero en un idioma que no conocían. En este caso, sin embargo, no se sincronizaban.

Las conclusiones de esta experiencia son sorprendentes y nos dicen que cuanto más sincronizado esté el cerebro del que escucha, más comprenderá nuestras ideas y mensajes. Una de las áreas cerebrales que se ven afectadas en este proceso de sincronización es la que se relaciona con la interacción social, algo que es fundamental para poder garantizar el éxito de nuestra comunicación.

Habla el primero si quieres que te sigan

Para terminar este capítulo compartiré contigo un pequeño secreto: si quieres tener más posibilidades de liderar un grupo de trabajo, sé el primero en hablar. Es muy posible que este pequeño detalle te convierta automáticamente en la persona más influyente. Curioso, ¿verdad?, pero es uno de los resultados a los que llegaron los investigadores (Anderson, Cameron y Gavin, 2009) después de estudiar concienzudamente las reacciones, evaluaciones y comportamiento de varios grupos de personas.

El experimento consistía en someter a los participantes a una sesión de grupo donde tenían que debatir sobre la resolución de varias situaciones. Asimismo les pidieron que identificaran, según su criterio, quién había sido el líder de su grupo. Previamente a estos trabajos, los participantes habían sido sometidos a una evaluación para conocer su nivel de dominancia.

El análisis de todas estas informaciones reveló que, en el 94 por ciento de los casos, la solución que finalmente aportaba el grupo coincidía con la primera respuesta que se aportaba. También descubrieron que las personas con una personalidad dominante eran las que primero hablaban.

TÁCTICA: Sé el primero en hablar y te convertirás en la persona más influyente del grupo.

Cuestiones para reflexionar

¿Qué puedo hacer para conseguir pequeños «síes» dentro de la conversación?

¿Utilizo mi lenguaje corporal para transmitir conformidad? ¿Muestro a través de mi comunicación no verbal señales afirmativas de acuerdo?

¿Me hago preguntas orientadas a motivarme buscando el empoderamiento?

¿Utilizo «pero» de forma constructiva y aprovechando su poder para comunicar persuasivamente?

¿Doy razones de «por qué» hay que hacer las cosas?

¿Busco la conversación informal o prefiero ir al grano? ¿Soy consciente de lo que me ha ayudado la conversación informal para preparar el terreno de mis posteriores negociaciones?

¿Soy de los que prefiero escribir un correo electrónico o hacer una llamada antes de encontrarme en persona? ¿Qué puedo hacer para ser más proactivo y provocar más encuentros personales a partir de ahora?

¿Soy el primero que habla en un grupo o me mantengo al margen inicialmente? ¿Qué puedo hacer para ser el primer en hablar en una reunión?

¿Planificas la estructura de tus preguntas para intentar que algunas sean abiertas y te ayuden a conocer mejor a la otra persona?

14

La influencia de las expectativas

Son las siete de la mañana y suena el despertador. Te aseas, te vistes, desayunas y sales por la puerta camino del trabajo. Como todos los días, coges el metro para, después de cinco estaciones, subir las escaleras y en el pasillo que conduce a la salida te encuentras con el tumulto de siempre. Mucha gente de un lado a otro, vendedores de lotería, un violinista, los guardias de seguridad... la rutina de todos los días salvo por una cosa. Un pensamiento fugaz pasa por tu cabeza: «Ese violinista callejero es nuevo. No le había visto nunca». Aun así, sigues tu camino sin más. Compras el periódico y desapareces por las escaleras que dan a la calle.

Esa misma noche, tu mujer te ha invitado a un concierto de música clásica. Ella es muy aficionada y, aunque a ti te gusta la música, prefieres otros estilos más modernos. Aun así tienes muchas ganas de ir porque ella te ha dicho que esa noche acompañará a la orquesta uno de los mejores violinistas de todo el mundo. Las entradas llevan agotadas varios meses pero gracias a unos amigos habéis podido conseguir las vuestras, aunque, eso sí, han costado bastante más de lo habitual, pues que ese violinista esté en la orquesta ha hecho que el precio de las entradas se dispare. Por si fuera poco, esa misma tarde has leído en el periódico lo afortunados que son los que pueden asistir a una noche de magia y música, única e irrepetible, que va a tener lugar en el Auditorio Nacional. Dicen que el instrumento que toca es uno de los violines más valiosos que existen en la actualidad.

El concierto empieza y, en el momento en que el violinista comienza a tocar los primeros acordes, eres consciente de que estás asistiendo a algo único. No puedes evitar emocionarte y sentirte afortunado, ya que nunca antes un violín había sonado de manera tan magistral en tu ciudad... ¿o sí?

¿Recuerdas que esa misma mañana habías visto de pasada a un músico callejero que tocaba en la estación de metro? ¿Y si te dijera que es la misma persona?

El violinista Joshua Bell realizó esta experiencia: tocó durante cuarenta y cinco minutos en una estación de metro de Washington DC el 12 de enero de 2007. Durante el tiempo que estuvo tocando, solo recibió unos pocos dólares de los escasos viajeros que se pararon a escuchar su música. Hay un vídeo que circula por internet donde puedes verlo. La mayoría de la gente pasó de largo, como tú mismo hiciste por la mañana. Pero esa misma persona, unas horas después, por la noche, fue capaz de emocionarte, de hacerte sentir especial por estar presenciando aquella obra de arte musical, realizada por uno de los mejores violinistas del mundo. Para que esto haya sucedido, es necesario que se hayan creado unas expectativas en tu mente, unas expectativas que te han ayudado a percibir al mismo artista de una forma totalmente distinta.

Todos tenemos la capacidad de construir la realidad de los demás en función de cómo es la experiencia que les hemos preparado y que les hacemos vivir cuando están en una situación determinada. No es lo mismo empezar un examen poniendo primero las preguntas más difíciles que las más sencillas. Empezar por preguntas sencillas, entre otras cosas, mejorará la confianza del alumno según las expectativas que se va a hacer sobre la dificultad del examen al que se está enfrentando y sobre sus propias capacidades. De la misma forma, una buena cristalería mejorará la calidad que percibamos del vino que vayamos a tomar en ella.

Las expectativas mandan

Nuestras creencias tienen un papel fundamental en la forma en que modelamos la realidad. Esta idea quedó de manifiesto en la siguiente investigación, llevada a cabo por dos psicólogos de la Universidad de Wisconsin (Chapman y Chapman, 1967). Realizaron un experimento para intentar descubrir si un tipo de estudio que se efectuaba mucho en la época era verdaderamente fiable: según afirmaban los expertos en los años sesenta, era posible detectar infinidad de problemas psiquiátricos a partir de los dibujos que hacían los pacientes. Para ello, se mostró a un grupo de estudiantes una serie de dibujos de personas y se les entregó una pequeña descripción del paciente que los había realizado.

Posteriormente, se preguntó a los estudiantes si habían sido capaces de encontrar algún patrón en los datos facilitados. Los resultados fueron curiosos porque los estudiantes afirmaron que sí, que habían sido capaces de encontrar patrones similares a los que los profesionales hallaban en sus casos reales: decían cosas como que la gente paranoica dibuja ojos dispares, los hombres con problemas de masculinidad dibujan personas con grandes espaldas y las personas con problemas sexuales (impotencia) dibujan los órganos sexuales con un tamaño bastante pequeño.

Todo esto hubiera confirmado que las creencias de la época, respecto a que era posible detectar problemas psiquiátricos a través de dibujos de personas, eran ciertas. Pero lo que los estudiantes no sabían es que los dibujos se habían emparejado de forma aleatoria con las descripciones, por lo que era imposible que existieran esos patrones. Este suceso viene a confirmar lo que los investigadores ya sospechaban al diseñarlo, que las creencias modelan nuestro pensamiento porque intervienen de forma directa en la percepción que tenemos de la realidad. Lógicamente podemos deducir las implicaciones que tienen las expectativas en nuestra vida diaria pero... ¿cómo se usa este hecho para influir en las personas?

Cómo funcionan las expectativas

Si nos apoyamos en lo que nos dice la RAE, la palabra *expectativa* tiene varias acepciones. Entre ellas:

1. Esperanza de realizar o conseguir algo.

2. Posibilidad razonable de que algo suceda.

En términos generales, una expectativa es lo que se considera como lo más probable que suceda. Esta probabilidad está formada por un conjunto de suposiciones, pero es importante matizar que, como suposiciones que son, pueden ser o no realistas.

Las expectativas, que se van generando en la mente mediante un proceso automático, están continuamente presentes en la conducta y es prácticamente inevitable que se formen. Nuestras creencias van construyendo nuestro mundo y constituyen nuestra realidad. Todas ellas influyen poderosamente en la imagen que tenemos sobre nosotros mismos y por supuesto influyen en cómo nos relacionamos con los demás y con el entorno en el que vivimos.

Cuando tenemos una expectativa para una determinada situación, nuestro cerebro altera sustancialmente nuestra percepción para que coincida con esa perspectiva creada previamente. Consciente o inconscientemente, razonadas o irracionales, nuestras expectativas se cumplen. Aunque hay ocasiones, como la siguiente imagen, en que, aunque lo intente, no sea posible:

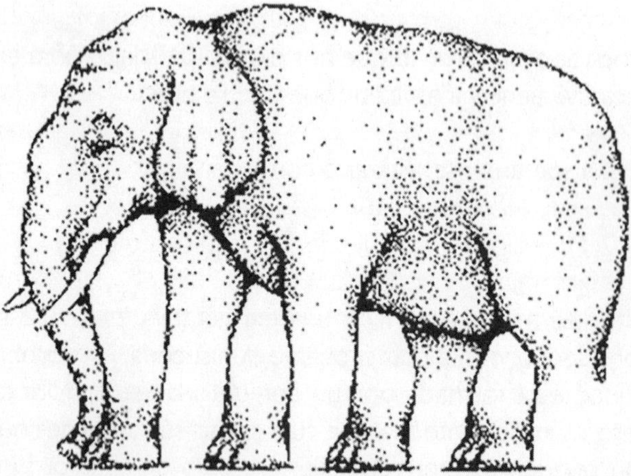

«Elefante imposible», *Roger N. Shepard.*

Seguro que has oído hablar de esos discos de vinilo que incluyen mensajes satánicos cuando los haces girar al revés. Si has escuchado alguna de esas canciones, te habrás percatado de que el contenido no está muy claro, pero si prestas atención puedes oír palabras diabólicas con claridad. ¿Es cierto que esos mensajes existen en las canciones? Bueno, depende de las expectativas creadas. Normalmente, si escuchamos la canción al revés no podemos identificar ningún mensaje, pero, cuando nos dicen lo que vamos a oír, todo se muestra más claramente: tan solo tienes que escuchar y adaptar lo que oyes al mensaje que te han dicho. Si quieres comprobar esta experiencia por ti mismo, entra en la web de Jeff Milner <www.jeffmilner.com/backmasking/> para escuchar su colección de «canciones al revés».

Lo anterior puede ayudarte a entender por qué, cuando escuchamos una película en otro idioma, al poner los subtítulos en castellano identificamos mejor las palabras que están diciendo, ya que la mente se prepara para escuchar palabras relacionadas con lo que estamos leyendo. La expectativa de lo que vamos a escuchar nos ayuda a interpretar de forma adecuada para que se ajuste al mensaje que oímos.

En el mercado de bebidas de cola hay dos que dominan mayoritariamente. Creo que todos tenemos claro cuáles son, ¿verdad? Seguro de que ya tienes en mente tu marca favorita. Pero hay algunos detalles interesantes sobre cuál es realmente la que nos gusta más. La marca Coca-Cola, cuando se realizó este estudio en Estados Unidos, era la dominante. Por ello, mucha gente desarrolló la idea de que era la que tenía mejor sabor, y, de hecho, varios estudios realizados en la época demostraban que la gente la prefería frente a Pepsi. Lo curioso es conocer el resultado cuando esas pruebas se hacían a ciegas, es decir, sin que los participantes supieran si estaban tomando una marca u otra: en estos estudios, la que más puntuación obtenía era Pepsi (McClure, 2004). Queda claro que, cuando la expectativa no forma parte de la ecuación, los resultados pueden dar un giro inesperado a nuestros auténticos gustos personales.

Una creencia que la mayoría de nosotros tenemos es que el precio está ligado a la calidad: un precio elevado crea siempre una expectativa de excelente calidad. Que nos inviten a un restaurante que sabemos que es caro disparará nuestras expectativas y tanto los platos como las bebidas que pidamos nos resultarán incluso más sabrosos. ¿Dudas de ello? Está demostrado que nuestra actividad neuronal es mayor en la zona del córtex orbitofrontal (zona del cerebro asociada con el placer) cuando consumimos productos con precios elevados. En un estudio realizado en el que se empleaban botellas con el mismo vino pero marcadas con diferentes precios se observó que las personas consideraban que el vino tenía más calidad cuando creían que había sido comprado a un precio más alto (Goldstein & Almenberg, 2008).

Nuestras expectativas influyen en los demás

Hoy es tu segundo día de trabajo en un nuevo empleo. Es tu primer contacto con las ventas y tienes que visitar a posibles nuevos clientes que puedas captar para tu empresa. Estabas muy ilusionado, pero el día anterior lo pasaste con un vendedor veterano que te desanimó un poco. Según él: «En este trabajo, de los veinte posibles clientes que visitarás al día, cerca del 90 por ciento no estarán nunca interesados en lo que les vayas a contar».

No voy a poner en duda las ideas de tu compañero veterano, pero, independientemente de que sea cierto o no, ¿cómo crees que te puede afectar para realizar tu labor?

Bien, pues algo así quiso comprobar el profesor Rosenthal y su equipo de investigadores cuando un hospital les planteó un reto muy interesante (Rosenthal, 1973): deberían seguir enviando al hospital pacientes con problemas auténticos de salud mental, hasta aquí nada distinto de como habitualmente venían haciendo; pero, puntualmente, enviarían alguna persona que no sería ningún paciente. Se trataría de un actor que simularía tener algún tipo de problema mental. El hospital estaba tan seguro de la profesionalidad de sus doctores que incluso aceptó realizar el reto públicamente.

Los resultados fueron espectaculares, aunque no en la forma en que pudiéramos pensar. De las 193 personas que el profesor Rosenthal envió al hospital durante tres meses, 41 fueron identificados, con mucha seguridad, como «falsos pacientes» por al menos un miembro del hospital; 23 se consideraron como sospechosos por al menos uno de los psiquiatras y de esos 23 y 19 se catalogaron como sospechosos por otro miembro del hospital. Pero la pregunta es: ¿Cuántos «falsos pacientes» envió Rosenthal al hospital realmente? No envió ninguno: todos los pacientes tenían auténticos problemas de salud mental.

De la misma manera, tu compañero veterano de ventas está condicionando tus resultados, creando una expectativa sobre las personas que vas a visitar durante tu jornada. Seguro que, al igual que les pasó a los psiquiatras en el estudio del profesor Rosenthal, esa perspectiva te hará ver más personas «poco receptivas» de las que realmente pudieras encontrarte.

Para entender mejor el efecto de las expectativas en nuestra mente y por qué funcionan, debemos conocer los siguientes tres conceptos que nos van a ayudar a explicar su poder: los sesgos de confirmación, el efecto placebo y las profecías autocumplidas.

Los sesgos de confirmación

La semana pasada soñé con un amigo al que solo veo dos o tres veces al año. Lo increíble es que a la mañana siguiente, cuando estaba desayunando en una cafetería del centro, entró él por la puerta. ¿Fue mi sueño premonitorio? ¿Hay alguna supuesta relación entre ambos sucesos? Mucha gente en esta situación llega a la conclusión de que sí. Pero ¿por qué no puede ser pura casualidad? He tenido cientos de sueños en mi vida, y, por puro azar, alguno puede tener relación con un hecho real.

¿Eres de los que tiene la impresión de que, siempre que lavas el coche, llueve? El caso es que, si después de limpiarlo, empieza a llover, es inevitable recordar que varias veces te ha ocurrido lo mismo. Pero el caso es que no te paras a pensar en todas las veces que lo has hecho y el cielo ha seguido despejado.

Las personas sentimos una imperiosa necesidad por confirmar, mediante información que así lo demuestre, las expectativas, creencias o hipótesis que nos hemos creado o las que otros tienen de nosotros, y damos menos consideración a las demás alternativas posibles. Lo que hacemos de forma inconsciente es buscar la información que nos confirma la expectativa creada y descartar la que no nos sirve a ese propósito. Interpretamos de forma sesgada y selectiva.

El término *sesgo de confirmación* fue acuñado por el psicólogo inglés Peter Watson en un experimento publicado a principios de los años sesenta (Watson, 1960), en el que pidió a varias personas que identificaran qué regla se aplicaba a las siguientes secuencias de números: «2-4-6», «8-10-14», «15-16-22», etc. Esta prueba demostró que la mayoría no tratamos de probar nuestras hipótesis críticamente. Casi todos los participantes se limitaron a confirmar que la regla era «una secuencia matemática de algún tipo», sin llegar a averiguar que era simplemente una «secuencia creciente» de números. El sesgo de confirmación y nuestra tendencia a ignorar la que no encaja dentro de las expectativas nos puede llevar a cometer algunas equivocaciones. No debe confundirse con la profecía autocumplida, en la que el comportamiento de la gente hace que sus expectativas se cumplan, y que veremos más adelante.

Si eres una persona que prefiere un estilo de alimentación vegana, buscarás y encontrarás razones, información, libros, amistades, etc., que confirmen tus perspectivas de que es el tipo de comida más aconsejable para ti, en conformidad con tus expectativas de alimentación saludable y tus principios éticos.

El efecto placebo

En palabras del psicólogo austriaco Paul Katzlawick, «la profecía de un suceso lleva al suceso de la profecía», lo que coincide plenamente con la descripción de lo que actualmente conocemos como «efecto placebo».

Cuando oímos hablar del «efecto placebo» nos suele venir a la mente la imagen de esas personas que son capaces de mejorar, o incluso de llegar a sanar, de alguna enfermedad tan solo por el hecho de creer que han tomado una medicina que les va a curar. Lo interesante de este efecto es que esas medicinas no tienen ninguna de esas propiedades médicas que al paciente le han contado. Esto es algo que las empresas farmacéuticas tienen muy en cuenta a la hora de probar la verdadera efectividad de sus nuevos medicamentos.

En medicina, se conoce como placebo a la sustancia que carece de acción curativa pero que produce un efecto terapéutico en el enfermo si este la toma convencido de que es un medicamento auténtico y eficaz. Pero el efecto placebo va mucho más allá. De hecho, nos proporciona una explicación muy acertada de por qué se pueden convertir en realidad las creencias que aceptamos en nuestra mente sobre lo que pensamos que somos (y no somos) capaces de hacer. El placebo es un claro ejemplo del poder que tienen las expectativas a la hora de interpretar y percibir la realidad.

Uno de los mejores y más divertidos experimentos que conozco sobre cómo el cerebro responde a la expectación lo encontré en el libro *59 segundos* del psicólogo Richard Wiseman. Invitó a un grupo de estudiantes a una fiesta nocturna donde se les identificó con colores: la mitad tendría chapas azules y la otra mitad rojas. Los identificados con el color azul tomarían bebida con alcohol y los otros sin alcohol. Ninguno de los invitados sabía estas condiciones, por lo que todos pensaron que estaban tomando bebidas alcohólicas.

Previo a la celebración, todos realizaron una serie de ejercicios de equilibrio, atención y memoria. Posteriormente a la fiesta, todos volvieron a realizar las mismas pruebas. Los resultados en ambos casos (rojos y azules) fueron peores que al inicio. Los identificados con el color rojo (bebida sin alcohol) mostraron también efectos etílicos.

Fíjate hasta qué punto alcanza el poder del efecto placebo que incluso cuando la gente sabe que algo forma parte de un placebo, sigue surtiendo efecto (Kaptchuk, 2010). La explicación a esto es asombrosa. Se cree que es porque, aunque lo sepamos, conocemos al mismo tiempo que este efecto ayuda positivamente a nuestra actitud mental frente al problema. Otra vez las expectativas entran aquí en juego de una forma inesperada.

La alergia mental

Uno de los experimentos que, a mi entender, mejor reflejan el poder de los pensamientos en forma de expectativas lo encontré citado en un libro de Shawn Achor titulado *The happiness advantage*. Según el autor, el estudio fue realizado por dos investigadores japoneses (Ikemi y Nakagawa, 1962), con la participación de un grupo de niños alérgicos a la hiedra venenosa.

Se trataba de un estudio psicosomático sobre la dermatitis donde se introducía el efecto placebo de una forma un tanto curiosa. A todos los niños les frotaron uno de sus brazos con una hoja de hiedra venenosa, pero a ninguno les dijeron que se trataba de esta planta. Es más, les informaron de que se trataba de una hoja totalmente inofensiva. A continuación les frotaron a todos el otro brazo con una hoja, esta vez sí inofensiva, pero diciéndoles que se trataba de hiedra venenosa. Los resultados, como puedes imaginar, fueron muy sorprendentes: todos los niños desarrollaron un sarpullido en el brazo donde ellos creían que les habían tocado con hiedra venenosa. E increíblemente, a once de los trece niños no les salió ningún sarpullido en el brazo donde les habían frotado con la hiedra venenosa.

Aquí los niños respondieron directamente a la sugestión al implantarles esos pensamientos en la mente. Es un ejemplo claro de que un pensamiento es capaz de producir un efecto muy potente en el cuerpo.

El rendimiento matemático

Pero nuestras creencias no solo afectan al rendimiento de nuestro cuerpo físico, también influyen en nuestro rendimiento mental. Lo que pensamos y creemos sobre nuestras capacidades o habilidades tiene un efecto decisivo en nuestros resultados intelectuales.

Un grupo de mujeres estudiantes leyeron un estudio falso sobre el rendimiento matemático de las mujeres

(Spencer, Steele y Quinn, 1999): el estudio afirmaba que los hombres eran un 5 por ciento mejores que las mujeres en matemáticas. Para la mitad de las chicas, el informe concluía que este mejor rendimiento era debido principalmente a factores genéticos que habían sido descubiertos en estudios recientes; para la otra mitad, ese dato tan solo era el resultado de suposiciones y estereotipos de algunos profesores. Tras la lectura, se les realizó un examen de matemáticas. ¿Puedes imaginar los resultados? Efectivamente, las notas de las chicas que pensaban que se trataba de algo genético fueron significativamente más bajas que las de quienes sabían que solo era un dato basado en suposiciones y estereotipos. La desventaja, aceptada como realidad por las chicas, se llegó a convertir en un hecho real.

La profecía autocumplida: el efecto Pigmalión

No solo son importantes las expectativas que tenemos sobre algunos eventos y personas para percibir la realidad de una manera u otra, también las que crean y creamos sobre nosotros mismos a modo de autoinfluencia. Como dijo Henry Ford: «Tanto si crees que puedes hacer una cosa como si no, tienes razón» (*The Reader's Digest*, 1947).

Según lo que pensemos que va a pasarnos, haremos lo posible de forma inconsciente para amoldar la realidad a esta idea: veremos lo que esperamos ver, escucharemos lo que queramos escuchar y sentiremos lo que deseamos sentir.

Este suceso toma su nombre de la leyenda de Pigmalión, un mito griego sobre un antiguo rey de Chipre, y destacado escultor, que se enamoró ciegamente de Galatea, una de las estatuas de marfil que él mismo había tallado. Ese sentimiento extremo por su escultura le llevó a tratarla como si de una persona real se tratara. El mito finaliza cuando la escultura cobra vida gracias a la intervención de Afrodita, que, al ver el amor que Pigmalión sentía por Galatea, decide convertir sus deseos en realidad. El escultor consiguió materializar sus expectativas y, al creer que la estatua estaba viva, realmente llegó a estarlo.

Es decir, las creencias y expectativas que tenemos acerca de una persona afectan en su rendimiento y forma de comportarse. Influyen en su propia creencia sobre lo que es capaz de conseguir o lo que no. En otras palabras, la confianza que los demás tengan en nosotros puede darnos la fuerza necesaria para alcanzar los objetivos más difíciles.

Puede que hayas visto u oído hablar de la película *My Fair Lady* (George Cukor, 1964). Si es así, seguro que eres capaz de relacionar su argumento con el efecto Pigmalión. Si recuerdas, el profesor termina enamorándose de la chica a la que ayuda, gracias principalmente a las expectativas que crea sobre ella y que la llevan a convertirse en toda una dama y salir de la pobreza y el analfabetismo.

Imagina que estás en un programa para perder peso. Si piensas que no va a servir de nada, empezarás a cumplir la profecía y no serás capaz de adelgazar. El motivo será que tendrás conductas que cumplan con tus expectativas: no hacer deporte regularmente, no comer de forma adecuada, no respetar los horarios de comidas, comer entre horas, etc. Sin embargo, si esperas que el programa para perder peso sea un éxito, comenzarás a cumplir la profecía y te será más fácil adelgazar debido a que tendrás las conductas adecuadas: hacer deporte, comer de forma adecuada, visitar al médico regularmente, etc.

Esta teoría, llevada al ámbito educativo por Rosenthal y Jacobson (*Pygmalion in the classroom*, 1968), se ha revelado como uno de los principales factores que influyen en la capacidad de los alumnos para conseguir su objetivos escolares. El estudio confirmó categóricamente que «las expectativas o sesgos de un investigador influyen en el comportamiento de los sujetos estudiados, independientemente del contexto o ámbito en que la investigación se lleve a cabo». Es una expectativa que incita a las personas a actuar de tal forma que hace que se vuelva cierta.

La investigación comenzaba con una evaluación realizada a los estudiantes de primaria de un colegio y con la que se pretendía determinar sus capacidades intelectuales. Los profesores del centro eran informados a principio de curso de los resultados obtenidos por sus nuevos alumnos y se les indicaba cuáles eran los que mejores evaluaciones habían obtenido, y también se les informaba de que esos eran los que tendrían mejor rendimiento a lo largo del curso. Es decir, fueron llevados a creer que algunos estudiantes tendrían mayor rendimiento que otros durante el año.

Pasados ocho meses, los investigadores observaron cómo había sido el progreso de todos los estudiantes y se confirmó lo esperado: los alumnos «especiales» tuvieron un rendimiento mayor que el resto. Como te decía, lo esperado. Pero es que hay algo que no te he comentado y que los profesores tampoco supieron, y es que, en realidad, jamás se realizó ningún estudio para evaluar las capacidades de los alumnos. Y entonces, te preguntarás: ¿cómo supieron cuáles eran los alumnos que iban a destacar sobre el resto? Pues no lo supieron. Fueron elegidos al azar, sin tener en cuenta ningún tipo de habilidad, capacidad o información previa: se habían escogido de modo totalmente aleatorio. Las investigaciones posteriores en este campo han apoyado la conclusión original de Rosenthal de que las expectativas de los maestros pueden tener un efecto sustancial en el desempeño escolar de los estudiantes.

Con la información que ya conoces, puedes imaginar qué es lo que sucedió para que los alumnos elegidos al azar terminaran siendo los mejores de su curso. Los investigadores consiguieron que los profesores crearan altas expectativas de esos alumnos al condicionarles con los resultados sobre sus rendimientos y capacidades. Según estas altas perspectivas, los profesores comenzaron a «trabajar» para que se cumplieran.

El entorno educativo es un claro ejemplo de cómo las expectativas que tiene el profesor en relación con el alumnado influyen en el comportamiento de este, y es uno de los factores más influyentes en el rendimiento escolar.

Cuando el profesor les da responsabilidad y confianza, les está enseñando a creer en ellos mismos. Estas afirmaciones han sido demostradas en numerosas ocasiones por diferentes experiencias y estudios que dicen, por ejemplo, que los maestros con imágenes más positivas de sus estudiantes tienden a ofrecerles:

1. Mayor soporte emocional (Rist, 1970).

2. Comunicación más clara, inmediata y positiva de su desempeño (Weinstein, 1976).

3. Mejores oportunidades para crecer y aprender (Good y Brophy, 1974).

La predisposición a considerar y tratar a alguien de una manera determinada es en gran medida consecuencia de la información que conocemos sobre esa persona. Ese trato y consideración influirán considerablemente en cómo sea su desarrollo personal y profesional, dependerá, por lo tanto, del uso que hagamos para que sea beneficiosa o perjudicial para los demás y para nosotros mismos.

Influir a través de las expectativas

Al leer las conclusiones del estudio anterior, se podría pensar que los resultados obtenidos pueden deberse a que la experiencia se realizó con la participación de niños pequeños. Podríamos creer que son más fácilmente «moldeables» que los adultos, ya educados, con un carácter y personalidad más definidos. Pero nada más lejos de la realidad: la verdad es que este tipo de influencia a través de las expectativas que los demás tienen de nosotros tiene éxito independientemente de la edad, sexo, cultura, etc. El psicólogo Dov Eden así lo demostró con un estudio (Eden y Shani, 1982), realizado en los años ochenta, muy similar al ejecutado por el también psicólogo Robert Rosenthal, donde obtuvo una serie de increíbles resultados con la ayuda y colaboración del ejército israelí. Eden fue capaz de predecir qué soldados terminarían por convertirse en los mejores de su promoción. Al finalizar los entrenamientos, «los elegidos» rindieron bastante mejor que sus compañeros y obtuvieron una puntuación entre un 9 y un 10 por ciento más alta en las pruebas de experiencia y armamento. Como puedes imaginar, Eden informó a los mandos superiores de los resultados obtenidos en las pruebas para evaluar sus capacidades y alto potencial, pero esta información no era cierta y los «brillantes soldados» se eligieron al azar. Cuando los superiores creían en el potencial de sus hombres, actuaban de una determinada manera que conseguía que ese potencial acabara convirtiéndose en realidad. Les proporcionaban, consciente e inconscientemente, más ayuda, más consejos, opiniones, críticas constructivas, apoyo, etc., que al resto. Esa conducta tuvo un efecto decisivo en los «elegidos»: fomentó que tuvieran más confianza en sí mismos y que sus habilidades mejoraran más que las del resto de sus compañeros.

Todo esto nos lleva a preguntarnos si es posible aplicar las lecciones aquí aprendidas en nuestro entorno personal y laboral.

En el entorno personal es fácil deducir que las expectativas que tengamos sobre nuestros hijos van a marcan su propio crecimiento y desarrollo personal. Debemos tener claro que, si pensamos de nuestro hijo: «Este niño es como su padre, nunca llegará a nada», estaremos marcando su futuro de una manera completamente diferente a si pensamos de una forma más optimista y le decimos: «Ha sido un pequeño bache, todos los tenemos, pero te has esforzado más que en otras ocasiones y, si sigues así, estoy seguro de que lo vas a conseguir». En la misma línea pero de forma más sutil, todo lo que esperemos de nuestros hijos, como si de una autoprofecía se tratara, se terminará más fácilmente haciendo realidad. Somos responsables, con nuestras expectativas, de la influencia que ejercemos en ellos y en parte también de su futuro personal y profesional. Procuremos, por tanto, fijarnos unas expectativas inspiradoras que les permitan ser lo que quieran llegar a ser y que no les limiten en su forma de desarrollarse intelectualmente.

En el entorno profesional, el investigador Brian McNatt, especializado en gestión empresarial, ha realizado diversos estudios sobre el efecto Pigmalión en la empresa en los que ha llegado a las mismas conclusiones que en los casos anteriores (McNatt, 2000). Cuando los directivos consideraban brillantes a los empleados, estos acababan destacando en su trabajo por su mejor rendimiento. En palabras del profesor McNatt: «Los directivos deberían reconocer el posible poder e influencia de tener un sincero interés y fe en el potencial de sus empleados». También piensa que deberían «llevar a cabo acciones que apoyen a los demás y comuniquen esa fe».

Lamentablemente, no todos los directivos son capaces de tratar a sus colaboradores de tal manera que les lleve a realizar sus tareas y obligaciones con una calidad y excelencia de nivel superior. A modo de resumen y según las conclusiones de McNatt:

Lo que los directivos esperan de sus colaboradores y la forma en que los tratan es vital para el desarrollo profesional de estos últimos.

Una característica fundamental de los grandes directivos es su capacidad para crear altas expectativas que los empleados puedan perseguir y alcanzar.

Debido a que algunos directivos no son capaces de crear altas expectativas de sus colaboradores, la productividad de los empleados se ve mermada.

Los colaboradores casi siempre tienden a hacer lo que creen que se espera de ellos.

Lo que un superior piense de sí mismo afectará sutilmente a lo que piense de sus empleados: si cree que su capacidad para estimular, formar y motivar a sus empleados es baja, entonces esperará menos de ellos y por lo tanto les tratará con menos confianza. Lo cierto es que la falta de confianza en la capacidad de uno mismo es en ocasiones la responsable del bajo desarrollo del talento de sus colaboradores.

Te propongo un par de ejercicios para poner en práctica estas ideas:

El primero consiste en elegir a alguna persona cercana a ti y de la cual no tengas una imagen muy positiva. No busques a alguien complicado, puede ser una familia o un compañero de trabajo. Piensa y escribe qué expectativas tienes sobre esa persona actualmente y analiza también qué las ha motivado. Hecho esto, es el momento de que busques qué cualidades tiene esa persona que sean positivas, qué habilidades le hacen especial y qué virtudes demuestra en su desempeño personal y profesional. Si no conoces ninguna, es que tus expectativas sobre ella te han impedido verlas. Lo que queremos es buscar varios aspectos que nos ayuden a crear una perspectiva más positiva de alguien. Cuando te relaciones con esa persona intenta fijar en tu mente esas nuevas expectativas. Con el tiempo vas a comprobar dos cosas: primero, tu cambio de actitud te va a ayudar a encontrar más cosas positivas que antes permanecían ocultas; y, segundo, la persona percibirá esas nuevas expectativas y se abrirá más a la relación para cumplir con ellas.

¿Y por qué no usar el efecto placebo y las expectativas en el diseño de nuestra propia mentalidad? El segundo ejercicio tiene relación contigo y con la confianza que tienes en ti. Tiene que ver con la autoinfluencia para ayudarte a mejorar a partir de nuevas expectativas más alineadas con tus deseos, anhelos y sueños.

Piensa y escribe cuáles son las expectativas que tienes sobre ti mismo. Si entre ellas hay alguna más limitante, escribe cuáles son las nuevas expectativas que van a sustituirla a partir de ahora. Dicen que los pensamientos que hemos tenido en el pasado nos han llevado a convertirnos en las personas que somos hoy día. Esa es una maravillosa noticia, porque, entonces, los pensamientos que pongamos en nuestra mente a partir de ahora nos ayudarán a convertirnos en las personas que queremos ser en el futuro.

Cuestiones para reflexionar

Cuando estás con tus hijos, ¿ensalzas sus características positivas y logros, motivándoles para que luchen por sus sueños?

¿Cuáles son las expectativas que tienes de tu equipo de trabajo? ¿Haces lo posible para que ellos sepan lo que piensas y esperas de ellos?

¿Qué detalles incluyes en tus presentaciones que ayuden a crear altas expectativas?

¿Cuáles son las expectativas que tienes de ti mismo?

15

Qué me das a cambio

Me encanta jugar al ajedrez con mi hija pequeña. Hoy me ha sorprendido colocando las piezas en el tablero de un modo especial: ha empezado a hablar con ellas, como si fueran sus muñecas, y las ha animado para que ganaran. El rey y la reina han cobrado vida propia gracias a su imaginación, y se han dispuesto a motivar a todo su ejército. Ninguna pieza principal se ha quedado sin su discurso motivador antes de ser colocada en su posición. Luego ha terminado cogiendo cada peón y haciéndoles dar pequeños saltitos al ritmo de «uh-uh-uh», a modo de ritual preparatorio para el éxito en la batalla. Cuando ha terminado de colocar todas las piezas, ha levantado la mirada y me ha dicho: «Papá, estamos listos para jugar». En ese mismo momento, te prometo que he tenido la impresión de que sus piezas y ella misma estaban mejor preparadas que en otras ocasiones para ganar la partida. Lo mismo me viene a la mente cada vez que veo a los All Blacks, esos jugadores de rugby neozelandeses que realizan la danza de guerra tribal maorí (Haka) antes de enfrentarse al equipo contrario. Es una danza que suele utilizarse como muestra de hospitalidad y bienvenida, pero también como método de intimidación antes de la lucha.

Imagino que coincides conmigo en que esa combinación visual y emocional de fuerza, provocada por la mezcla explosiva de equipo y motivación, es abrumadora. Su éxito no se basa solo en la intimidación que provocan en el otro equipo, la clave para mí es la verdadera motivación que se genera en cada uno de los jugadores que forman parte de ese proceso ritual.

Comienza con el porqué

Quizá hayas visto la famosa conferencia TED «How great leaders inspire action» de Simon Sinek. Es la tercera más popular, y si no eres tú uno de los más de 30 millones de personas que la han visto, te animo a que busques un hueco para ello. No tiene desperdicio.

Al final de su charla, Sinek afirma que seguimos a los líderes que nos inspiran, no porque tengamos que hacerlo, sino porque nosotros mismos queremos hacerlo. Y estos líderes, los que tienen la habilidad de inspirar, son los que comienzan con el «¿por qué?». Si uno transmite cuál es su propósito, cuál es su causa, atrae a los que creen en lo mismo. Según esta teoría, si te tomas el tiempo necesario para que los demás entiendan por qué una actividad es importante, la gente se comprometerá con ella.

La idea de Sinek es que los más influyentes piensan, actúan y se comunican en el siguiente orden: ¿por qué?, ¿cómo? y ¿qué? Al hacerlo de este modo, están hablando directamente con la parte del cerebro que controla el comportamiento y la toma de decisiones, con nuestro cerebro límbico. Del modo opuesto, la mayoría de las personas empiezan explicando el «¿qué?», haciendo de este modo actuar el neocórtex, que es la parte del cerebro responsable de todos nuestros pensamientos racionales y analíticos.

Uno de los ejemplos que Sinek expone es el de los hermanos Wright, que fueron capaces de realizar con éxito el primer vuelo de motor, cuando en principio no tenían ningún ingrediente de lo que podríamos considerar como la receta del éxito: no tenían dinero, ninguno en su equipo, ni ellos mismos, tenían educación universitaria. Pero poseían algo muy importante: les guiaba una causa, un propósito. Creyeron que, si eran capaces de idear una máquina voladora, eso cambiaría el curso del mundo. La gente que creyó en el sueño de los hermanos Wright trabajó con ellos dejándose en el camino sangre, sudor y lágrimas. Consiguieron así vencer a otros equipos mejor calificados y financiados en la lucha por ser los primeros en volar.

Al final, lo que uno hace es una demostración de lo que uno cree. Por ello, si quieres conseguir que alguien, ya sea tu hijo o un empleado de la organización, haga algo que tú quieres, empieza explicando el «por qué». Es la única manera de permitir que ellos también crean en lo que tú crees.

Tengo un amigo muy inquieto intelectualmente, que, cuando busca trabajo, no se interesa principalmente por el puesto que cubrir. En la entrevista siempre dice: «Háblame del proyecto», buscando saber el porqué. Él sabe que, si acepta el trabajo solo porque es válido por su currículum, más pronto que tarde acabará desmotivándose.

TÁCTICA: Prueba a elegir gente para tu equipo que comparta tus creencias, así conseguirás que se implique totalmente en el trabajo.

En la charla TED, Sinek habla de «inspirar». En realidad, cuando queremos conseguir que alguien haga algo, no es suficiente con ser inspirador, también es necesario ser influyente. Es decir, provocar acciones específicas para que tus ideas se lleven a la práctica.

Las palabras *influir* y *motivar* se usan a menudo indistintamente sin pensar mucho en su significado exacto. Entre ambas hay una diferencia principal: motivar requiere dar a alguien una razón o un incentivo, en definitiva un «motivo», algo que usualmente genere autointerés para que haga algo. Mientras que la influencia es una habilidad de nivel superior que produce un efecto sobre alguien por medios imperceptibles. *Influir* significa ser capaz de moldear las opiniones de otras personas hacia tus propios puntos de vista o perspectivas.

Se puede decir que la motivación te pone en marcha, y que la influencia te hace ir en una dirección particular. Al motivar a una persona, se consigue que se mueva para actuar con un determinado rumbo que se ha influenciado para que tome. El liderazgo eficaz debe ser primero influyente, luego motivacional.

Las fuentes del poder

Todos nos hemos preguntado alguna vez cómo podemos ejercer nuestro poder, e influir sobre alguien para producir un cambio que deseamos. Me refiero a esa situación donde necesitas producir un cambio en las creencias, actitudes o conductas de tus hijos, de algún empleado, etc. Pensemos en el mundo empresarial. El poder desempeña un aspecto crucial en la mayor parte de las interacciones que ocurren dentro de las organizaciones. Según el artículo «Las bases del poder» (French y Bertram, 1959), hay cinco fuentes de poder, que se ejercen de diferente manera y con resultados distintos sobre quien es influenciado por este poder: de recompensa, coercitivo, legítimo, referente y de expertos. A estas cinco fuentes de poder añadiremos también una sexta, el poder de la información, porque algunos autores también lo han considerado dentro de las bases de poder.

Poder de recompensa

El ejemplo típico es incentivar a un trabajador de una fábrica por número de piezas fabricadas, con el objetivo de aumentar su producción. Este sistema, inducido por una promesa de recompensa, es altamente dependiente de la persona que influencia, puesto que controla por sí mismo la probabilidad de que el trabajador pueda recibirla. Al ejercer este poder correctamente, se consigue motivar a los empleados, pero, si se aplica injustamente o a través de favoritismo, puede provocar que se desmoralicen y que disminuya su producción.

Las personas que ejercen el poder de recompensa pueden influir en las acciones de los empleados porque tienen capacidad para planificar la asignación de incentivos de la organización. Estos incentivos pueden ser de tipo económico, pero también promociones, regalos, viajes, formaciones especiales, etc.

El poder coercitivo

Amenazar con despedir a un trabajador si cae por debajo de un determinado nivel de producción es un ejemplo de poder coercitivo. Este poder es la capacidad de una persona para sancionar, despedir o reprender a otro empleado, y se ejerce cuando una persona influye en los demás a través de amenazas, castigos o sanciones. La utilidad de este poder es que ayuda a controlar el comportamiento de los empleados, haciendo que estos se adhieran a las políticas y las normas de la empresa.

El poder legítimo

El poder legítimo es también conocido como el *poder posicional*. Es el poder que ejerce una persona por el puesto que ocupa en la jerarquía de una organización. Un ejemplo es cuando el director de una compañía asigna las funciones que corresponden a sus distintos mandos intermedios.

El poder legítimo es probablemente el más complejo de los aquí tratados, y es un poder que está cambiando mucho en los últimos tiempos, con la transformación de las tradicionales estructuras verticales de las compañías a otras más horizontales y efectivas.

Poder de referente

El poder de referente tiene su base en la identificación de una persona influyente sobre el resto de las personas de la organización. Este poder deriva de las relaciones interpersonales que esa persona cultiva con otras de la misma empresa.

Un ejemplo es el poder que procede de las conexiones personales que alguien tiene con las personas clave en la jerarquía de la organización, como el gerente. También se ejerce este poder cuando hay alguien con carisma, que es respetado y gusta a los demás, ya que este influye en otros a través de la admiración, el respeto y la confianza que los demás le tienen.

Poder de experto

El conocimiento es poder. Poseer conocimientos o experiencia en un área determinada hace que las personas sean muy valoradas por las organizaciones por su capacidad para resolver problemas. Las opiniones, ideas y decisiones de las personas con poder de experto son respetadas por los demás empleados y por lo tanto tienen una gran influencia en sus acciones.

La fuerza del poder de experto varía según el grado de conocimiento o percepción que se le atribuye a una persona y, en ocasiones, abre el camino para ser promovido dentro de la organización, lo que le confiere mayor poder legítimo.

Poder de la información

Este poder se distingue del poder de experto en que se «comprende la razón». Es un poder basado en la lógica del argumento, que lo distingue del poder de experto, basado en la credibilidad. Un ejemplo sería el caso del supervisor que explica cuidadosamente a un colaborador cómo debe hacer un determinado trabajo de un modo diferente, indicando las razones por las que es un procedimiento mejor y más eficaz. El colaborador entiende y acepta estas razones y cambia su comportamiento.

En el artículo original de 1959, este poder no estaba considerado, ya que se contemplaba más como una influencia («influencia de la información» en vez de «poder de la información»).

Estos seis poderes definidos para el mundo empresarial también se pueden aplicar en el terreno personal. Podemos ejercer el poder de recompensa sobre un niño pequeño y conseguir que se porte mejor, o el poder de la información para que entienda por qué es importante que haga las cosas que le pedimos. Para influenciarle exitosamente, será necesario que conozcamos qué determina sus reacciones. Así podremos saber hasta dónde utilizar un determinado tipo de poder o cuándo una combinación de varios, en caso de considerarlo más efectivo.

El líder sin cargo. Los otros poderes

Hemos visto que un directivo puede ejercer su poder coercitivo, legítimo o de recompensa, poderes que tiene por la posición que ocupa dentro de la organización. Sin embargo, un verdadero líder puede influir en sus seguidores sin ningún tipo de poder otorgado por la organización, utilizando sus poderes personales, como el de experto o el poder de referente.

Esto es lo que nos enseña el magnífico libro *El líder que no tenía cargo,* de Robin Sharma. A través de una fábula nos muestra cómo se puede ejercer liderazgo desde cualquier posición en la que te encuentres, ya seas dueño o empleado de un negocio. Lo importante es cómo utilizas tus características del líder en todo momento y circunstancia.

Sharma revela que todos podemos tener éxito y ejercer liderazgo, ya que todos tenemos, como seres humanos, las mismas capacidades fundamentales. Solo consiste en ponerlas en práctica y desarrollarlas, y se puede hacer desde cualquier situación, a través de los cuatro poderes naturales: todos tenemos el poder de ir cada día al trabajo y dar lo mejor de nosotros mismos; todos tenemos el poder de inspirar e influir mediante el buen ejemplo; todos podemos crear cambios positivos aunque nuestras condiciones sean negativas; y todos podemos tratar con respeto, aprecio y bondad a los miembros de nuestra empresa y al hacerlo elevar la cultura de la organización. Y para ejercer estos cuatro poderes naturales no hace falta tener un cargo. Poderes con una base y filosofía muy diferentes a los descritos en el apartado anterior.

Independientemente del puesto que ocupes, puedes influir positivamente en tu propia vida, y en las personas con las que te relacionas, en el ámbito personal y profesional. Sharma nos enseña que el liderazgo tiene que ver con la excelencia de tu trabajo y de tu comportamiento. Todos podemos ser líderes sin cargo.

Los modelos clásicos de motivación

Para conseguir que alguien haga algo a través de las recompensas, es necesario conocer lo que les motiva. En el mundo laboral, las empresas se esfuerzan por conseguir la máxima productividad de los empleados, y, con este fin, se han ido desarrollando distintas teorías, desde las iniciales basadas en la teoría del comportamiento de Pávlov hasta los actuales modelos de automotivación.

El ganador del premio Nobel Iván Pávlov estudió (Pávlov, 1902) la capacidad de diferenciar los estímulos y de responder a ellos, y demostró mediante experimentos con perros su teoría del condicionamiento clásico. Pávlov se dio cuenta de que, al ponerle su comida, el perro salivaba como acto reflejo. Hizo sonar una campana inmediatamente antes de que el animal tuviera la comida, y al poco tiempo observó que el sistema nervioso del perro salivaba solo con el sonido de la campana, independientemente de la comida.

Posteriormente, sus estudios fueron controvertidamente aplicados en seres humanos. El psicólogo John B. Watson y su ayudante Rosalie Rayner (Watson y Rayner, 1920) aplicaron el proceso de condicionamiento clásico en el pequeño Albert. A la edad de nueve meses, expusieron a este niño poco asustadizo a una serie de estímulos, como una rata, un conejo, un mono... y observaron sus reacciones de tranquilidad. Poco tiempo después, cada vez que el niño se exponía a la rata golpeaban una barra de metal que hacía un fuerte ruido con el que asustaban al niño. Al final, el resultado fue que Albert comenzaba a llorar solo con ver aparecer la rata.

Los estudios de Pávlov sobre condicionamiento clásico y su asociación entre estímulos y conductas tuvieron una gran influencia en la teoría del condicionamiento operante, desarrollada por Burrhus Frederic Skinner (*About Behaviorism*, 1976). Según este principio, que asocia nuevas conductas y sus consecuencias, las conductas que poseen consecuencias positivas tienen más probabilidades de repetirse que las que conllevan consecuencias negativas. En la denominada caja de Skinner se podían modificar las condiciones para suministrar alimento a las palomas, y estudiar así cómo los comportamientos se ven influenciados por las consecuencias. En esta teoría, los refuerzos son los elementos clave para moldear y controlar el comportamiento, y pueden ser de cuatro tipos: reforzamiento positivo, mediante elogios o regalos por las mejoras y conductas que se desea alentar; negativo, estableciendo reglas que se deben cumplir para evitar la reprimenda; de omisión, que implica la eliminación del reforzamiento positivo, es decir, la pérdida del elogio por buena conducta; y por último de castigo del comportamiento indeseado.

La teoría de Skinner propone que para motivar solo se necesita entender la relación entre las conductas y sus consecuencias con el fin de poder crear condiciones que alienten las conductas deseables y desalienten las indeseables, ya que todos los animales, incluyendo los seres humanos, buscaremos los estímulos placenteros y huiremos de los dolorosos. Según esta teoría, para la motivación no es necesario entender nuestras necesidades, ni tampoco entender las razones por las que elegimos satisfacerlas.

Estos modelos de motivación son simplificaciones que no funcionan correctamente en los seres humanos. Nuestras ideas, pensamientos y creencias influyen tanto en nuestras conductas que solo conseguiremos cambiarlas realmente cuando logremos previamente modificar nuestras creencias y deseos.

La motivación basada en premios y castigos

La extendida teoría de la zanahoria y el palo afirma que, para conseguir que el burro se mueva, hay que colgar una zanahoria delante de su hocico y golpearle con un palo por detrás. La psicología ha estudiado ampliamente este efecto, y, aún hoy, es una de las principales teorías de la motivación. Aunque sin duda hay algo de verdad en ella, lo cierto es que la gente no responde a las gratificaciones y penalizaciones de un modo tan simple.

La zanahoria no siempre funciona

De hecho, las recompensas pueden tener un efecto negativo si se aplican en actividades que disfrutamos realizando. Que la zanahoria no siempre funciona lo demostró un experimento realizado sobre una clase de alumnos de preescolar, en la que se identificó a los niños que elegían dibujar durante su tiempo libre, y se les ofreció un diploma con un sello dorado como recompensa por su dibujo (Lepper, Greene y Nisbett, 1973). El objetivo era probar el efecto de recompensar la actividad de dibujar, por la que los niños ya mostraban un interés intrínseco inicial.

El estudio se realizó observando discretamente a 51 niños detrás de un espejo unidireccional, en la Bing Nursery School, ubicada en el Campus Universitario Stanford, con niños de edades comprendidas entre los 40 y los 64 meses. Se les asignó aleatoriamente en tres grupos: uno en el que los niños esperaban recibir un diploma como premio por su dibujo; otro en el que tras dibujar recibían también los diplomas, pero no tenían conocimiento de la recompensa hasta después de haber terminado la actividad; y finalmente otro en el que ni esperaban ni recibieron la recompensa.

Durante las sesiones experimentales fueron evidentes los efectos perjudiciales de introducir un premio esperado, pues se observó una disminución significativa del interés de los niños por dibujar, que no solo pasaron menos tiempo jugando con los materiales de dibujo que los niños en las otras condiciones, sino que la calidad de sus dibujos también fue significativamente menor.

El motivo es que, al principio, los niños atribuían su comportamiento a sus propios intereses y deseos, pero, después, al inducirles a participar en esa actividad como un medio para conseguir una meta extrínseca, dejaban de ver la actividad como el fin en sí mismo, y, cuando el objetivo pasaba a ser conseguir el diploma, ya no les interesaba tanto.

Se comprobó así el efecto perjudicial de las recompensas condicionales del tipo «si haces esto, consigues aquello». Es decir, que, al ofrecer una recompensa para realizar una actividad para la que ya se está intrínsecamente motivado, puede debilitar ese interés intrínseco.

Esta experiencia tiene implicaciones prácticas importantes para las situaciones en las que se utilizan incentivos extrínsecos para mejorar o mantener los intereses iniciales de una persona. Es cierto que el estudio se realizó bajo unas circunstancias particulares: la actividad de dibujar era altamente atractiva para los niños participantes; todos los niños habían manifestado interés intrínseco en la actividad;

y los incentivos extrínsecos eran bastante superfluos. Pero hay muchas razones para creer que, bajo circunstancias similares, sería de esperar que, si dicha actividad se realizara para conseguir una recompensa, eso provocaría una pérdida de interés.

Conclusiones similares se han obtenido de otros estudios, realizados, por ejemplo, entre donantes de sangre, en los que los premios extrínsecos provocaron un efecto contrario al deseado. Parece demostrado que el efecto de la recompensa sobre una actividad que nos parece agradable o motivadora puede provocar que se devalúe a nuestros ojos si recibimos por ella una recompensa.

Sin embargo, los resultados de estos experimentos no serían extrapolables a situaciones que difieren de las situaciones experimentales anteriores. Cuando el nivel de interés intrínseco por la actividad es inicialmente muy bajo, ofrecer un premio extrínseco es esencial para producir la participación de la actividad. También en los casos en los que el atractivo de la actividad se hace evidente solo a través de la participación durante mucho tiempo o solo después de haber alcanzado un nivel mínimo de dominio. Estas dos situaciones requieren recompensas externas tangibles para obtener el comportamiento deseado.

El palo no siempre funciona

Del mismo modo, también existen ejemplos convincentes de que el castigo, el palo, no siempre funciona. Uno de ellos es el experimento llevado a cabo durante veinte semanas en diez guarderías de Haifa, una ciudad de Israel (Gneezy y Rustichini, 2000). Se decidió aplicar a los padres que llegaran tarde a recoger a sus hijos una multa como castigo, ya que obligaban a un maestro a quedarse esperando. El objetivo era descubrir si al imponer una consecuencia negativa (el pago de una multa), por un comportamiento no deseado (llegar tarde), esto reduciría la frecuencia de dicho comportamiento (el número de padres que llegaba tarde).

La experiencia demostró que el efecto de introducir una multa tuvo un aumento significativo, más del doble, en el número de padres que llegaban tarde. Lo curioso de este estudio es que la cuestión que analizar era si el castigo podría provocar una reducción en el comportamiento estudiado. Ni siquiera se había considerado la posibilidad de un aumento en el comportamiento que se castigaba.

Es cierto que no hay por qué esperar un efecto similar cada vez que se introduce una multa. De hecho, el modelo investigado tiene dos características muy particulares: en primer lugar, el «delito» en nuestro estudio es leve y también lo son los castigos; en segundo lugar, no existe incertidumbre sobre el castigo, ya que los padres saben que se detectará su retraso. Es fácil especular que nadie llegaría tarde si la multa fuera muy grande, pero este experimento nos descubre algo muy importante: el verdadero cambio de percepción que supone introducir un castigo.

El contrato firmado con la guardería no mencionaba lo que sucedía si se llegaba tarde una o más veces a recoger a los niños. Los padres podían formar cualquier creencia sobre el asunto, y actuar en consecuencia. Podían interpretar la acción de los profesores pensando: «El contrato con la guardería solo cubre el periodo hasta las cuatro de la tarde. Después de ese tiempo, el profesor es una persona generosa y no debería aprovecharme de su paciencia». La introducción de la sanción cambia la percepción a lo siguiente: «El maestro está cuidando al niño de la misma manera que lo hizo antes de las cuatro. De hecho, esta actividad tiene un precio (que se llama una "multa"). Por lo tanto, puedo comprar este servicio tanto como sea necesario». Los padres se sienten justificados en su comportamiento: ya no se sienten culpables ni avergonzados por llegar tarde, creen que están pagando por un servicio. La introducción de la sanción económica reestructura su percepción: por una parte, hace que la consecuencia segura de un retraso sea un poco peor, porque ahora hay que pagar por cada retraso, pero también tienen más información, ya que hay razones para creer que una multa es lo peor que puede suceder.

Hay que ser cautos, por tanto, en la aplicación de un castigo, ya que se ha comprobado que puede producir un aumento en el comportamiento sancionado.

Las recompensas de las conductas deseadas y el castigo en las que se quiere que desaparezcan, del estilo zanahoria o palo, funcionan solo en determinados tipos de trabajo, los que son rutinarios y poco interesantes, pero no es aplicable en muchos de los empleos actuales. Los motivos son varios: en primer lugar, eliminan la motivación intrínseca, como en el caso de gratificar a los niños si hacían un dibujo. Dejaron de pintar porque les gustaba hacerlo, y empezaron a hacerlo para conseguir un diploma. Hay muchas cosas que hacemos solo por placer, y que, si nos pagaran por ello, se convertirían en una obligación, y ya no tendríamos tantas ganas de realizarlas. O en el ejemplo de las guarderías de Haifa: la amenaza de la multa anuló el deseo intrínseco de los padres de hacer lo que era justo para los maestros, y lo cambió por una motivación extrínseca, pagar por un poco más de tiempo.

Además, todos sabemos que, en el mundo laboral, no siempre los trabajadores con mayor sueldo son los que tienen mayor rendimiento, y que, en ocasiones, una gratificación para un determinado grupo hace que se enfoquen en conseguirla, aunque sea en detrimento del conjunto de la empresa, o del rendimiento a largo plazo de la compañía. Por otra parte, cuando nos acostumbramos a recibir una zanahoria por hacer algo, cada vez esperaremos recibir más para seguir realizándolo.

Así que tal vez debamos cuestionar el papel que desempeñan los incentivos para estimular a las personas. En el mundo laboral se tiende a pensar que la mejor manera para conseguir que alguien haga algo es ofrecer un estímulo económico, pero quizá eso no es del todo cierto. Veamos el papel que desempeña el dinero en la motivación.

El dinero como recompensa

En el mundo laboral, la zanahoria más utilizada es el dinero. Por supuesto, el dinero es importante, y si quieres que alguien haga algo, el dinero puede ser increíblemente útil. Se tiende a pensar que es el mejor modo para conseguir que los trabajadores rindan, pero esto no es del todo cierto. Para poder utilizarlo eficazmente, debemos conocer cómo y cuándo son eficaces los incentivos monetarios, ya que hay algunos ambientes donde estos incentivos no funcionan en absoluto.

Es evidente que se debe partir de un salario adecuado, ya que, en caso contrario, el empleado se centrará en lo injusto de la situación, y, con toda seguridad, estará muy poco motivado. Pero una vez superado ese punto, hay que tener cuidado al emplear este medio de recompensa, ya que, como hemos comprobado, el palo y la zanahoria son capaces de conseguir lo contrario de lo esperado.

En 1959, Frederick Herzberg publicó *The Motivation to Work*, un informe en el que daba respuesta a la pregunta: «¿Qué desea la gente de su puesto de trabajo?». Para ello pidió a un grupo de ingenieros y contables que describieran situaciones laborales en las que se habían sentido excepcionalmente bien y mal. Analizando sus respuestas, Herzberg concluyó que la motivación en los ambientes laborales está influenciada por dos conjuntos de factores muy diferenciados.

Por un lado, los factores que indicaban los trabajadores cuando estaban insatisfechos eran las remuneraciones, la supervisión, las prestaciones, la seguridad en el trabajo y las relaciones interpersonales. Estos factores, según concluyó Herzberg, si faltan o se aplican incorrectamente, causan insatisfacción. Pero cuando están presentes, tienen muy poco efecto en la satisfacción; no originan en los empleados una fuerte motivación sino que solo contribuyen a disminuir o a eliminar la insatisfacción.

Por otro lado, las cosas que a la gente le hace sentir bien en el trabajo son los logros, el reconocimiento, la realización personal, la responsabilidad, las promociones y el crecimiento. Estos factores ayudan a aumentar la satisfacción del individuo. Si están presentes en el puesto de trabajo, contribuyen a provocar en el empleado un elevado nivel de motivación, pero tienen poco efecto sobre la insatisfacción.

La teoría de Herzberg, conocida como la de los dos factores, ha tenido importantes críticas. Los motivos son varios, entre ellos, el particular grupo laboral seleccionado, formado por ingenieros y contables, que no permite extrapolar los resultados a todas las ocupaciones. Además, las respuestas obtenidas se ven afectadas porque la gente tiende a atribuirse el mérito cuando las cosas van bien, mientras que, si van mal, tienden a culpar del fracaso a algo externo. Y no hay que olvidar que los factores indicados proporcionan una explicación de la satisfacción en el puesto, pero en realidad no establecen una teoría de la motivación propiamente dicha.

A pesar de estas limitaciones, Herzberg estableció uno de los principios más importantes de la motivación laboral: los factores que producen la satisfacción profesional son distintos e independientes de los factores que originan la insatisfacción. Según esta teoría, aumentar el salario a un trabajador no provocará que esté más motivado, pero, si el salario no es el suficiente, esta situación sí puede generar insatisfacción, que lleva irremediablemente a la desmotivación.

Según Herzberg, si queremos motivar a alguien, debemos hacerlo mediante el reconocimiento de sus logros, haciendo que se sienta responsable de su trabajo y que desarrolle su crecimiento. Mediante aumentos de sueldo, mejorando sus condiciones de trabajo o sus relaciones con otros trabajadores, no lograremos aumentar su satisfacción. Aunque estos factores también debemos cuidarlos, ya que, si no son suficientes, sí provocaremos insatisfacción.

El dinero es un umbral de motivación. Está claro que se debe recompensar bien a un trabajador. Si no le remuneras adecuadamente, puedes perderle. Pero una vez pasado este umbral, el dinero no afecta tanto a la motivación: al ser una recompensa extrínseca, no puede sostener el compromiso a largo plazo del empleado. Lo que de verdad influye son otros aspectos, como veremos a continuación.

La motivación en la revolución digital

En la época actual nos enfrentamos a retos que hace solo unos años no podíamos ni imaginar. El comportamiento del mercado laboral es implacable con aquellos que no se están adaptando a los cambios y la tecnología avanza a gran velocidad, mayor de la que habíamos pensado. En este marco, estamos obligados a replantear los modelos tradicionales de la motivación.

Daniel Pink es un brillante analista laboral que ha estudiado la motivación y desarrollado un concepto que él denomina «motivación 3.0». En su excelente libro *La sorprendente verdad sobre qué nos motiva*, nos explica que, en la nueva economía y la nueva sociedad, lo realmente importante es la motivación intrínseca.

Los modelos antiguos de motivación se han quedado obsoletos, son los que Pink ha llamado «motivación 1.0». Estaban basados en satisfacer nuestras necesidades básicas, tales como comida, salud y seguridad.

Las empresas actualmente tienden a aplicar la «motivación 2.0», construida sobre las nociones de la zanahoria y el palo. La meta de esta motivación es animar a la gente a hacer cosas concretas de una manera determinada, es decir, conseguir que obedezcan, y, para este objetivo, pocos motivadores son tan eficientes como el premio y el castigo. Sin embargo, esta versión se está quedando antigua. Si bien es un modelo válido para trabajos rutinarios, el tipo de trabajo que más ha abundado en el siglo XX, no es modelo adecuado para la realización personal, ni tampoco para los trabajos creativos de hoy día.

En los trabajos del siglo XXI, que solicitan cada vez más resolver problemas complejos, se requiere normalmente una mente inquieta y la búsqueda personal del dominio, con voluntad propia para experimentar hasta conseguirlo. La nueva motivación 3.0 ya no persigue la obediencia, sino que requiere compromiso.

Según Pink, la base de la motivación en este nuevo modelo, lo que necesitamos para realizar cualquier tarea, está en nosotros mismos. Surge del ansia de satisfacer tres necesidades que todo ser humano tiene: la autonomía, la competencia y el propósito. La autonomía se consigue cuando se tiene suficiente independencia para poder tomar tus propias decisiones y determinar el rumbo de nuestras tareas. La competencia, el dominio, la maestría es ser cada vez mejor en lo que haces, para lo que debemos enfrentarnos a desafíos que nos ayuden a crecer y desarrollar nuestras capacidades. Es algo que exige esfuerzo y práctica deliberada y constante. Finalmente, el propósito, la búsqueda de sentido, saber el fin por el que haces algo.

Para motivar a una persona, estos son los tres factores que hay que cuidar en un modelo de motivación 3.0. Nos debemos asegurar de que conoce y comparte el objetivo del proyecto que le asignamos y debemos proporcionarle los recursos necesarios para la consecución de esos objetivos. Finalmente, tras revisar su trabajo con frecuencia, si es satisfactorio, reconocérselo.

Y entonces... ¿cómo lo hago?

Puede que a estas alturas te preguntes: «¿Cómo puedo convertirme yo en un líder, y estimular adecuadamente para conseguir un determinado objetivo? ¿Cómo puedo hacer que alguien haga algo que yo deseo, teniendo en cuenta el poder de las recompensas?».

Piensa en tus líderes favoritos. Si de verdad te consiguieron motivar, probablemente te presionaron y te sacaron más talento y energía de lo que nunca habías imaginado dentro de ti. Puede que hasta te volvieran un poco loco, pero consiguieron influenciarte.

Para convertirte en un líder, lo primero que debes hacer es enfocar adecuadamente el liderazgo. Un líder no es aquel que manda, o el que consigue que alguien haga algo; el líder tiene que despertar algo dentro de la persona que influencia, que la haga movilizarse positivamente. No hay que olvidar que la base fundamental del liderazgo es emocional.

Luego es necesario interiorizar varias ideas clave. Estas son mis favoritas:

Primero. Entender que la verdadera motivación es intrínseca

Las personas nos movemos por motivos personales, y a veces extravagantes. No hay más que hojear un libro *Guiness de los récords* para ver las extrañas motivaciones que hay detrás de ellos, y que en muchos casos no es otra que el deseo de alcanzar la fama aunque solo sea en el instante de conseguir uno de sus premios.

Cuando alguien está motivado de forma extrínseca, nunca llega a estar realmente involucrado, y podría cambiar de misión tan pronto como obtuviera más dinero por otra causa. Cuando se quiere mover a alguien hacia un objetivo, hay que influenciarle para conseguir que su motivación sea intrínseca. Hay que conseguir que «alguien quiera hacer algo», lo que es un objetivo muy distinto al de lograr que «alguien haga algo». Piensa en tu hijo: no quieres que estudie las horas que tú le obligas, sino que pretendes que lo haga convencido de lo bueno que es aprender, y lo importante que serán esos conocimientos en el futuro.

Una cosa es cambiar la conducta de alguien, y otra distinta cambiar su motivación. Podemos modificar temporalmente la conducta mediante premios y castigos, pero no es lo más acertado. Para de verdad ser eficaz, hay que cambiar la motivación, conseguir que quiera hacer lo que deseamos, y para ello hay que modificar sus creencias y sentimientos. Será un proceso más lento, pero, sin duda, más eficiente, porque, cuando uno se compromete consigo mismo, al cambiar algo que «tiene que hacer» por algo que «quiere hacer», se implica en la tarea.

Segundo. Fijar un objetivo valioso

Pocas cosas hay más desmotivadoras que saber que lo que se está haciendo no sirve para nada. Sin una finalidad, se pierde rápido el interés y el entusiasmo por lo que se hace.

Para conseguir influenciar y que alguien se comprometa en lograr un objetivo, es importante que nos aseguremos de que sabe la finalidad de lo que está haciendo, que entiende el porqué real, y lo comparte como propio, para convertirlo así en un objetivo intrínseco.

Me veo influenciado para hacer algo cuando ese algo pasa a ser valioso para mí. Ese valor es lo que despierta mis ganas de actuar, así que es importante tener un buen propósito para que la gente pueda comprometerse con él. Por eso cada vez más empresas quieren tener una finalidad más allá de su producto, pues se están dando cuenta de lo importante que es tener un objetivo valioso, y que sus empleados y clientes lo compartan.

Tercero. Entender que la verdadera felicidad puede estar en el trabajo

¿Te ha pasado alguna vez que te pones a trabajar en algo que te interesa, y que, cuando te das cuenta, han pasado ya un montón de horas? Es lo que Mihaly Csikszentmihalyi ha denominado en su libro *Fluir* una «experiencia óptima», aquel momento en el que las personas están tan involucradas en una actividad que no solo les sirve para escapar del aburrimiento, sino que, al llevarla a cabo, se sienten intrínsecamente realizadas. Es una experiencia que se recuerda como algo placentero, a pesar del gran esfuerzo mental o físico que requieren.

Piensa en los momentos más satisfactorios de tu vida. La mayor parte de nosotros recordaremos alguna situación en la que hemos conseguido algo después de un gran esfuerzo. Cuando se logra algo difícil y que vale la pena, que nos ha obligado a estirar los límites de nuestra mente o del cuerpo, sentimos una felicidad que va más allá del placer instantáneo.

Al estudiar el flujo, Csikszentmilhalyi comprobó que hay más experiencias óptimas en el trabajo que en el ocio. Los momentos de recreo se pueden disfrutar mucho, por supuesto, pero seguro que has tenido la sensación de disfrutar más de esos ratos de esparcimiento cuando han sucedido después de haber hecho un trabajo duro, y sabías que te los habías «ganado».

En la motivación intrínseca, puede ser que la misma actividad sea la meta, como nos sucede al realizar una actividad creativa, o al hacer algo que consideramos divertido. Pero, también, puede ocurrir que estemos intrínsecamente motivados para hacer algo que nos resulta duro y difícil de realizar. Después del esfuerzo, cuando vemos que hemos sido capaces de conseguir esa meta que nos parecía tan difícil, conseguimos una agradable sensación de placer.

Si quieres influenciar a alguien, plantéale retos que supongan un desafío intelectual. En muchas ocasiones, la propia necesidad de dominar algo nuevo e interesante es el mejor motivador.

Cuarto. Participar de la nueva gestión: la autogestión

He conocido muchos directivos que todavía creen que la única manera de conseguir que los empleados se esfuercen para conseguir sus objetivos es controlar su trabajo. Lamentablemente, al motivar a la gente con el método del premio y el castigo, solo logran que el trabajador se esfuerce hasta alcanzar la zanahoria. Son empresas que, por su propia gestión, no pueden llegar a la excelencia. Estoy seguro de que si supieran que sus trabajadores buscan la responsabilidad, y lo potenciaran, les iría mucho mejor.

Afortunadamente, cada vez hay más directivos que han pasado del control a la autogestión, que, en vez de buscar la obediencia del trabajador, requieren su compromiso. En realidad, actuar con autogestión es inherente al ser humano: los niños se lanzan a hacer cosas, exploran el mundo curioseando, se retan a sí mismos. Si el empleado está comprometido por propia iniciativa, se esforzará para dar lo mejor de sí mismo y será responsable de su trabajo. Son estos nuevos modelos de gestión los que consiguen los mejores resultados para las compañías.

El premio y el castigo, el control del tiempo de la jornada laboral, tiene cierto sentido en trabajos rutinarios, pero poca aplicación en los trabajos creativos de la época tecnológica que vivimos actualmente. No hay por qué asumir que las personas prefieren evitar el esfuerzo y que, por lo tanto, necesitan ser controladas. Si dejamos al trabajador que sea autónomo, que se organice su tiempo y su trabajo, veremos cómo su deseo de hacer algo porque lo considera una meta importante, con la que está comprometido, le obligará a esforzarse, le permitirá progresar y será un desafío personal.

Quinto. Reconocer y agradecer los méritos para liderar

Y si las personas se autogestionan, ¿cuál es la labor de los jefes y directivos en este nuevo modelo de motivación? Pues precisamente la de ser líderes.

Su misión más importante es la de coordinar los intereses propios del trabajador con los de la empresa. Ya lo dijo Steve Jobs en su famoso discurso para los graduados de Standford de 2005: «La única manera de hacer un buen trabajo es amar lo que estás haciendo».

Los jefes son los responsables de gestionar el trabajo (no a las personas; ellas se autogestionan). Deben verificar los trabajos realizados, reconocer las capacidades y habilidades de su personal y agradecer la calidad de su labor. De este modo, es muy posible que el empleado se esfuerce por mantener este alto rendimiento, pues, al realizar un reconocimiento sincero y honesto de los méritos, también se consigue llevar a los trabajadores a desear otras metas.

Cuestiones para reflexionar

¿Conozco qué es lo que motiva extrínseca e intrínsecamente a las personas que quiero influir/motivar?

¿Tengo una estrategia clara a la hora de diseñar los objetivos de mi equipo?

¿Permito que las personas puedan autogestionarse? Si no lo hago todavía, ¿cómo puedo empezar a delegar en ellos esa responsabilidad?

Además de indicar los errores... ¿reconozco los méritos de las personas cuando realizan algo correctamente? ¿Lo comunico de forma adecuada?

16

Influencia de las relaciones

A lo largo de todos y cada uno de los capítulos de este libro, hemos podido comprobar cómo la mayoría de las técnicas, además de persuadir, consiguen en último término iniciar o afianzar las relaciones personales con aquellos a los que intentan influir. Sonreír, hacer preguntas, tratar con familiaridad, buscar el consenso, la reciprocidad... son un buen punto de partida cuyo objetivo final es crear lazos afectivos entre aquellos que las practican. Desde mi perspectiva personal, considero que todos deberíamos orientar nuestras estrategias de persuasión para que nos ayuden a crear nuevas relaciones, o, en mayor o menor medida, a reforzar las existentes. A mi entender, no hay mejor forma para influir en los demás que a través de las capacidades que nos confieren las relaciones personales. Recordando la definición que aprendimos en los primeros capítulos, influir consiste en ejercer una fuerza moral sobre alguien. Esta fuerza moral radica en la visión que tiene una persona sobre otra, por ello es fácil comprender cómo nos ayudará fomentar las relaciones personales. Como se suele decir en estos casos, el roce hace el cariño... y facilita enormemente la influencia, añadiría yo.

Si nos preguntamos qué es lo que queremos conseguir realmente de las personas que tratamos de influir, siendo sinceros con nosotros mismos, lo más probable es que tenga relación con algún tipo de deseo de cambio en ellas. La influencia busca, ya sea de un modo consciente o no, plantar una semilla en el otro con la ambición de generar un cambio voluntario, consistente y persistente. Por cierto, aunque en ocasiones atribuimos connotaciones negativas a la palabra *ambición*, no tiene por qué ser siempre así. De hecho, con ambición me refiero al deseo intenso de conseguir algo difícil de lograr. Ese algo puede ser riqueza, poder o fama pero también pueden ser habilidades, conocimientos o actitudes. Influenciar puede ser, por tanto, la capacidad de llevar a las personas con las que nos relacionamos a querer ser una mejor versión de sí mismas a través de nuestro propio ejemplo.

Si lo piensas bien, en el fondo todos queremos ser más influyentes. De hecho, es todo lo que deseamos. Aun cuando lo expresemos con otras palabras, todo se reduce a eso porque, a mi modo de ver, la capacidad de influencia nos va a permitir conseguir aquello que anhelamos. Por ejemplo, si alguien te dice que su deseo es ser más feliz en la vida, en realidad puede querer decir que le gustaría mejorar sus relaciones personales porque con ello sería más feliz, algo que podría conseguir lograr su capacidad de influencia.

Por qué no influimos todo lo que queremos

Normalmente, cuando la gente no consigue influir en los demás, es porque no llegan a entender bien que la influencia no es automática o bien no comprenden que no puede ser episódica.

Solemos pensar erróneamente que poseer la autoridad es lo que nos da la capacidad de influencia. Alguien con «poder de autoridad» sobre nosotros podrá conseguir que hagamos algo, pero puede que la influencia nada tenga que ver en ello. Lo que quiero decirte es que de ninguna manera la influencia es automática. Es algo fácil de entender cuando usamos como ejemplo la relación entre padres e hijos. Muchos padres no son todo lo influyentes que quisieran por un error de concepto: piensan que su posición de autoridad les otorga automáticamente el don de la influencia sobre sus hijos. Hay quien piensa que por el mero hecho de ser algo, pueden ser influyentes. Sin embargo, de nada sirve la autoridad como influencia si esta no está planificada, pues es un proceso no automático que requiere de una serie de acciones meditadas orientadas a conseguirla. En ocasiones, esas acciones podrán ser nuestro propio ejemplo, pero, en otros casos, necesitaremos pararnos a pensar por qué queremos influir y cómo lo vamos a conseguir. Para influenciar a alguien tenemos que saber quién es la otra persona, qué le importa, qué es lo que valora, cuáles son sus objetivos, sus deseos y sus sueños. Si no conocemos sus necesidades, jamás podremos poner en práctica los pasos necesarios para que encuentre la motivación que le mueva hacia ellas.

Parece bastante obvio, pero, en ocasiones, lo olvidamos. La influencia es algo que ocurre a lo largo del tiempo como una consecuencia de nuestro ejemplo o acciones meditadas, por lo que de ninguna manera resulta si sucede durante un momento puntual y luego desaparece hasta la próxima vez que lo necesitemos. No funciona así. Piensa en la pareja que se enamora y vive un periodo de mucha ilusión con un futuro de prometedoras expectativas. La influencia que ejerce el uno en el otro es evidente, pero, en ocasiones, con el tiempo, desgraciadamente empiezan a pensar que ya no es necesaria y dejan de ejercerla. Cometen el error de considerar que la influencia es automática por la autoridad que les confiere su cargo, en este caso su posición de marido o mujer.

TÁCTICA: Sé consciente de qué manera estás intentando ser influyente en todo momento. Si lo haces valiéndote tan solo de tu posición de autoridad o lo intentas únicamente en ciertos momentos determinados, es posible que estés perdiendo oportunidades para ser influyente de verdad.

Como ya dijo John Hancock, excelente comerciante que formó parte del selecto grupo que hizo realidad la Declaración de Independencia de Estados Unidos de América: «La mejor capacidad en la vida es llevarse bien con los demás e influir en sus acciones». Para conseguir lo mejor de nuestras relaciones y elevar nuestra capacidad de influencia, necesitamos conocer quién es la persona que está con nosotros, mostrar una actitud de presencia en todo momento, ser conscientes de que primero hay que dar para luego recibir y, sobre todo, confiar primero abiertamente para obtener luego la confianza de los demás. Veamos entonces con más detalle en qué consisten cada uno de estos puntos, vitales para ser influyentes en nuestras relaciones con los demás.

Conocerte es quererte

Podemos decir, sin miedo a equivocarnos, que no conocemos a las personas con las que interactuamos habitualmente. Créeme, aunque no me conozcas. Es probable que alguien llegue a conocer a sus familiares más allegados o incluso a alguno de sus amigos más íntimos, pero, en general, no sabemos realmente a quién tenemos delante. Podemos nombrar cómo se llama, cuál es su profesión, decir algo sobre sus aficiones o sobre su vida laboral o personal, pero casi nunca sabemos quién es o qué es lo realmente importante en su interior. No conocemos sus necesidades, lo que quiere, lo que desea o cuáles son sus pasiones. No sabemos qué es lo que les mueve a hacer, pensar o sentir como lo hacen. Y si no lo averiguamos, quizá tampoco tengamos ni idea de en qué situación personal o contexto se encuentran en ese momento.

Lo que te quiero transmitir es que tenemos que ser capaces de dar un paso atrás y olvidar por un momento qué es lo que yo quiero, para empezar a pensar en qué es lo que en realidad necesita actualmente la otra persona. Alguien que busca influir en los demás no puede hacerlo sin conocerles. Sin saber quiénes son y en qué circustancias se encuentran. Para llegar a averiguarlo es necesario un interés genuino por nuestra parte, lo que se traduce en una escucha activa. Pero no solo eso, también necesitaremos hablar y, sobre todo, preguntar de forma abierta.

Todo lo que podamos aprender sobre la otra persona nos permitirá tener una idea más precisa de quién es, y, por lo tanto, de qué es lo que necesita. Seremos de alguna forma capaces de meternos en su piel y descubrir sus auténticos deseos y pasiones, lo que te permitirá personalizar y dirigir mejor tu propuesta para alinearla con sus intereses. Cuanto más conozcas del otro, más preparado estarás para ofrecerle lo que necesita y cómo lo necesita, lo que te convertirá sin duda en alguien más influyente.

Te queremos a ti, no a tu cuerpo

¿Has tenido que formar parte de una reunión donde había algunas personas que no estaban allí? Me explico. Sí que asistían físicamente, pero su mente se encontraba en otro lugar. En ese momento, quizá se encontraban pensando en lo que hicieron ayer, o en lo que tendrían que hacer esa misma tarde. Estaban en cualquier otro sitio distinto del momento actual. De hecho, esto nos ha pasado alguna vez a todos, así que seguro que a ti también te ha sucedido en alguna ocasión.

Es fácil detectar a la persona que no está presente. Puede que crea que no, que es capaz de pasar inadvertida, pero los demás podemos percibirlo, algo nos dice que no está con nosotros. Y alguien que no está presente no puede ser influyente. Así de sencillo.

Debido al ritmo que ha tomado la vida, cada vez es más fácil que nos distraigamos con algo, pero tenemos que luchar contra ello y recordar siempre que lo más importante es la interacción personal. Tenemos que ser capaces de vivir el momento actual cuando nos encontramos con alguien y evitar caer en la trampa de pensar en lo pasado o en el futuro. Evitar las distracciones de los correos electrónicos, las llamadas, las redes sociales... y poner todos nuestros sentidos dirigidos hacia aquellos con quienes nos encontramos.

El magnetismo que sentimos cuando alguien nos dedica su atención plena es hipnótico y facilita enormemente la comunicación, la persuasión y la influencia. Las personas podemos sentir esa energía que emana de quienes están presentes: la mirada atenta, la escucha activa, las preguntas abiertas que muestran interés en conocer, el tono de voz, el contacto físico... todo contribuye a la percepción de esa fuerza y, por lo tanto, a la calidad del momento que estamos creando.

¿Qué más necesitas para esforzarte desde ahora mismo en estar siempre presente? Tan solo tienes que preguntarte lo siguiente: «¿A qué tipo de persona quiero escuchar y atender? ¿Con quién prefiero hacer negocios? ¿Quién muestra interés por lo que me sucede?». Normalmente, siempre serán, antes de nada, los que estén presentes, y como consecuencia también los que más posibilidades tengan de influir en nosotros.

Recriprocidad de nuevo

Hemos hablado largo y tendido sobre reciprocidad en un capítulo dedicado por completo a la filosofía de dar antes de recibir. No quiero extenderme más en este principio, pero quiero recordarte aquí que esa generosidad tiene su recompensa. Cuando en una negociación ponemos el foco en lo que queremos conseguir, dejamos de ser influyentes. Si pretendemos disponer de una posición de influencia, tenemos que empezar a orientar nuestro pensamiento hacia lo que quiere la otra persona. Basándonos en ese conocimiento, podremos empezar a dar antes de esperar recibir. Y recuerda: podemos dar cosas tangibles, pero en la mayoría de los casos es suficiente con empezar a dar nuestro tiempo, atención, conocimiento, paciencia, etcétera.

Las personas influyentes son aquellas que basan sus relaciones en la generosidad hacia los demás. Antes de recibir, son ellos los que empiezan a dar.

Confía para que confíen

Si somos capaces de hacer que la gente confíe en nosotros, entonces será mucho más probable que podamos persuadirlos e influenciarlos. Puede parecer una labor complicada, pero nada más lejos de la realidad. De hecho, es bastante obvio pero muchas veces lo pasamos por alto: la base para que confíen en ti está precisamente en generar confianza. Cualquier gesto que lo denote te estará ayudando enormemente.

Las situaciones más comunes para mostrar a los demás nuestra confianza son:

- Cuando le pedimos a alguien que haga algo importante para nosotros o nuestra empresa.
- Cuando, además de delegar esa actividad, posteriormente no comprobamos que se ha realizado de acuerdo con como nosotros queríamos.
- Cuando confiamos el cuidado de algo de mucho valor para nosotros (mascotas, plantas, casa, vehículo, etc.).
- Cuando prestamos algo de valor para que alguien lo utilice.
- Cuando recomendamos los servicios de una persona a otra.

En cada uno de los casos anteriores, la persona percibe claramente tu confianza en ella. Es en ese preciso momento cuando también en ella nace un sentimiento similar hacia ti.

TÁCTICA: Confiamos en aquellos que lo hacen en nosotros. De acuerdo con el principio de reciprocidad, si depositas tu confianza en alguien, esa persona te devolverá ese «favor» al empezar a confiar en ti.

A modo de resumen, ten presente que, para conseguir lo mejor de nuestras relaciones y elevar nuestro nivel de influencia apoyándonos en las relaciones, necesitamos conocer primero quién es la persona que está con nosotros. En segundo lugar, deberemos aprender a tener una actitud de presencia en todo momento y ser conscientes de que es necesario empezar a dar para luego recoger los frutos. Y, principalmente, tendremos que confiar primero de manera abierta en los demás para poder obtener su confianza, lo que es fundamental para conseguir la capacidad de influencia que deseamos obtener.

Cuestiones para reflexionar

¿Actúo en alguna ocasión pensando que seré capaz de influenciar por mi posición de autoridad? ¿Intento ser influyente solo en momentos determinados o procuro mantener una actitud consistente en toda situación?

¿Cómo puedo saber más de las personas que tengo junto a mí? ¿Las conozco realmente? ¿Sé cuáles son sus necesidades y deseos actuales? ¿Qué es lo que las hace felices?

¿Evito de forma consciente ausentarme mentalmente en mis relaciones personales? ¿Mantengo una actitud de presencia y atención plena cuando interactúo con las demás personas?

¿Cómo es mi forma de relacionarme con las personas de mi entorno? ¿Busco qué pueden hacer los demás por mí, o, por el contrario, busco qué puedo hacer yo para ayudarles?

¿Realizo acciones conscientes para delegar en los demás y demostrarles que mi confianza en ellos es plena? ¿Soy consciente de que no podré tener la confianza de las personas si antes no confío yo en ellas? ¿Cómo se lo demuestro?

¿Y ahora qué?

Espero que a estas alturas estés deseando poner en práctica las técnicas de influencia y persuasión que has leído en este libro. Para evaluar por ti mismo la utilidad de lo que te he contado, deberás aplicarlas en tus situaciones particulares. Lo más adecuado sería empezar con la «experimentación controlada» de la técnica que evaluar, y analizar el resultado real conseguido.

Como has podido comprobar, el éxito de la mayoría de los métodos de persuasión e influencia expuestos depende de un juego de porcentajes donde la efectividad de la técnica utilizada variará, y mucho, en función de las posibles combinaciones que se presenten. Por favor, no caigas en el error de juzgar su fiabilidad basándote en tus prejuicios, ideas preconcebidas, creencias limitantes, miedos o, incluso, a la falta de nuevas ideas para emplearlas.

La práctica y aprendizaje mediante el método de prueba y error es algo que la ciencia lleva aplicando desde sus orígenes, pero que se ha empezado a utilizar en el mundo de los negocios desde hace relativamente poco tiempo. Ya hay en la actualidad empresas multinacionales que condicionan su toma de decisiones a ciertas «experiencias controladas», en las que comprueban cómo va a reaccionar el mercado frente a un nuevo producto, servicio, diseño de una página web, etc.

Todos los métodos que se han expuesto en este libro tienen un fundamento científico y la mayoría fueron realizados en «condiciones de laboratorio», de acuerdo con unos guiones muy preparados para analizar sus efectos. De la misma manera, deberíamos nosotros evaluar nuestras propias experiencias para conocer en qué condiciones, cómo y cuándo funcionan mejor o peor en nuestros propios «entornos controlados». Solo de esta manera podremos mejorar nuestras estrategias y conocer realmente por qué funcionan mejor de una forma que de otra.

Como te he comentado, se trata de un juego de porcentajes. Lo importante es que, cuando pongas en práctica una técnica determinada, lo hagas con un plan muy definido y controlado que te permita evaluar su éxito o fracaso en diferentes personas, situaciones y entornos. Todo esto te dará la posibilidad de contrastar los diversos resultados obtenidos y poder así ir realizando pequeños cambios que te lleven a mejorar poco a poco, a aprender y a confiar cada vez más en ellos. De este modo podrás decidir si, finalmente, se trata de una técnica que quieras incluir de forma definitiva en tu «arsenal» de influencia personal, o de algo que no encaja en tu forma de ser, actuar o trabajar.

Toma por costumbre preparar todos tus informes, correos electrónicos, presentaciones, negociaciones, conversaciones pendientes... intentando incluir las técnicas y estrategias de influencia social que has aprendido. Haz una lista de todas ellas e intenta combinarlas, porque por experiencia te puedo asegurar que siempre serás capaz de encontrar como mínimo un par de oportunidades para mejorar tu trabajo. Si consigues crear el hábito de actuar así, no solo harás que tus propuestas sean más persuasivas, sino que con el tiempo conseguirás mejorar tu comunicación hasta llevarla al nivel de la comunicación persuasiva. También obtendrás una ventaja adicional, ya que sin duda vas a conseguir una visión diferente de la situación, lo que te permitirá encontrar nuevas ideas y generar propuestas alternativas, que de otro modo no te hubieras ni siquiera planteado.

Utiliza las preguntas que he incluido al final de cada capítulo a modo de guía y redacta tus propias preguntas que te ayuden a encontrar las respuestas que necesitas. Intenta responder a ellas aplicándolas a los casos concretos en que te encuentres. Te ayudarán a pensar persuasivamente y a generar ideas o nuevos puntos de vista para enriquecer tus presentaciones. Con el tiempo, integrarás todo esto en tu forma de pensar y poco a poco se convertirá en un hábito que no podrás dejar de utilizar. Habrás descubierto el poder que tiene para mejorar tu comunicación de una forma natural, honesta y totalmente ética.

¡No lo dudes! «Muchos otros similares a ti» ya han puesto en práctica estos métodos y han conseguido resultados espectaculares en sus presentaciones... Está bien, lo reconozco, me has pillado, ¡ya sabes demasiado! Con esta última frase quería persuadirte para que empezaras ya mismo a poner en práctica lo aprendido. Pero es que... ¡es cierto!, la gente mejora su forma de comunicar al aplicar estos conocimientos. Y si tú mejoras, yo me sentiré muy satisfecho porque este libro habrá tenido sentido... ¡Ganamos todos!

Agradecimientos

Muchos son los nombres que me vienen a la mente cuando llega el momento de los agradecimientos. Pero entre que sería muy difícil citarlos a todos sin olvidarme de alguien y que me he propuesto ser breve y conciso en este punto, voy a citar tan solo a los que directamente, ya sea de una forma u otra, han intervenido para que este proyecto sea una realidad. Ten por seguro que este libro no hubiera sido posible sin el amor, ayuda, confianza, conocimiento o apoyo de las siguientes personas, a las que quiero agradecérselo especialmente:

A mi amiga Mar Losada, por ser quien primero me hizo pensar seriamente en la posibilidad de escribir este libro y sobre todo por su generosidad al transmitir su confianza en mí a las personas necesarias para convertirlo en realidad.

A Robert Cialdini, por su trabajo, estudios y enseñanzas, así como a todo su equipo de Influence at Work en Mesa, Arizona (Estados Unidos). Y, cómo no, a todos y cada uno de los científicos, psicólogos y expertos que han dedicado su vida profesional al estudio de la influencia social, ya que, sin sus publicaciones, esfuerzo y trabajo, la persuasión hoy día sería todavía un enigma para la mayoría de nosotros.

A mis padres y hermana (Juani, Paco y Ana), por su apoyo incondicional en todos los cambios y nuevos proyectos a los que me he enfrentado en la vida. Sin ellos todo habría sido mucho más difícil.

A mi hija Paula, porque con tan solo doce años se ha convertido ya en la persona que más me influye, persuade y manipula en la vida. ¡Te quiero!

Y finalmente a mi mujer, Irene, porque sin ella, querido lector, este libro no estaría en tus manos, ni Javier Luxor estaría sobre los escenarios, ni yo mismo, Javier Martín (la persona que hay detrás de Javier Luxor), estaría viviendo esta aventura. Irene, no encuentro las palabras para agradecer tu inmenso apoyo, ciega confianza y honda pasión al ayudarme en todo lo que hago. Espero, sinceramente y de todo corazón, poder devolvértelo con creces de alguna forma. Gracias, gracias, gracias...

Bibliografía de apoyo

Achor, S., *The happiness advantage*, Crown Business, 2010.

Aguilar, J. M., *El abuso de la influencia*, Almuzara, Córdoba, 2015.

Ariely, D., *Predictably Irrational. The hidden forces that shape our decisions*, HarperCollins Publishers, Nueva York, 2008.

—, *Las ventajas del deseo: Cómo sacar partido de la irracionalidad en nuestras relaciones personales y laborales*, Ariel, Barcelona, 2011.

Aristóteles, *Retórica*, Alianza Editorial, Madrid, 2014.

Baumeister, R. y Finkel, E., *Advanced Social Psychology*, Oxford University Press, Nueva York, 2010.

Berger, J., *Invisible influence*, Simon & Schuster, Nueva York, 2016.

Borg, J., *La persuasión. El arte de influir a las personas*, Pirámide, Madrid, 2007.

Brown, J. A. C., *Técnicas de persuasión*, Alianza, Madrid, 1963.

Carnegie, D., *Cómo ganar amigos e influir sobre las personas*, Elipse, Madrid, 2008.

Cialdini, R. B., *Pre-suasion*, Random House Books, Londres, 2016.

–, *Influencia*, Ilustrae, Madrid, 2001.

–, ¡Sí!, LID, Madrid, 2008.

–, *Influence: Science and practice*, Glenview, IL, Scott, Foresman, 1985.

Csikszentmihalyi, Mihaly, *Fluir*, Editorial Kairós, Barcelona, 2011.

David, T., *Magic Words*, Prentice Hall Press, RU, 2014.

Dispensa, J., *El placebo eres tú*, Urano, Barcelona, 2014.

Leakey, R. y Lewin, R., *Origins*, E. P. Dutton & Co., Inc., 1978.

Loftus, E., *Eyewitness Testimony*, Harvard University Press, 15 de marzo de 1996.

Fernández Orellana, O., *Así persuaden los líderes*, Libros de cabecera, Barcelona, 2016.

French, J. & Bertram, R., *The Bases of Social Power*, 1959.

Grant, A., *Dar y recibir*, Gestión 2000, Barcelona, 2013.

Helson, H., *Adaptation - Level Theory: An experimental and systematic approach to behaviour*, Harper & Row, 1964.

Herzberg, Frederick, *The Motivation to Work*, Transaction Publishers, 1959.

Hogan, K. y Speakman J., *Convert persuasion*, John Wiley & Sons, Inc., New Jersey, 2006.

Joule, R.V. y Beauvoir, J. L., *Pequeño tratado de manipulación para gente de bien*, Pirámide, Madrid, 2008.

Kawasaki, G., *El arte de cautivar: Cómo se cambian los corazones, las mentes y las acciones*, Gestion 2000, Barcelona, 2011.

Kinsey Goman, C., *The silent language of leaders*, Jossey-Bass, San Francisco, 2011.

Kolenda, N., *Methods of persuasion*, Lightning Source Inc, RU, 2013.

Lakhani, D., *Persuasión. El arte de influir*, Profit, Barcelona, 2005.

Macknik, S. L. y Martínez-Conde, S., *Los engaños de la mente*, Destino, Barcelona, 2010.

Marcus, Gary, *Kluge. La azarosa construcción de la mente humana*, Barcelona, Ariel, 2010.

Marina, J. A., *Los secretos de la motivación*, Ariel, Barcelona, 2011.

Mullainathan, S. y Shafir, E., *Scarcity*, Penguin Books, Londres, 2013.

Pink, D., *Vender* es *humano*, Gestión 2000, Barcelona, 2011.

—, *La sorprendente verdad sobre qué nos motiva*, Gestión 2000, Barcelona, 2010.

Price, J. y Pfau, M., *The persuasion handbook. Developments in theory and Practice*, Sage Publications, 2002.

Provine, R., *Laughter. A Scientific Investigation*, Penguin Ed. 2001.

Raldúa, E. V., *Timos, cuentistas, espabilaos y pardillos*, Ed. Universidad de Salamanca, Salamanca, 2015.

Rosenthal, R. y Jacobson, L., *Pygmalion in the classroom: Teacher expectation and pupils' intellectual development*, Nueva York, Holt, Rinehart & Winston, 1968.

Ross, Lee y Nisbett, R., *The Person and the situation*, Mack-Graw-Hill, RU, 1991.

Sharma, Robin, *El líder que no tenía cargo*, Editorial Grijalbo, Madrid, 2010.

Sinek, Simon, *Start with why. How great leaders inspire everyone to take action*, Penguin, Londres, 2011.

Skinner, B. F., *About Behaviorism*, Vintage Books Edition, 1976.

Turing, Alan, *Computing machinery and intelligence*, 1950.

Weinschenk, S., *How to get people to do stuff*, New Riders, 2013.

Wiseman, R., *59 segundos*, RBA, Barcelona, 2010.

—, *¿Esto es paranormal?*, RBA, Barcelona, 2011.

Young, S. C., *Brilliant persuasion*, Pearson, RU, 2017.

Referencias a estudios

1. Lo básico para empezar

Miller, G. R., «On being persuaded: Some basic distinctions», en M. Roloff y G. R. Miller (ed.), *Persuasion: New directions in theory and research*, 11-28, Beverly Hills, CA, Sage, 1980.

2. Diseñar la realidad

Ariely, D., Loewenstein, G. y Prelec, D., «Tom Sawyer and the construction of value», *Journal of Economic Behavior & Organization*, 60, 2006, pp. 1-10.

Bargh, Ch. y Burrows, D., «Automaticity of social behavior: Direct effects of trait construct and stereotype activation on action», *Journal of personality and social psychology*, 71 (2), 1996, pp. 230-244.

Brasel, A. y Gips, J., «Red Bull "Gives you wings" for better or worse: A double-edged impact of brand exposure on consumer performance», *Journal of consumers psychology*, 21 (1), 2011, pp. 57-64.

Fitzsimmons G. M. y Bargh, L., «Thinking of you: Nonconscious pursuit of interpersonal goals associated with relationship partners», *Journal of personality and Social Psychology*, 84 (1), 2003, p. 148.

Fitzsimmons, G. M., Chartrand, T. L. y Fitzsimons, G. J., «Automatic effects of brand exposure on motivated behavior: how apple makes you think different», *Journal of consumer research*, 35 (1), 2008, pp. 21-35.

Hassin, R. R., «Being open minded without knowing why: Evidence from non conscious goal pursuit», *Social Cognition*, 26 (5), 2008, pp. 578-592.

Loftus, E. F. y Palmer, J. C., «Reconstruction of automobile destruction: An example of the interaction between language and memory», 1974.

Olivera La Rosa, A., Rosselló-Mir, J., Caamaño Barreiro, B. y Munar Roca, E., «Suboptimal affective priming by disgust and horror pictures reduces the severity of moral judgments», en A. C. González Ferreras, D. González Manjón, J. M. Mestre Navas y Rocío Guil Bozal (eds.), *Aportaciones recientes al estudio de la motivación y las emociones*, 2012, pp. 110-115.

Strahan, E., Spencer, S. y Zanna, M., «Subliminal priming and persuasion: Striking while the iron is hot», *Journal of Experimental Social Psychology*, 38, 2002, pp. 556-568.

Tversky, A. y Kahneman, D., «Judgment under Uncertainty: Heuristics and Biases», *Science*, New Series, vol. 185, núm. 4.157, 27 de septiembre de 1974, pp. 1.124-1.131.

3. La realidad se hace evidente cuando dejamos de comparar

DiVesta, F. J., «Contrast effects in the verbal conditioning of meaning», *Journal of Experimental Psychology*, 62 (6), 1961, pp. 535-544.

Dolinsky, D. y Nawrat, R., «Fear-then-relief procedure for producing compliance: Beware when the danger is over», *Journal of Experimental Social Psychology*, 34, 1, 1998, pp. 27-50.

Hube, J., Payne, J. W. y Puto, C., «Adding Asymmetrically Dominated Alternatives: Violations of Regularity and the Similarity Hypothesis», *Journal of Consumer Research*, 9, 1982, pp. 90-98, .

Iyendgar, S. y Lepper, M., «When Choice is Demotivating: Can one desire too much of a good Thing?», *Journal of Personality and Social Psychology*, 79, 2000, pp. 995-1006.

Kenrich, D. T. y Gutierres, S. E., «Contrast effects and judgments of physical attractiveness: When beauty becomes a social problem», *Journal of Personality and Social Psychology*, 38, 1980, pp. 131-140.

Kenrich, D. T., Gutierres, S. E. y Goldberg, L. L., «Influence of popular erotica on judgments of strangers and mates», *Journal of Experimental Social Psychology*, 25 (2), 1989, pp. 159-167.

Kopelman, Michael, D., «The contrast effect in the selection interview», *British Journal of Educational Psychology*, vol. 45, núm. 3, 11, 1975, pp. 333-336.

Pepitone, A. y DiNubile, M., «Contrast effects in judgments of crime severity and the punishment of criminal violators», *Journal of Personality and Social Psychology*, vol. 33 (4), abril de 1976, pp. 448-459.

Sherif, M., Taub, D. y Holland, C. I., «Assimilation and contrast effects of anchoring stimuli on judgements», *Journal of Experimental Psychology*, 55, 1958, pp. 150-155.

4. ¡No olvides la botella de vino!

Burger, J. M., «Increasing compliance by improving the deal: The that's not all technique», *Journal of Personality and Social Psychology*, 51, 1986, pp. 277-283.

Gouldner, A. W., «The norm of reciprocity: A preliminary statement. American Sociological Review», vol. 25, n.° 2, abril de 1960, pp. 161-178.

Regan, R. T., «Effects of a favor and liking on compliance», *Journal of Experimental Social Psychology*, 7, 1971, pp. 627-639.

Wedekind, C. y Milinski, M., «Cooperation Through Image Scoring in Humans», *Science*, 288 (5.467), 5 de mayo de 2000, pp. 850-852.

5. Cerrojo en todas las narices

Cialdini, R. B., Vincent, J. E., Lewis, S. K., Catalán, J., Wheeler, D. y Darby, B. L., «A reciprocal concessions procedure for inducing compliance: the door-in-the-face-technique», *Journal of Personality and Social Psychology*, 31, 1975, pp. 206-215.

Foehl, J. C. y Goldman, M., «Increasing altruistic behaviour by using compliance techniques», *Journal of Social Psychology*, 119, 1983, pp. 21-29.

Guéguen, N., «Fund-raising on the web: The effect of an electronic door-in-the-face technique on compliance to a request», *CyberPsychology & Behavior*, 6 (2), 2003, pp. 189-193.

Millar, M. G., «The effectiveness of the door-in-the-face compliance strategy on friends and strangers», *The Journal of Social Psychology*, 142 (3), 2002, pp. 295-304.

—, «Effects of a guilt induction and guilt reduction on door in the face», Communication Research, 29 (6), 2002, pp. 666-680.

Miller, R. L., Seligman, C., Clark, N. T. y Bush, M., «Perceptual contrast versus reciproqual concession as mediators of induced compliance», *Canadian Journal of Behavioral Science*, 8, 1976, pp. 401-409.

Tusing, K. J. y Dillard, J. P., «The psychological reality of the door-in-the-face: It's helping, not bargaining», *Journal of Language and Social Psychology*, 19, 2000, pp. 5-25.

6. Repite, divide y vencerás

Birch, L. L. y Marlin, D. W., «I don't like it; I never tried it: effects of exposure to food on two-year-old children's food preferences», *Appetite*, 4, 1982, pp. 353-360.

Bornstein, R. F., Leone, D. R. y Galley, D. J., «The Generalizability of Subliminal Mere Exposure Effects: Influence of Stimuli Perceived Without Awareness on Social Behaviour», *Journal of Personality and Social Psychology*, 53, 1987, pp. 1070-1079.

Davies, G. y Hine, S., «Change blindness and eyewitness testimony», *The Journal of Psychology*, 141 (4), 2007, pp. 423-434.

Hyman, Ira, Boss, Wise, McKenzie y Caggiano, «Did you see the unicycling clown? Inattentional blindness while walking and talking on a cell phone», *Applied Cognitive Psychology* 24 (5), 2009, pp. 597-607.

Johansson, P., Hall, L., Sikström, S. y Olsson, A., «Failure to detect mismatches between intention and outcome in a simple decision task», *Science*, 310 (5.745), 2005, pp. 116-119.

Lee, L., Frederick, S. y Ariely, D., «Try it, you'll like it: The influence of expectation, consumption and revelation on preferences for beer», *Psychological Science*, 17 (12), 2006, pp. 1054-1058.

Marck, A. y Rock, I., *Inattentional blindness*, Cambridge, MA: MIT Press, 1998.

Mita, T. H., Dermer, M. y Knight, J., «Reversed facial images and the mere-exposure hypothesis», *Journal of Personality & Social Psychology*, 35 (8), 1977, pp. 597-601.

Monahan, J. L., Murphy, S. T. y Zajonc, R. B., «Subliminal mere exposure: Specific, general, and diffuse effects», *Psychological Science*, 11, 2000, pp. 462-466.

Moreland, R. L. y Beach, S. R., «Exposure effects in the classroom: The development of affinity among students», *Journal of Experimental Social Psychology*, 28 (3), 1992, pp. 255-276, .

Pliner, P., «The Effects of Mere Exposure on Liking for Edible Substances», *Appetite*, 3, 1982, pp. 283-290.

Vitevich, M. S., «Change deafness: The inability to detect changes between two voices», *Journal of Experimental*

Psychology: Human Perception and Performance 29 (2), 1 de abril de 2003, pp. 333-342.

Zajonc, R. B., «Attitudinal effects of mere exposure», *Journal of Personality and Social Psychology*, 9(2, Pt. 2), 1968, pp. 1-27.

—, «Mere exposure: A gateway to the subliminal», *Current Directions in Psychological Science*, 10(6), 2001, pp. 224-228.

7. Cuanto menos hay, más lo quiero

Bechara, A., Damasio, H., Tranel, D. y Damasio, A. R., «Deciding advantageously before knowing the advantageous strategy», *Science*, 275, 1997, pp. 1269-1272.

Belk, R. W., «Possessions, and the extended self», *Journal of Consumer Research*, 15, 1989, pp. 139-168.

Brehm, S. S., «Psychological reactance and the attractiveness of unattainable objects: Sex differences in children's responses to an elimination of freedom», *Sex Rolex*, 7, 1981, pp. 937-949.

Brehm, J. W., *Response to loss of freedom: A theory of psychological reactance*, Nueva York, Academic Press, 1996.

Brock, T. C., «Implications of commodity theory for value change», en Greenwald, A. G. , Brock, T. C. y Ostrom,

T. M. (eds.), *Psychological foundations of attitudes*, Nueva York, Academic Press, 1968, pp. 243-275.

Burgoon, M., Alvaro, E. M., Broneck, K., Miller, C., Grandpre, J. R., Hall, J. R., *et al.*, «Using interactive media tools to test substance abuse prevention messages», en Crano, W. D. y Burgoon, M. (eds.), *Mass media and drug prevention: Classic and contemporary theories and research* (pp. 67-87), Mahwah, NJ, Lawrence Erlbaum, 2002.

Buschman, B. J. y Stack, A. D., «Forbidden fruit versus tainted fruit: Effects of warning labels on attraction to television violence», *Journal of Experimental Psychology: Applied*, 2 (3), 1996, pp. 207-226.

Chartrand, T. L., Dalton, A. N. y Fitzsimons, G. J., «Nonconscious relationship reactance: When significant others prime opposing goals», *Journal of Experimental Social Psychology*, 43 (5), 2007, pp. 719-726.

Diehl, K. y Lamberton, C., «Great expectations?! Assortment size, expectations and satisfaction», *Journal of Marketing Research*, 47 (2), 2008, pp. 312-322.

Fromkin, H. L., «The psychology of uniqueness: Avoidance of similarity and seeking of differences» (documento núm. 438), West Lafayette, IN, Purdue University, Institute for Research in Behavioral, Economic, and Management Sciences, 1973.

Hobofoll, S. E., «The influence of culture, community, and the nested-self in the stress process», *Applied Psychology: An International Review*, 50, 2001, pp. 337-421.

James, W., *The principles of psychology* (vol. 1), Nueva York, Henry Holt, 1980.

Ketelaar, T., «Emotions as mental representations of gains and losses: Translating prospect theory into positive and negative affect», documento presentado en la conferencia de la American Psychological Society, Nueva York, 1995.

Lynn, M., «Scarcity effects on value», *Psychology and Marketing*, 8, 1991, pp. 43-57.

—, «Scarcity's enhancement of desirability», *Basic and Applied Social Psychology*, 13, 1992, pp. 67-78.

Madey, S. F., Simo, M., Dillworth, D., Kemper, D., Toczynski, A. y Perella, A., «The do get more attractive at closing time, but only when you are not in a relationship», *Basic and Applied Social Psychology*, 18 (4), 1996, pp. 387-393.

Mazis, M. B., «Antipollution measures and psychological reactance theory: A field experiment», *Journal of Personality and Social Psychology*, 31, 1975, pp. 654-666.

McKensie, C. R. M. y Chase, V. M., «Why rare things are precious: The importance of rarity in lay inference», en

Todd, P. M., Gigerenzer, G. y The ABC Research Group (eds.), *Ecological rationality: Intelligence in the world*, Oxford, RU, Oxford University Press, 2010.

Snyder, C. R. y Fromkin, H. L., *Uniqueness: The human pursuit of difference*, Nueva York, Plenum, 1980.

Tversky, A. y Kahneman, D., «The framing of decisions and the psychology of choice», Science, 211(4.481), 1981, pp. 453-458.

West, S. G., «Increasing the attractiveness of college cafeteria food: A reactance theory perspective», *Journal of Applied Psychology*, 60, 1975, pp. 656-658.

Williams, K. B., Radefeld, P. S., Binning, J. F. y Sudak, J., «When job candidates are "hard" versus "easy-to-get": Effects of candidate availability on employment decisions», *Journal of Applied Social Psychology*, 23 (3), 1993, pp. 169-198.

Worchel, S., Lee, J. y Adewole, A., «Effects of supply and demand on rating of object value», *Journal of Personality and Social Psychology*, 32(5), 1975, p. 906.

8. No puedo evitar que me caiga bien

Burger, J. M., Messian, N., Patel, S., del Prado, A. y Anderson, C., «What a coincidence! The effects of incidental similarity on compliance», *Personality and Social Psychology Bulletin*, 30 (1), 2004, pp. 35-43.

Drachman, D., deCarufel, A. y Inkso, C. A., «The extra credit effect in interpersonal attraction», *Journal of Experimental Social Psychology*, 14, 1978, pp. 458-467.

Efran, M. G. y Patterson, E. W. J., «The politics of appearance», manuscrito sin publicar, University of Toronto, 1976.

Eibl-Eibesfeldt, I., *Ethology: The biology of behavior* (2.ª ed.), Nueva York, Holt, Rinehart & Winston, 1975.

Emswiller, T., Deaux, K. y Willits, J. E., «Similarity, sex and requests for small favors», *Journal of Applied Social Psychology*, 1, 1971, pp. 284-291.

Jones, J. T., Pelham, B. W., Carvallo, M. y Mirenberg, M. C., «How do I love thee? Let me count the Js: Implicit egotism and interpersonal attraction», *Journal of Personality and Social Psychology*, 87, 2004, pp. 665-683.

Lakin, J. L., Jefferis, V. E., Cheng, C. M. y Chartrand, T. L., «The chamaleon effect as social gue: Evidence for the evolutionary significance of nonconscious mimicry», *Journal of Nonverbal Behavior*, 27(3), 2003, pp. 145-162, .

Mack, D. y Rainey, D., «Female applicants' grooming and personnel selection», *Journal of Social Behavior and Personality*, 5, 1990, pp. 399-407.

Pelham, B. W., Mirenberg, M. C. y Jones, J. K., «Why Susie sells seashells by the seashore: Implicit egotism and major life decisions», *Journal of Personality and Social Psychology*, 82, 2002, pp. 469-487.

Ritts, V., Patterson, M. L. y Tubbs, M. E., «Expectations, impressions and judgments of physically attractive students: A review», *Review of Educational Research*, 62, 1992, pp. 413-426.

Walton, Gregory M., Geoffrey Cohen, David Cwir y Steven Spencer, «Mere belonging: The power of social connections», *Journal of Personality and Social Psychology*, 102 (3), 2012, pp. 513-532.

9. Un gesto vale más que mil palabras

Chartrand, Tanya L. y John Bargh, «The chameleon effect: The perception-behavior link and social interaction», *Journal of Personality and Social Psychology*, 76 (6), 1999, pp. 893-910.

Kraut, R. E. y Johnston, R. E., «Social and emotional messages of smiling: An ethological approach», *Journal of Personality and Social Psychology*, 37, 1979, pp. 1.539-1.553.

Lau, S., «The effect of smiling on person perception», *The Journal of Social Psychology*, 117, 1982, pp. 63-67.

Lundqvist, L. O. y Dimberg, U., «Facial expressions are contagious», *Journal of Psychophysiology*, 9, 1995, pp. 203-211.

Rizzolatti, G. y Gallese, V., «Mirror neurons», *Encyclopedia of Cognitive Science*, 1998.

Söderlund, M. y Rosengren, S., *Revisiting the smiling service worker and customer satisfaction*, Int. J. Serv. Ind. Manage, 19, 2008, pp. 552-574.

Winkielman, P. y Berridge, K. C., «Unconscious emotion. Current Directions», en *Psychological Science*, 13, 2004, pp. 120-123.

10. La mente corporizada

Botvinick, M. y Cohen, J., «Rubber hands "feel" couch that eyes see», *Nature*, 391, 19 de febrero de 1998, p. 756.

Schubert, Thomas W. y Koole, Sander L., «The embodied self: making a fist enhances men's power-related self-conceptions», en *Journal of Experimental Social Psychology* 45, 4, 2009, pp. 828-834.

Strack, F., Martin, L. L. y Stepper, S., «Inhibiting and Facilitating Conditions of the Human Smile: A Nonobtrusive Test of the Facial Feedback Hypothesis», *Journal of Personality and Social Psychology*, 54 (5), mayo de 1988, pp. 768-777.

Valins, S., «Emotionaly and Information Concerning Internal Reactions», *Journal of Personality and Social Psychology*, , vol. 6, núm. 4, 1967, pp. 458-463.

Wells, G. L. y Petty, R. E., «The effects of overt head movements of persuasion: compatibility and incompatibility of responses», *Basic and Applied Social Psychology*, 1(3), 1980, pp. 219-230.

Williams, L. E. y Bargh, J. A., «Experiencing physical warmth promotes interpersonal warmth», *Science*, 322, 2008, pp. 606-607.

11. Si no le gustan mis principios, tengo otros

Aunel, R. K. y Michael, D. B., «A Relational Obligations Approach to the Foot In The Mouth Effect», *Journal of Applied Social Psychology*, 24, 6, 1994, pp. 546-556.

Cialdini, R. B., Cacioppo, J. T., Bassett, R. y Miller, J. A., «Low-ball procedure for producing compliance: Commitment then cost», *Journal of Personality and Social Psychology*, 36 (5), 1978, pp. 463-476.

Cialdini, R. B. y Schroeder, D. A., «Increasing compliance by legitimising paltry contributions: When even a penny helps», *Journal of Personality and Social Psychology*, 341, 1976, pp. 599-604.

Fazio, R. H., Glascovich, J. y Driscoll, D., «On the functional value of attitudes», *Personality and Social Psychology Bulletin*, 18, 1992, pp. 388-401.

Festinger, L., *A theory of cognitive dissonance*, Stanford, CA, Stanford University Press, 1957.

Freedman, J. L. y Fraser, S. C., «Compliance without pressure: The foot-in-the-door technique», *Journal of Personality and Social Psychology*, 4, 1966, pp. 195-203.

Howard, D. J., «The influence of verbal responses to common greetings on compliance behavior: the foot-in-the-mouth effect», *Journal of Applied Social Psychology*, 20, 1990, pp. 1.185-1.196.

Joule, R. V., Gouilloux, F. y Weber, F., «The lure: A new compliance procedure», *Journal of Social Psychology*, 129, 1989, pp. 741-749.

Moriarty, T., «Crime, commitment, and the responsive bystander», *Journal of Personality and Social Psychology*, 31, 1975, pp. 370-376.

Strenta, A. y Dejong, W., «The effect of a prosocial label on helping behavior», *Social Psychology Quarterly*, 44 (2), 1981, pp. 142-147.

12. Me lo quitan de las manos

Abrams, D., Wetherell, M. S., Cochrane, S., Hogg, M. A. y

Turner, J. C., «Knowing what to think by knowing who you are: Self-categorization and the nature of norm formation, conformity, and group polarization», *British Journal of Social Psychology*, 29, 1990, pp. 97-119.

Ariely, D. y Jonathan, L., «Sequential Choice in Group Settings: Taking the Road Less Traveled and Less Enjoyed», *Journal of Consumer Reseach*, 27, 2000, pp. 279-290.

Asch, S. E., «Studies of independence and conformity: A minority of one against a unanimous majority», *Psychological Monographs*, 70 (núm. 416), 1956.

Cialdini, R. B., Demaine, L. J., Sagarin, B. J., Barrett, D. W., Rhoads, K. y Winter, P. L., «Managing social norms for persuasive impact», *Social Influence*, 1(1), 2006, pp. 3-15.

Fuller, R. G. C. y Sheehy-Skeffington, A., «Effects of group laughter on responses to humorous material, a replication and extension», *Psychological Reports*, 35, 1974, pp. 531-534.

Latané, B. y Darley, J. M., «Group Inhibition of Bystander Intervention in Emergencies», *Journal of Personality & Social Psychology*, 10 (3), 1968, pp. 215-221.

Murray, D. A., Leupker, R. V., Johnson, C. A. y Mittlemark, M. B., «The prevention of cigarette smoking in children: A comparison of four strategies», *Journal of Applied Psychology*, 14, 1984, pp. 274-288.

Waal, E., C. B. y A. W., «Potential social learning and conformity shape a wild primate's foraging decisions», *Science*, 340, 2013, pp. 483-85.

13. Piensa antes de hablar

Anderson, Cameron & Gavin K., «Why do dominant personalities attain influence in face-to-face groups? The competence-signaling effects of trait dominance», *Journal of Personality and Social Psychology*, 96 (2), 2009, pp. 491-503.

Carmody, D. y Lewis, M., «Brain activation when hearing one's own and others' names», 2006.

Cohen, G. y Faulkner, D., «Memory for Proper Names: Age Differences in Retrieval», *British Journal of Developmental Psychology*, 4 (2), 1986, pp. 187-97.

Ibrahim, S., y Albarracín, K. N., «Motivating goal-directed Behavior through introspective self-talk: the role of the interrogative form of simple future tense», *Psychological Science*, 21, núm. 4, pp. 499-504.

Langer, E., Blank, A. y Chanowitz, B., «The mindlessness of Ostensibly Thoughtful Action: The Role of "Placebic" Information in Interpersonal Interaction», *Journal of Personality and Social Psychology*, 36 (6), 1978, pp. 635-642, .

Lundqvist, L. O. y Dimberg, U., «Facial expressions are contagious», *Journal of Psychophysiology*, 9, 1995, pp. 203-211.

Stephens, G., Silbert, L. y Hasson, U., «Speaker-listener coupling underlies successful communication», *Proceedings of the National Academy of Science*, 2010.

Tsukiura, T. y Cabeza, R., «Orbitofrontal and hippocampal contributions to memory for face-name associations: The rewarding power of a smile», *Neuropsychoelogia*, 46, 2008, pp. 2.310-2.319.

Winkielman, P. y Berridge, K., «Inconscious Emotion», University of California, San Diego y Michigan, American Psychological Society, 2004.

Zenzi M. Griffin, «Retrieving Personal Names, Referring Expressions, and Terms of Address», 2010.

14. La influencia de las expectativas

Brian McNatt, D., «Ancient pygmalion joins contemporary management: A meta-analysis of the result», *Journal of Applied Psychology*, 85, 2000, pp. 314-322.

Chapman, L. J. y Chapman, J. P., «Genesis of popular but erróneous psychodiagnostic observations», *Journal of Abnormal Psychology*, núm. 72, 1967, pp. 193-204.

Dar-Nimrod, I. y Heine, S. J., «Exposure to Scientific Theories Affects Women's Math Performance», *Science*, vol. 314, núm. 5.798, 2006, p. 435.

Eden, D. y Shani, A. B., «Pygmalion goes to boot camp: Expectancy, leadership, and trainee performance», *Journal of Applied Psychology*, 67, 1982, pp. 194-199.

Goldstein, R., Almenberg, J., Dreber, A., Emerson, J., Herschkowitsch, A. y Katz, J., «Do More Expensive Wines Taste Better? Evidence from a Large Sample of Blind Tastings», *Journal of Wine Economics*, vol. 3, núm. 1, primavera de 2008, pp. 1-9.

Good, T., Cooper, H. y Blakey, X., «Classroom Interaction as a Function of Teacher Expectations, Student Sex and Time of Year», *Journal of Educational Psychology*, 72, junio de 1980, pp. 378-385.

Ikemi, Y. y Nakagawa, S., «A Psychosomatic Study of Contagious Dermatitis», *Kyoshu Journal of Medical Science*, vol. 13, 1962, pp. 335-350.

Kaptchuk, T. y Gollub, R., «An fMRI study of expectancy on acupuncture treatment outcomes in knee», Massachusetts General Hospital, 2010.

McClure, S. M., Li, J., Tomlin, D., Cypert, K. S., Montague, L. M. y Montague, P. R., «Neural correlates of behavioral preference for culturally familiar drinks», *Neuron*, 44 (2), 2004, pp. 379-387.

McNatt, D. B., «Ancient Pygmalion joins contemporary management: A meta- analysis of the result», *Journal of Applied Psychology*, 85, 2000, pp. 314-322.

Rist, R., « Student Social Class and Teacher Expectations: The Self-Fulfilling Prophecy in Ghetto Education», *Harvard Educational Review*, septiembre de 1970, vol. 40, núm. 3, 1970, pp. 411-451.

Rosenhan, D. L., «On being sane in insane places», *Science* (Nueva York, NY) 179 (70), 1973, pp. 250-258.

Spencer, S. J., Steele, C. M. y Quinn, D. M., «Stereotype threat and women's math performance», *Journal of Experimental Social Psychology*, 35, 1999, pp. 4-28.

Sterling Livingston, J., «Pygmalion in Management», *Harvard Business Review*, enero de 2003.

Watson, Peter, «On The Failure to Eliminate Hypotheses in a Conceptual Task», *Quarterly Journal of Experimental Psychology*, 12 (3), 1960, pp. 129-140.

Weinstein, R., «Reading group membership in first grade: Teacher behaviors and pupil experience over time», *Journal of Educational Psychology*, 68, 1976, pp. 103-116.

15. Qué me das a cambio

Gneezy, U. & Rustichini, A., «A fine is a price», *Journal of Legal Studies*, vol. XXIX, enero de 2000.

Lepper, M., Greene, D. y Nisbett, R. E., «Undermining children's intrinsic interest with extrinsic reward: A test of the "overjustification" hypothesis», *Journal of Personality and Social Psychology*, vol. 28 (1), octubre de 1973.

Pávlov, I. P., *The work of the digestive glands*, Londres, Griffin, 1897/1902.

Pávlov, I. P., *Conditioned Reflexes: An Investigation of the Physiological Activity of the Cerebral Cortex*, Londres, Oxford University Press, 1927, p. 142.

Watson, John B. y Rayner, Rosalie, «Conditioned emotional reactions», *Journal of Experimental Psychology*, 3 (1), 1920, pp. 1-14.

Frases

- «Con autoridad no se educa, se adiestra.»

  ANÓNIMO

- «Tanto si crees que puedes hacer una cosa, como si no, tienes razón.»

  HENRY FORD

- «Los líderes no obligan a la gente a seguirles; les invitan a hacer un viaje con ellos.»

  CHARLES S. LAUER

- «La familiaridad es la raíz de las amistades más íntimas, así como de los odios más intensos.»

  ANTOINE RIVAROL

- «Lo que haces habla tan alto de ti que no puedo escuchar lo que dices.»

  RALPH WALDO EMERSON

- «Donde todos piensan parecido, ninguno piensa mucho.»

  WALTER LIPPMANN

- «La mejor manera de amar algo es siendo conscientes de que lo podemos perder.»

  G. K. Chesterton

- «La realidad se hace evidente cuando dejamos de comparar.»

  Bruce Lee

- «El ejemplo, sea bueno o malo, tiene una poderosa influencia.»

  George Washington

- «La reciprocidad es la base sobre la cual se edifica el amor equilibrado.»

  Walter Riso

- «Las influencias persuasivas son mucho mejores que las palabras moralizadoras.»

  Louisa May Alcott

- «La influencia de los padres es enorme, aunque se esté en desacuerdo con ellos.»

  Edna O'Brien

- «Una relación verdadera provoca una influencia recíproca. Son dos mundos íntimos que interactúan y uno modifica al otro.»

  Boris Cyrulnik

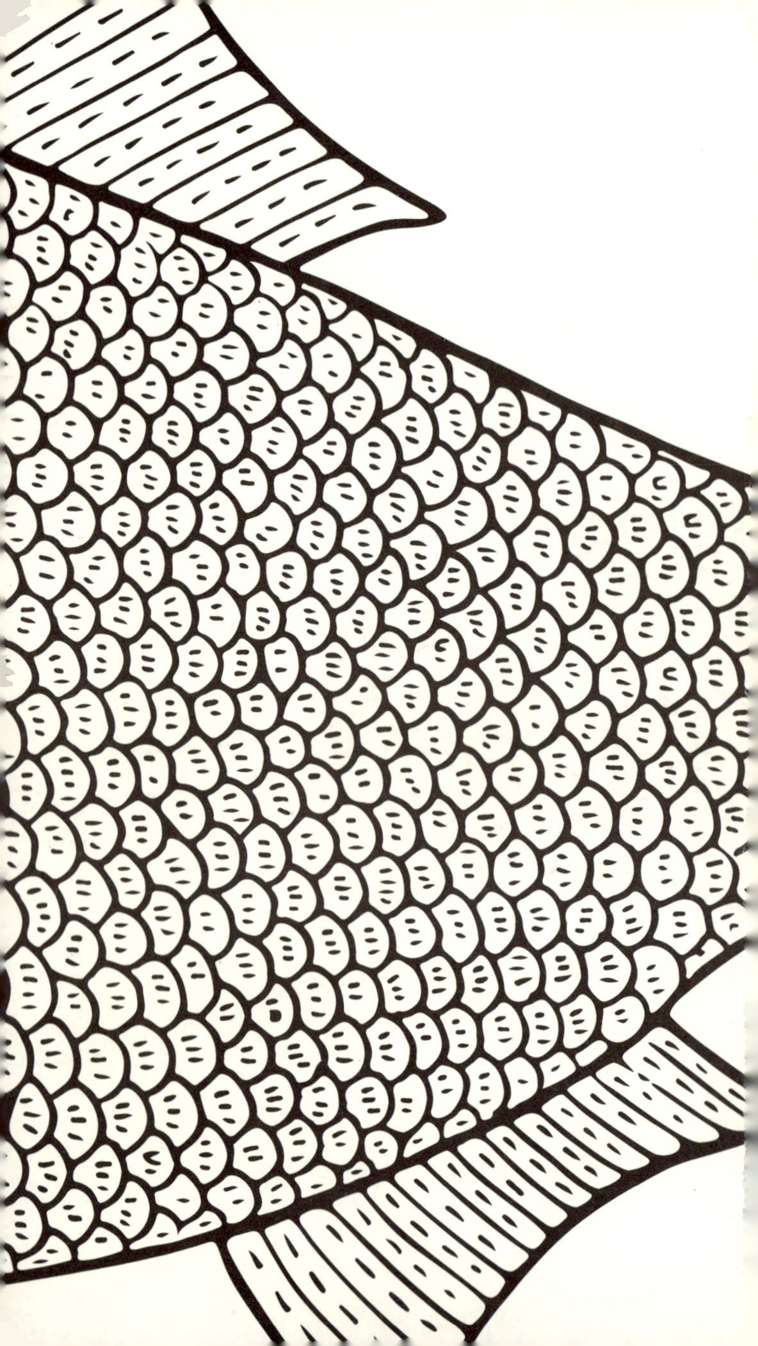